U0554111

吉林大学
日本研究所
日本研究论丛

第一辑

安倍政权与日本未来

主编　庞德良
副主编　沈海涛　陈志恒

Abe Shinzo's Government and the Future of Japan

社会科学文献出版社
SOCIAL SCIENCES ACADEMIC PRESS (CHINA)

序　言

日本正徘徊在危险的“战略十字路口”，中日已滑近“新冷战”的边缘。日本向何处去已成为中国和世界不得不面对的紧迫战略课题。

日本正在成为“麻烦的制造者”“危险的策源地”。以“开明的保守主义者”自居的安倍，实质却是“强硬的国粹主义者”“极右的国粹主义者”“极右的历史修正主义者”。否认侵略历史、参拜靖国神社、修改教科书、质疑慰安妇史实、更改宪法的政府解释、放宽行使集体自卫权的限制等一系列行为，已使日本站在了“军国主义的门槛”前。安倍的行为，已经突破了中日关系的底线、人类良知和国际正义的底线、战后国际秩序的底线。英国前首相温斯顿·丘吉尔有句名言：不从历史中汲取教训的人，注定重蹈覆辙。这句话是对日本和安倍的最好警告。

日本的转向，再次将中日关系置在了极其复杂与微妙的历史和未来之间。安倍渲染“中国威胁”，影射中国是“军国主义国家”，将中日关系与一战前的英德关系相提并论，宣扬“中日必战论”等，以此“丑化”中国形象，构筑“围堵”中国的包围网。由此，中日关系正在滑向一个“危险的水域”，中日“新冷战”的种种预测不绝于耳。

安倍向何处去？日本向何处去？安倍制定的“日本复兴战略：日本回来了”，到底是“日本回来了”还是“日本回去了”，是一个值得深入思考的现实问题和战略问题。不知常，妄作凶。这是对当今日本行为引起国际担忧的最好解释。如何对待日本的变化，如何应对日本的转向，不但是中国面临的难题，也是一个世界性的难题。邓小平曾说：“中日对立，会塌下半边天来。”那么，假如真的发生这样的激变，究竟首先深受其害的是“个子大”的美国，还是中国和周边国家，这依然是需要认真思考的问题。但更为严重的是，安倍掌舵的日本正在巧妙地利用中国和周边国家的这种忧虑，最大限度地逼近战略红线，将中国推向了战略两难的境地。

在这样的情势下，出版《安倍政权与日本未来》一书，既是理论研究的需要，也是现实政策的需要，更是战略设计的需要。知己知彼，百战不殆。只有更好地研究，才能寻找出更好的方法。当前，对安倍经济学的成与败、安倍历史观的新与旧、安倍主义的名与实，以及安倍政权长期还是短命、日本走向复兴还是继续衰落等问题的回答，对于中国的战略设计极其必要，也极其重要。当本书的书稿摆在面前时，令我欣慰的是，我发现我们的学者已经对安倍经济学、安倍历史观、安倍政治和安倍外交进行了极其深入的探讨，对日本的选择进行了分析，对中日关系的前景进行了展望。尽管这十几篇分析可能不足以找出一个明确的路线图，却勾勒出了一条安倍政策运行的清晰轨迹。这些深入的研究、细致的分析和清晰的解答，证明了他们正行驶在寻求答案的正确道路上，也体现着这些学者对解决中日难题的时代责任意识。是以，欣然提笔作序。

书为庭院，序乃壁影。为《安倍政权与日本未来》一书作序之际，不由得勾起些许遐思。吉林大学 1964 年成立日本问题研究室，1979 年成立日本研究所，是研究日本问题的重镇之一。2011 年吉林大学又响应国家号召，恢复组建了新的日本研究所，以强化日本研究。这些年来，研究得越多，时间越长，就越感中日关系的复杂与微妙。过去的几十年，我们都是在“日强中弱”的前提下研究日本。2010 年中国超过日本，“两强并立”成为中日关系研究的前提。时至今日，这种“实力上相互接近、关系上彼此疏远”的状况，已成为一个不争的事实，日本研究面临的形势越来越严峻。尽管学者怀抱“赤心事上，忧国如家”之责任，为中日困局寻求破解之良策，但深感“日本转向”所造成的战略危局之危险、中日战略和解之艰难。正因如此，日本研究所的新团队“图难于其易，为大于其细”，强化基础性、战略性的研究。《安倍政权与日本未来》一书就是“日本研究论丛”的开篇之作，今后还将陆续出版这样的著述，以飨读者。

人比山高，脚比路长，这是我坚信的一个理念。面对当前的新形势，我相信日本研究所的新团队会不断推出新成果，为吉林大学的日本研究注入新元素。同时，更希望这一系列丛书对中国的日本研究发展有所裨益。

王胜今

目录

CONTENTS

经　济

政治与外交

历　史

经　济

解读安倍经济学：国外学者观点述评

陈志恒[*]

【内容提要】为应对日本自1990年以来通货紧缩、增长乏力、消费低迷的经济形势，安倍晋三在2012年12月就任日本首相后，便推出了以"宽松的货币政策、灵活的财政政策和有力的结构改革"为主要内容的"安倍经济学"。从近期国外文献来看，人们对安倍经济学的关注度很高，但褒贬不一。本文依据国外学者对安倍经济学的不同解读，将相关学者分为"赞扬派""否定派""存疑派"三类，并对各自的观点分别进行梳理和评析。

【关键词】安倍经济学　货币宽松　结构改革　增长战略

2012年12月26日，安倍晋三重新执政，成为日本第96任首相。面对自1990年以来日本通货紧缩、增长乏力、消费低迷的经济形势，安倍政府推出了包括宽松的货币政策、灵活的财政政策和有力的结构改革等措施在内的经济刺激政策，即所谓"三箭齐发"的"安倍经济学"，以期重振日本经济。从2013年1月日本提出"无限量货币宽松政策"，到6月推出"日本复兴战略"，安倍经济学的"三支箭"都已射出。尽管从半年多来日本经济的表现还难以确切判断安倍经济学的效果，[①] 但至少引发了人们对安倍经济学的更大关注。

---

* 陈志恒，经济学博士，吉林大学东北亚研究院教授，博士生导师，吉林大学日本研究所研究员，主要研究方向为日本经济与东北亚区域经济。

① Tom Hoffman, "Japan's Abenomics: What Forecasters are Saying", http://www.globalinvestorspotlight.com/.

从近期国外文献来看，人们对安倍经济学的关注度很高，但褒贬不一。一部分人对安倍经济学充满信心，另一部分人则从近期股市的波动中得出了“三支箭”行将失效的结论。综合起来，主要有三种观点：一是“赞扬派”学者的观点，即对安倍经济学的前景持乐观和支持的态度；二是“否定派”学者的观点，即悲观看待安倍经济学的作用；三是“存疑派”或者“观望派”学者的观点，即有条件地肯定其政策措施，把政策的起效建立在日本“结构改革”的成败基础之上。本文将简要梳理近期国外文献中有关安倍经济学的主要观点，并对其进行简要评析。

一 “赞扬派”学者的观点评析

“安倍经济学”一经提出，国际上就不乏赞同的声音，一些国际著名学者纷纷撰文，表达了对安倍经济学的期待和支持，这其中既有日本国内的学者，也有包括斯蒂格利茨（Joseph E. Stiglitz）、保罗·克鲁格曼（Paul Krugman）、高田创（Hajime Takata）在内的国际知名经济学家。这里，笔者将此类对安倍经济学前景持乐观和支持态度的学者称为“赞扬派”，以下笔者将对这些学者的观点进行简要评析。

（一）“赞扬派”学者的主要观点

1. 斯蒂格利茨的主要观点

作为新凯恩斯主义的重要领军人物，美国哥伦比亚大学的斯蒂格利茨教授对安倍经济学表示了强烈的认同和支持。他在《评论汇编》（*Project Syndicate*）杂志发表文章称，安倍政府采取的货币、财政和结构改革措施，是美欧国家也应采取的政策。他批评那些认为日本过去采取的财政刺激政策无效的说法，认为如果没有这些刺激措施，日本的经济形势将更加糟糕。他认为，由于日本拥有教育程度高、技术能力强、设计敏感度出众的劳动力，并且身处世界最具活力的东亚地区，安倍经济学终将成功，并给那些经济低迷的发达经济体带来希望之光。①

---

① Joseph E. Stiglitz, “The Promise of Abenomics”, http://www.project-syndicate.org/commentary/shinzo-abe-and-soaring-confidence-in-japan-by-joseph-e-stiglitz.

2. 保罗·克鲁格曼的主要观点

按照普林斯顿大学保罗·克鲁格曼教授自己的说法，他和伯南克一样都是当今对日本经济充满希望的经济学家。克鲁格曼认为，日本经济遇到的长期低迷是许多发达国家都会遇到的共性问题，安倍经济学的“三支箭”是一项重要的“经济试验”（economic experiment），可作为全球的“范例”（model）。近来日股短暂的震荡并未改变他对安倍政策的评估，他在《纽约时报》网站撰文指出：“对日本努力扭转其经济行为的总体判定是，到目前为止效果还不错……希望随着时间的推移，这种判定不但是站得住脚的，而且会得以强化。”①

3. 高田创的主要观点

瑞穗综合研究所首席经济学家高田创在《日本战略研究所协会评论》（*AJISS*）上撰文指出，安倍经济学是安倍政府在正确的时间采取的正确的战略，并正在发挥重要作用。从外部环境看，在历经近6年的债务调整之后，其他经济体特别是美国经济开始复苏，外部对强势日元的压力随之减小；同时，安倍政府的刺激政策也营造出了变革意愿的氛围。作为战后唯一一个经受通货紧缩的发达经济体，安倍政府正经受着巨大考验。但鉴于日本企业业已完成债务处理并且拥有技术和适应的潜力，安倍经济学正在取得成效。由此，2013年将成为日本走出“失去的20年”阴影的转折点。②

（二）简要评析

从上述三位学者的观点看，“赞扬派”的最大特点就是对安倍经济学给予了充分的肯定，对其效果与前景持乐观态度。就其共同点来讲，表现在以下几个方面。

1. 对安倍经济学的作用和前景给予高度肯定

高田创教授认为，安倍经济学正在唤醒日本所蕴藏的巨大潜能，2013年将因此成为日本摆脱“失去的20年”最关键的转折点。③ 斯蒂格利茨则

---

① Paul Krugman，“Japan the Model”，http：//www.nytimes.com/2013/05/24/opinion/krugman-japan-the-model.html.

② Hajime Takata，“Abenomics Brings Japan out of the Lost Two Decades”，*AJISS-Commentary*，No.176，2013，p.3.

③ Hajime Takata，“Abenomics Brings Japan out of the Lost Two Decades”，p.3.

认为，如若安倍经济学得以完美实施，那么日本将为经济低迷的发达国家带来一缕希望之光。克鲁格曼教授更是把安倍政府的三大政策看作医治西方国家经济顽疾的一剂良药，认为安倍经济学的成功将起到两个作用：一方面给日本经济一个切实的推动，另一方面给世界提供一个解决经济增长问题的可行方案。[①] 可见，“赞扬派”学者把安倍经济学看作可以推广的“模板”和“范例”。

2. 强调货币、财政和结构改革“三支箭”的合力作用

“赞扬派”学者都认为“三支箭”应配合使用，尤其强调结构改革的作用。斯蒂格利茨在《安倍经济学的祝福》中指出，真正的挑战来自第三支箭，即增长战略的设计，其政策目标在于实现重构经济、提高生产率以及增加劳动者的参与度。克鲁格曼也强调宽松货币政策与积极财政政策配合的必要性，他在博文中指出，在货币政策之外，“应该用暂时的财政刺激措施来缩小实际GDP和潜在GDP之间的产出缺口，启动日本经济向通胀环境转变”。[②]

3. 避谈安倍经济学的负面影响及外溢效应

2013年5月23日，日本股市的下挫难免为人们乐观的情绪投下阴影，[③] 但克鲁格曼仍坚持认为日股的震荡不会改变他对安倍经济政策的评估，他指出当前日本的股票价格仍远远高于2012年，日本经济已经出现好转的迹象。可见，“赞扬派”学者将近期日本金融市场的波动视为正常的经济现象，无视经济刺激政策的负面影响。与此同时，就在一些国家担心日元贬值对本国出口造成冲击，[④] 以及过重国债负担可能加重日本财政危机，进而最终拖累世界经济之时，[⑤]“赞扬派”学者却对这种外溢影响避而不谈，并未给予应有的重视。

---

① Paul Krugman, “Japan the Model”, http://www.nytimes.com/2013/05/24/opinion/krugman-japan-the-model.html.

② Richard Kartz, “More Sizzle than Steak: Why the Abe Economy will Fail”, *The International Economy*, Winter 2013, p. 67.

③ 2013年5月23日，日经225指数暴跌7.3%，27日再跌3.22%，30日又大跌5.15%，6月3日再跌3.7%，8个交易日累计下跌了15.14%。

④ “South Korea Demands ‘International Action’ Against ‘Negative Impact’ of Abenomics”, http://www.zerohedge.com/news/2013-06-02/south-korea-demands-international-action-against-negative-impact-abenomics.

⑤ IMF, “Japan: 2013 Article IV Consultation”, IMF Country Report, No. 13/253, August 2013, p. 8.

二 “否定派”学者的观点评析

与斯蒂格利茨等学者的观点不同，一些学者并不对安倍经济学抱有太大希望，而是持批评甚至否定的态度。笔者将持这种观点的学者称为“否定派”。下面，笔者将以盖瑞·贝克尔（Gary Becker）、滨纪子（Noriko Hama）、萨蒂亚吉特·达斯（Satyajit Das）、斯蒂芬·S. 罗奇（Stephen S. Roach）等学者为例，对他们的观点进行简要评析。

（一）“否定派”学者的主要观点

1. 盖瑞·贝克尔的主要观点

对于安倍经济学，美国经济学家、诺贝尔经济学奖得主盖瑞·贝克尔并不看好。他在和美国联邦上诉法院法官理查德·波斯纳（Richard Posner）共同撰写的博文中指出，安倍上台以后，正在效仿美国，采取一系列宽松货币政策。短期内，日本的扩张性货币政策可能会结束其通货紧缩状态，并带动物价上涨，但是，由于日本目前的债务已经十分巨大，进行借钱刺激经济的办法难以长期为继。未来，日本经济将继续停滞下去，安倍经济学将难逃失败命运。[①]

2. 滨纪子的主要观点

被誉为“日本的克鲁格曼”的日本同志社大学滨纪子教授对安倍经济学的立场与克鲁格曼截然不同，她对安倍经济学持强烈的批评态度。[②] 滨纪子将安倍经济学称为“最糟糕的经济学”（absolutely bad economics）。她认为安倍的经济刺激计划使货币流向了股市，就像20世纪80年代一样，而普通消费品的价格却仍然在下降，难以解决通货紧缩问题。因此，“三支箭”只不过是再造泡沫经济的手法而已。她认为安倍的经济政策具有供给学派的新保守主义（supply-side neoconservatism）特点，最终是在保护自民党自身

---

① Gary Becker & Richard Posner, “Abenomics and Japan's Stagnation”, http://www.becker-posner-blog.com/2013/06/abenomics-and-japans-stagnation-becker.html.

② Toshihiko Hayashi, “Is It Abenomics or Post-Disaster Recovery? Counterfactual Analysis”, APIR Discussion Paper Series, No. 35, 2013, p. 4.

及其利益集团。①

3. 萨蒂亚吉特·达斯的主要观点

财经撰稿人萨蒂亚吉特·达斯在《华尔街日报》上撰文指出，安倍经济学并非新政策，这些政策在过去都曾经尝试过，但取得的成绩非常有限。例如，1990~2008年，日本政府曾经前后共推出过15个经济刺激计划。根据以往的经验，这样的计划或许会让经济活动在短期内活跃起来，但是无法启动长期的可持续复苏。同时，量化宽松政策也进行过若干次，但由于日本的零利率政策已经维持了超过15年，其效果并不令人满意。考虑到计划出台之前，短期利率已经接近于零，长期利率也不过只有0.50%左右，货币政策在刺激经济行动方面能够发挥的作用其实是非常有限的。因此，安倍经济学注定将是一次徒劳的尝试，而近期以来日本金融市场的剧烈波动，很可能正是外界逐渐意识到这一点的原因。②

4. 斯蒂芬·S. 罗奇的主要观点

斯蒂芬·S. 罗奇是耶鲁大学高级研究员，摩根士丹利公司前首席经济学家。罗奇认为，安倍经济学推出的量化宽松货币政策是一种“实验性的货币政策”（experimental monetary policy），尽管在后危机时代被许多国家当作标准措施加以推广，但其有效性依然值得怀疑。具体到日本，早在2000年就曾实施过在零利率条件下的量化宽松货币政策，但也未能阻止“失去的10年”演变为“失去的20年”。在结构改革道路上的迟疑和倒退，会使得日本央行步美联储和欧洲央行的后尘，这正是安倍经济学的巨大风险所在。③

（二）简要评析

上述“否定派”学者普遍对安倍经济学的功效与前景不看好，认为安

① Anthony Kuhn, “Abenomics Serving Up the Same Old Medicine in Japan?”, http://www.npr.org/blogs/parallels/2013/08/01/207861379/abenomics-serving-up-the-same-old-medicine-in-japan.

② Satyajit Das, “Japan Becoming the Land of the Setting Sun”, *The Wall Street Journal* (Market Watch), 2013, http://www.marketwatch.com/story/japan-becoming-the-land-of-the-setting-sun-2013-06-20#.

③ Stephen S. Roach, “Shinzo Abe's Monetary-Policy Delusions”, http://www.project-syndicate.org/commentary/why-quantitative-easing-will-not-save-japan-by-stephen-s-roach.

倍“三支箭”难以奏效。

第一，安倍经济学在手段上了无新意。无论是滨纪子还是达斯，都不把安倍经济学当作一项新的改革措施，他们都认为激进的货币宽松政策和财政刺激政策都早已在日本实行过，其结果并不令人满意，这一次也不会有令人惊奇的效果。滨纪子将安倍的政策归结为新保守主义（Neoconservatism），而有的学者则直接将其定义为“新凯恩斯主义”（New-Keynesianism）。

第二，金融市场波动预示安倍经济学已走向尽头。安倍经济学推出至今，日本经济初步显现出增长态势，2013 财年前两个季度 GDP 折年率分别增长了 4.1% 和 2.6%。但同时，股票市场从 5 月开始出现大幅波动，下行压力明显。对此，“否定派”学者认为，“流动性陷阱”和巨额的国债规模成为实施安倍经济政策的两大约束条件，安倍经济学已开始走向失败。

第三，扩张性货币政策难以长期为继。安倍经济学的基本思路和主打手段是，通过央行大规模资产买进，以及大规模增加银行贷款和货币供给，以期进一步降低长期实际利率，促使物价回升，最终走出通缩阴影。但是，这一政策目标在日本债务压力和财政危机的约束下将难以实现。

三 “存疑派”学者的观点评析

除了上述两派学者，还有部分学者对安倍经济学的前景持一种观望和怀疑态度，他们既不完全否定安倍“三支箭”的作用，但也坦言安倍经济学存有缺陷。他们认为安倍经济学可能获得成功，但是在结构改革措施得以充分落实的前提之下。笔者将这类学者称为“存疑派”或者“观望派”。相对于前两派学者，这类学者的比重似乎更大，范围更广，其中包括李钟和（Lee Jong-Wha）、劳伦斯·林赛（Lawrence Lindsey）、理查德·卡茨（Richard Katz）等人。

（一）“存疑派”学者的主要观点

1. 李钟和的主要观点

韩国高丽大学教授、亚洲开发银行首席经济学家李钟和在其《安倍经济学和亚洲》一文中指出,[①] 安倍经济学所推行的扩张性货币政策和财政政策的作用似乎正在显现，至少已开始提振日本消费者和生产者的信心。但是，激进的货币扩张和财政政策所提供的只是短期刺激，要想复兴日本经济还需要专注于可持续的增长。也就是说，扩张性货币和财政政策从短期看是有利的，但是必须辅之以配套的结构性改革，包括提升产业竞争力、增强创新力、扩大就业率等改革措施，才能实现走出“失去的20年”阴影的政策目标。

2. 劳伦斯·林赛等学者的主要观点

劳伦斯·林赛是美国企业研究所（AEI）的著名学者，曾任里根、老布什和小布什三届政府的高级经济顾问。他在与尼尔·弗格森（Niall Ferguson）和丹尼尔·勒布（Daniel Loeb）等两位学者共同发表的论文中指出，过于重视安倍经济学中前“两支箭”的作用并不正确，因为10.3万亿日元的财政刺激政策意味着财政赤字的扩大，这难免让人质疑政策的可持续性。同时，货币宽松政策的成效也不在于日元贬值本身，而在于能否消除根深蒂固的通缩预期心理。经济刺激政策在成功提升人们通胀预期的同时，也会提升政府债券的收益率，而这将加大财政部门的预算压力，加大风险。但这“两支箭”的发力却会给“第三支箭”——民营部门的经济转型——结构改革创造机会和条件。总之，安倍经济学成功与否的关键要素在于“第三支箭”——结构改革，没有有效的结构改革，财政和货币刺激政策终难持续奏效。在他们看来，“第三支箭”的核心是改革日本企业内资本配置低效和不负责的状况。[②]

3. 理查德·卡茨的主要观点

2013年初，美国半周刊杂志 *The Oriental Economist Alert* 编辑理查德·卡茨在《国际经济》杂志撰文，阐述了他对安倍经济学前景的看法。卡茨认为扩张性的财政—货币刺激措施是重启日本经济的必要条件，却不是充分条件。日本要解决那些根深蒂固的经济低迷和通缩问题，只能依靠真正的结构

---

① Lee Jong-Wha, “Abenomics and Asia”, http://www.project-syndicate.org/commentary/the-consequences-of-japan-s-economic-policies-for-asia-by-lee-jong-wha.

② Niall Ferguson, Lawrence Lindsey and Daniel Loeb, “The Right Target for the Third Arrow: Corporate Managerial Efficiency in Japan Compared with the United States”, http://www.aei.org/files/2013/06/24/-the-right-target-for-the-third-arrow_172849809480.pdf.

改革。然而，安倍政府却只重视前两项措施，而回避必要的结构改革。“宏观经济刺激措施理应作为缓解结构改革痛苦的止痛剂，但安倍却将其作为麻醉剂。”[①] 因此，安倍经济学很可能远远无法实现其重启日本经济长期活力的目标，只可能令日本经济获得短暂的繁荣。

4. 托比亚斯·哈里斯（Tobias Harris）的主要观点

2013年5月，美国麻省理工学院的学者托比亚斯·哈里斯在《东亚论坛》撰文指出，现在断定安倍经济学已成功还为时太早，原因在于许多阻碍安倍经济政策落实的问题依然悬而未决。这些问题主要包括：第一，国民经济福利状况尚未得到改善，货币刺激措施能否带来工资增加或就业增长还是未知数；第二，日元贬值加大了贸易战风险，如果其他经济体采取竞争性贬值政策，那么由此带来的出口优势将被削弱；第三，长期财政问题依然存在，存在通胀率达标之后失控的风险；第四，人口问题对安倍经济学构成威胁，如果日本经济低迷的真正原因在于“人口萎缩陷阱”，而非资产负债表型衰退，那么货币扩张政策导致的资本外逃则很难避免。[②]

（二）简要评析

1. 对安倍经济学的前景判断较为理性

“存疑派”学者既不像“赞扬派”学者那样对安倍经济学抱有极为乐观的态度，也不像“否定派”学者那样全面否定“三支箭”的作用。他们对安倍经济学的前景抱有谨慎的、附带条件的乐观判断。所谓谨慎是指他们认为安倍经济学对解决通缩问题在理论上符合逻辑，但能否最终起效还受到实际操作的执行力度、外部环境等因素的制约；所谓附带条件是指他们认为安倍经济学的成功要依靠可信的中期财政健全措施，结构改革措施的跟进作为保障。他们列举日本国内多次实施的财政刺激措施和量化宽松货币政策但皆无果而终的事实，警告和提醒安倍经济学并不必然成功，仍存在失败的风险。正如国际货币基金组织国别报告所担心的，尽管安倍政府大胆的宽松货币政策的短期效应开始显现，但可信的中期财政健全对策

---

① Richard Katz, “More Sizzle than Steak: Why the Abe Economy Will Fail”, *The International Economy*, Winter 2013, p. 67.

② Tobias Harris, “Don't Declare Victory for Abenomics yet”, http://cei.study.org.cn/doc/jjnk03/2013060616621.pdf.

以及具体的结构改革政策还具有不确定性，这无疑会增添人们对日本财政可持续性的担忧，打击日本国内对消除通缩的信心，也会透过弱势日元危害世界经济。①

2. 承认当前的刺激措施存在缺陷

无论是李钟和还是劳伦斯·林赛和吉姆·奥尼尔都无一例外地坦言当前安倍经济学中存有缺陷与问题，那就是过于强调货币宽松政策和财政刺激政策的作用，而“第三支箭”——增长战略却发力不足，偏离靶心。理查德·卡茨认为安倍政府只重视前两项措施，而回避必要的结构改革；吉姆·奥尼尔指出，日本同时需要安倍经济学和小泉政权时代的结构改革，但如今则只有安倍经济学；而国际货币基金组织则认为，当前安倍经济学所采取的措施缺少可信的中期财政健全计划，以及更加具体的、全面的结构改革措施。②

3. 强调进行“结构改革”的重要性

对于安倍经济学存在问题的解决之道，“存疑派”学者给出了各自的答案。劳伦斯·林赛强调安倍经济学的制胜之道是提高企业内资本配置的效率，增强经理的责任感。吉姆·奥尼尔认为日本必须进一步扩大劳动力供给，提升服务领域的竞争力，提高生产效率和放宽限制，这样才能走出经济低迷。③ 理查德·卡茨认为促进日本经济增长的唯一方式是提高人均 GDP，而这需要建立强有力的社会安全网，提高劳动力市场的流动性，从而保护因改革而承担风险的国民。而 IMF 则强调在提高就业、增加劳动力市场灵活度、放开农业部门和服务业、加强金融部门对支持经济的作用等方面，制定具体的改革措施尤为关键。④ 上述观点尽管侧重点有所不同，但其中心是一致的，那就是认为安倍经济学目标的最终实现靠的是推行全面的、以提高生产率和产业竞争力为核心的结构改革。

---

① IMF，“Japan：2013 Article IV Consultation”，IMF Country Report，No. 13/253，August 2013，p. 8.

② IMF，“Japan：Concrete Fiscal，Growth Measures Can Help Exit Deflation”，http：//www. imf. org/external/pubs/ft/survey/so/2013/car080513a. htm.

③ 奥尼尔：《欧美曾忘了日本是第 3 大经济体》，http：//cn. nikkei. com/columnviewpoint/41-viewpoint/5306 - 20130416. html。

④ Jerry Schiff，“Japan's Three Arrows — Will They Fly?”，http：//blog-imfdirect. imf. org/2013/08/05/japans-three-arrows% e2% 80% 95will-they-fly/.

四　结语

以上笔者对近期国外学者有关安倍经济学的主要观点进行了简要梳理、归纳和评析。需要说明的是，本文将学者们分为“赞扬派”“否定派”“存疑派”三类，这种分法只是依据相关学者近期部分成果中的主要观点和倾向性认识做出的，而非对该学者学术思想的全面总结，这既与学界对安倍经济学的讨论发起时间较晚有关，也是笔者的阅读量和学术视野有限所致，但是至少可以有助于大家概览当前国外学界对安倍经济学解读的全景。

通过上述评述，我们可以得出如下结论。

第一，大部分学者对安倍经济学前景抱有希望，但程度不同。

除“否定派”学者外，其他两派学者还是对安倍经济学的前景抱有希望。不同的是，“赞扬派”把目前日本金融市场的波动视为正常的经济现象，不认为会对安倍经济学设定目标的实现造成大的阻碍，而“存疑派”则认为股市的波动可能在暗示短期刺激政策效应的消退，缺乏结构改革，将前功尽弃。相比之下，“存疑派”既表达了对安倍经济学的期望，同时也提出了对目前安倍政府推出的“第三支箭”——新增长战略的不满和担忧，认为该战略所包含的改革措施既不全面也不彻底，有一种督促安倍尽快完善改革措施的意味。

第二，多为单纯经济分析，缺少政治、经济、社会多视角的观察。

“失去的20年”的表象是日本经济的低迷，但其原因却绝非单纯的经济因素这样简单。因此，如何解读旨在医治“失去的20年”痼疾的安倍经济学，似乎也不能仅仅依靠单纯的经济学分析，政治的、体制的、社会的因素也应该作为影响因素加以考察。从前述三类学者的观点来看，绝大多数学者还只是从经济学视角来分析刺激政策的有效性，把日本社会中政治、体制、文化的因素考虑进去的仍然很少，这一点在斯蒂格利茨等“赞扬派”学者身上表现得尤为明显。实际上，日本社会的选举制度、利益集团、政党政治，都对安倍经济学的命运和功效产生了非常大的影响，这些因素直接关系到安倍经济学的各项措施是否都能如期推出，推行的措施是否都能得到充分的执行。无视这些因素来判断安倍经济学的命运，难免会得出片面的结论。

（本文主要内容发表于《国外社会科学》2013年第6期）

The Interpretation of Abenomics: Review of Opinions of Overseas Scholars

Chen Zhiheng

Abstract In response to Japan's deflation and sluggish economic growth and depressed consumption since 1990, after Shinzo Abe was inaugurated as Japan's prime minister in December 2012, he proposed Abenomics and the primary coverage of Abenomics is about monetary easing policy, flexible fiscal policy and powerful structural reform policy. According to recent foreign references, people highly concern about Abeconomics, but they have mixed views. According to foreign scholars' different interpretations of Abe economics, this paper divides relevant scholars into three categories, namely the support faction, opposition and skeptical faction and this paper also sorts out and analyzes their perspectives respectively.

Keywords Abenomics; Easing Monetary; Structural Reform; Growth Strategy

日本增长战略述评

——兼论安倍经济学中增长战略的继承性与独特性*

崔　健**

【内容提要】由于具有深厚的计划经济思想基础，日本有制订经济计划的历史传统，到20世纪末，随着内外环境的变化，经济计划逐渐被结构改革战略所取代。为了更好地处理改革与增长的关系，从21世纪初开始，日本历届内阁都制定了增长战略。从自民党政权重视供给，到民主党政权重视需求，这些增长战略既具有历史逻辑联系，也呈现出鲜明的时代特点。这种继承性和独特性在新安倍政权的增长战略中得到了充分体现。

【关键词】日本　增长战略　演变　继承性　独特性

2013年6月14日，安倍内阁公布了名为“日本再兴战略”的增长战略。增长战略不是安倍内阁的独创，从小泉内阁以来，无论是自民党政权还是民主党政权都在不断制定增长战略，以至于在日本出现了随着政权更迭必然会出台新的增长战略的现象。到目前为止，从广泛意义来看，日本政府总共公布了9个增长战略。综观这些增长战略，既具有历史逻辑联系（继承

* 本文是国家社科基金一般项目“日本国家经济安全战略转变及我国对策研究”（批准号：13BGJ012）、吉林省社科基金项目“吉林省积极承接东日本大地震后日本产业海外转移的机遇与对策研究”（批准号：2012B23）的阶段性研究成果。

** 崔健，吉林大学东北亚研究院世界经济研究所教授，博士生导师，吉林大学日本研究所研究员，全国日本经济学会理事，主要研究方向为日本经济、东北亚区域经济。

性），也呈现出鲜明的时代特点（独特性）。对这些关系和特点进行深入研究，有助于我们正确理解当下安倍政权的增长战略。

一　从经济计划转向结构改革战略

自民党政权也好，民主党政权也好，都是出于自由主义经济的日本当中，为什么要制定某种程度体现计划经济特点的增长战略呢？这就要追溯到在日本经济发展中起到重要作用的经济计划的制订上。

日本虽然属于西方自由主义经济的一分子，但其却具有深厚的计划经济思想（即国家担负着促进经济增长的责任的想法）基础，这主要是由日本经济的历史背景所决定的。

（一）战后日本制订经济计划的历史背景

首先，在1937年侵华战争开始以后，为了维持战时体制，日本在经济方面统制经济的色彩增强。1945年战争结束后，日本又必须举全国之力才能从战争废墟中复苏，采用了集中生产在经济恢复中必需的煤炭、钢铁的"倾斜生产方式"，为了供给复兴所需资金还设立了"复兴金融公库"。这样，虽然表现形式不同，但在经济恢复时期还是一定程度沿承了为维持战时体制而进行的统制经济思想和做法。

其次，1950年朝鲜战争爆发，"战争特需"促使日本营造出了经济增长的环境，树立了使经济有计划地增长和发展的思想，随后一系列经济计划被制订出来。日本政府为了明确经济运营状况，从1955年"经济自立5年计划"开始不定期地制订经济计划，从鸠山一郎内阁开始直到20世纪末，历代内阁都提出了各自的经济计划。经济计划提出目标，明确实现目标的具体措施，用增长率、物价上涨率、就业人数、贸易收支等数值体现计划期间国民经济状况。

（二）经济计划逐渐被结构改革战略所取代

20世纪80～90年代，接连发生了柏林墙倒塌、苏联解体等事件，市场经济几乎覆盖了全世界。与此同时，在日本，经济的主体也向民间转移，政府能够控制的余地逐渐变小，再加上20世纪90年代初泡沫经济崩溃后日本经济增长基本停滞，这时确立并计划地实现经济社会目标的做法不再适用了。关于日本政府何时停止制订经济计划的时间有两种说法：①“计划”作为名词在国家战略中最后被使用的是村山富士内阁制订的“为结构改革的经济社会计划”（1995 年）;[①] ②1999 年 7 月小渊惠三内阁制定的“经济社会应有状态与经济新生政策方针”成为日本政府最后制订的经济计划。[②]

随着经济计划退出历史舞台，在日本取而代之的是开始使用“（结构）改革”这样的名词。2001 年小泉纯一郎内阁府设立了“经济财政咨询委员会”，主要任务是讨论和制定日本经济的中期愿景。该委员会制定了作为结构改革起点的“经济财政运营及经济社会结构改革的基本方针”，随后又制定了中期经济财政运营的基本方针“结构改革和经济财政中期展望（改革与展望）”。这样，通过推进结构改革来提高经济增长力就成为日本政府的基本思想，代表这种思想的口号是“不改革就没有增长”。但是，在实践中改革与增长常常被对立起来，即要改革就得牺牲经济增长，而追求经济增长就难以推进改革。所以，为了统一思想，以改革促增长，致力于推进结构改革的小泉内阁开始制定增长战略，随后的自民党内阁也都制定了相应的增长战略，这个潮流在民主党政权中也得到继承。

二　自民党政权重视供给的增长战略

在经济财政咨询委员会制定的经济全体运营基本方针等的指导下，自民党政权制定的增长战略从 2001 年 2 月的“产业结构审议会新增长政策分会报告”到 2009 年 4 月的“未来开拓战略”总共有 6 个。2009 年 9 月民主党上台执掌政权以后，停止了经济财政咨询委员会的活动，2012 年 12 月安倍代表自民党重新执掌政权后，又重新恢复了该委员会的活动。

在日本经济增长持续乏力和尽管反复采取经济对策但依然不能预见持续经济增长的状况下，日本政府不得不多次制定中长期的增长战略。2001 年 4 月诞生的小泉纯一郎内阁为了解决财政问题和实现经济增长，在组阁之初还

---

① 鈴木明彦「成長戦略は必要なのか——成長戦略が経済成長率を高めるという幻想」、『季刊 政策・経営研究』、2013、Vol. 1、第 20 頁。

② 三橋規宏等『ゼミナール日本経済入門（第 25 版）』、日本経済新聞出版社、2012、第 97 頁。

是非常重视需求的，认为日本经济停滞的原因是“需求不足”，尽管如此，政策并没有向需求方面倾斜，当时追求的是供给结构改革与创造需求一体化推进。在第二个任期后，随着日本经济状况逐渐好转，小泉内阁把提高生产率的制度改革放在最重要的位置，彻底转向了以供给为主的经济政策。在小泉内阁之后的第一次安倍内阁中，实施了削减公共事业费实现财政再建、经济活性化不依赖财政、通过规制缓和来提高企业生产率等供给结构的效率化来实现经济增长的增长战略。

2006 年以后，世界经济增长减速，世界资源、粮食价格高涨，日本经济受此冲击也开始呈现不景气的局面。尽管自民党政权沿承了重视供给的政策路线，但是严峻的现实课题亟须解决，所以福田内阁和麻生内阁的增长战略具有课题解决型特征。为了强化增长力，福田内阁实施了“为了实现安心的紧急综合对策”，并提出了全球化战略和以健康、医疗产业为主导的技术创新战略。伴随 2008 年 9 月“雷曼冲击”上任的麻生太郎内阁马上相继制定了“生活对策”和“为保护生活的紧急对策”，并在此基础上于 2009 年 4 月决定了“经济危机对策”，这个对策由避免景气破底的“紧急对策”和应对世界经济结构变化的“增长战略”等构成，既体现出对短期课题的解决，也具有中长期课题的对应，其提出的低碳革命、健康长寿、发挥魅力等重点领域都为后来的增长战略所继承（参见表 1）。

表 1　2001～2009 年日本的增长战略

时期	名称	基本认识和方向性	目标数值
2001 年 12 月 小泉内阁	产业结构审议会新增长政策分会报告	• 日本经济停滞的原因是“需求不足”。 • 在“缺乏创新”和对未来不安的背景下的“需求（家庭消费）萎缩”。 • 供给结构改革与创造需求的一体化推进。 • 建设创新的环境、促进技术开发和新产业投资、规制缓和。 • 高信赖性的社会保障制度、促进老年人就业劳动。	2006～2010 年平均实际 GDP 增长 3% 以上，失业率维持在 2.5%～3%，增加 300 万人就业。
2005 年 4 月 小泉内阁	“日本 21 世纪愿景”专门调查会报告	• 为了提高生产率的制度改革。 • 有效利用全球化。 • 小且有效率的政府。 • 不能把费用负担留给后代。	2021～2030 年实际 GDP 增长 1.5%，人均实际 GDP 增长 2%，维持经常收支黑字。

续表

时期	名称	基本认识和方向性	目标数值
2006 年 6 月 小泉内阁	新经济增长战略	• 以创新为核心的"日本增长与亚洲增长的良性循环","地区的创新与需求的良性循环"。 • 强化国际竞争力(向战略的增长领域集中、创出新产业、促进对日直接投资等)。 • 活跃地区经济(推进产业集聚政策、服务产业的革新等)。 • 综合的政策措施(综合的 5 个领域创新):"人才力""生产手段和基础设施""金融""技术""经营力"。	2004～2015 年平均实际 GDP 增长 2.2%,人均实际国民总收入(GNI)平均增长 2.5%。
2007 年 4 月 安倍内阁	增长力加速计划	• 在人口减少的时代也要通过提高生产率保持经济持续增长,创造具有活力的经济社会。 • 提高增长力战略(人才培养、中小企业生产率提高等)。 • 增强增长可能性战略(竞争选拔的支援等)。 • 服务革新战略(利用 IT 提高生产率,通过规制改革等服务创新)。	今后 5 年内人均单位时间的劳动生产率增长 50%。
2008 年 6 月 福田内阁	经济增长战略	• 在人口减少的社会中持续经济增长不可缺少。 • 有效利用人才力、技术力、资金力、文化等优势,强化国际竞争力。 • 全员参与型经济战略(青年、女性、老年人)。 • 全球化战略(加速经济合作等)。 • 技术创新战略(把健康、医疗产业作为主导产业)。	今后 10 年实际 GDP 增长 2%。
2009 年 4 月 麻生内阁	未来开拓战略(J 复兴计划)	• 在被称为"战后最大的不景气"中,从中长期视角出发,制定应该由官民投入资源的战略领域,并重点、集中地实施。在努力实现经济景气及其以后的持续增长的同时,提出社会课题解决模式。 • 低碳革命(太阳能发电、环保汽车等)。 • 健康长寿(护理人才、医疗领域的新技术)。 • 发挥魅力(酷日本、观光立国)。	2020 年度实际 GDP 增加 120 万亿日元。

资料来源:塚原正「我が国経済の推移と成長戦略」、『総合調査技術と文化による日本の再生』、2012 年 11 月 13 日、第 31 頁。

三　民主党政权重视需求的增长战略

2009年9月实现政权更迭的民主党鸠山由纪夫政权面临“雷曼冲击”后的世界经济危机，在实施紧急经济对策的同时，为了消除对未来的不安，通过“增长战略制定委员会”①制定了“新增长战略（基本方针）——走向光辉灿烂的日本”。在这个基本方针中提出了“创造新需求、领导权宣言”，强调与自民党时代增长战略的差别。除了向国民展示出在政治的强力领导权基础上实现“为了人的经济社会”的明确愿景以外，还提出要取代20世纪六七十年代高速增长时期依赖公共事业和财政的“第一条道路”、21世纪初在结构改革名义下从供给方面提高生产率的“第二条道路”，走向以创造新需求为主要目标的重视需求的“第三条道路”，即提出通过到2020年在环境、健康、旅游3个领域创造出超过100万亿日元的新需求而创造出就业需求的增长目标，最终提高国民生活水平。这样，与自民党政权时代主要通过供给方面的改革实现经济增长的指导思想相对照，民主党政权则转向通过需求方面的改革实现经济增长。

为了提高增长战略的实效，进而汇集国民的声音，在“基本方针”中从需求创造效果、就业创造效果、知识活用的观点出发进一步深化目标、措施，民主党政权时期的“增长战略制定委员会”多次召开会议，不断追加新措施。

2010年6月，菅直人内阁通过了“新增长战略——‘强健日本’复活的愿景”。该战略提出“强经济”“强财政”“强社会保障”3个课题。其中，为了实现“强经济”，在“通过绿色创新的环境、能源大国战略”“通过生活创新的健康大国战略”“亚洲经济战略”等7个战略领域中推进增长战略。进而，在这7个领域选定21个对经济增长有特别贡献的措施，制订了“为了21世纪日本复活的21个国家战略计划”。通过这些战略计划的实施来创造新需求和就业。除了提出经济增长的目标之外，还提出摆脱通货紧缩的目标。其实，在2009年选举时民主党的纲领中没有关于通

① 2009年12月15日内阁决定设立，内阁总理大臣为议长，目的是使政府形成一体来制定增长战略。

货紧缩的内容，但在“新增长战略”中摆脱通缩却成为重要的政策课题。在“新增长战略”中摆脱通货紧缩的思想继承了前自民党政权时代的政府见解。因此，在这方面，民主党的宏观经济运营与自民党时代的政策运营相当接近。

2010年9月，在推进、加速实现“新增长战略”的目的下，以内阁总理大臣为议长的“新增长战略实现会议”开始启动。2011年3月发生了东日本大地震和核泄漏事故，给日本带来了巨大影响，在结合震灾的影响对“新增长战略”进行验证的基础上，开始讨论促进日本再生的战略。2012年7月，野田佳彦政权制定了“日本再生战略——开拓前沿，迈向全民创新国家”。“日本再生战略”在延续“新增长战略”的问题意识的同时，根据发生的新危机，对其进行强化和重新设计。“日本再生战略”提出的战略领域增加到11个，宏观经济目标基本与“新增长战略”相同（参见表2）。

表2　2010年以来日本的增长战略

时间	2010年6月	2012年7月	2013年6月
政权	菅直人内阁(民主党)	野田佳彦内阁(民主党)	安倍晋三内阁(自民党)
名称	新增长战略	日本再生战略	日本再兴战略
目标	①到2020年度,名义和实际GDP分别平均增长3%和2%。 ②摆脱通货紧缩。	①到2020年度,名义和实际GDP分别平均增长3%和2%。 ②摆脱通货紧缩。	①10年间名义和实际GDP分别平均增长3%和2%。 ②人均名义国民总收入(GNI)增加150万日元以上。 ③摆脱通货紧缩。
基本认识和方向性	脱离以公共事业为中心、重视生产率的经济政策,通过创造新需求和就业实现经济增长(第三条道路)。	①最优先任务是从震灾中复兴。 ②实现不仅GDP增加的“量的增长”还要重视“质的增长”的“经济增长模式转换”。	最大限度激发民间的活力。
构成	4个增长领域,3个基础战略	包含4个重点领域的11个增长战略	在强化产业基础上的4个增长战略

续表

时间	2010 年 6 月	2012 年 7 月	2013 年 6 月
战略领域	①增长领域 • 绿色创新 • 生活创新 • 亚洲经济 • 观光与地区发展 ②基础战略 • 科学技术与信息通信 • 就业与人才 • 金融	①重点领域 • 绿色 • 生活 • 农林渔业 • 中小企业 ②其他战略 • 科学技术创新与信息通信 • 金融 • 观光立国 • 亚洲太平洋经济 • 生活与就业 • 人才培养 • 国土与地区活力 • 国民“健康寿命”的延长 • 实现绿色能源的供给与需求 • 建设新一代基础设施 • 具有世界魅力的地区资源（观光、农业）	• 国民“健康寿命”的延长 • 实现绿色能源的供给与需求 • 建设新一代基础设施 • 具有世界魅力的地区资源（观光、农业）

资料来源：みずほ総合研究所「アベノミクスで何か変わってのか一一安倍政権半年間の評価と今後の展望」、『緊急リポート』、2013 年 7 月 26 日、第 9 頁。

四　安倍经济学中增长战略的继承性与独特性

（一）安倍经济学中增长战略的继承性

第二次安倍内阁提出的“日本再兴战略”一方面继承了以往自民党政权重视供给的政策思想，另一方面由于民主党政权政策的变化及面临主要问题的相似性，安倍政权几乎完全接受了民主党在增长战略中提出的重要战略领域。

1. 重拾重视供给的政策路线

目前，对日本来说，摆脱通货紧缩是其实现经济增长目标所要解决的主要问题之一，为此，从需求方面入手来缩小供需差距是较好的政策选择，但是民主党政权在这方面的实践效果并不理想。所以，新的安倍政权要重拾自民党政权重视供给的政策路线，通过在劳动和资本投入、生产率提高等供给方面发挥作用来提高潜在增长率，提高经济的增长余力。日本再兴战略的指导思想是首先通过供给方面的措施改善企业的收益状况，然后再通过增加就业、提高工资增加家庭收入，实现与拉动家庭消费和刺激企业投资等需求相联系的“增长的良性循环”（参见图 1）。

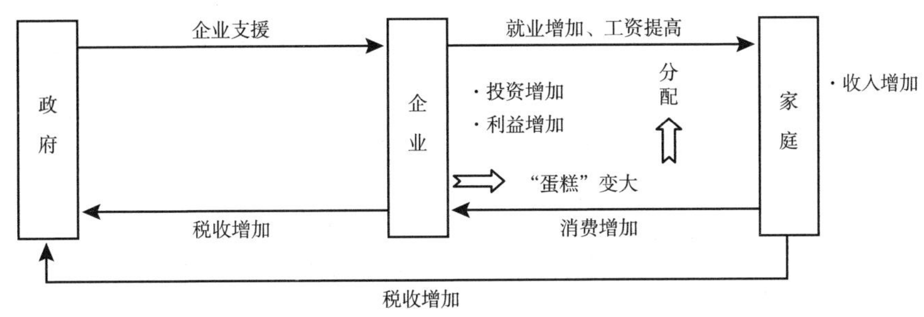

图 1　日本再兴战略重视企业活动的效果

日本再兴战略由“日本产业再兴计划”“战略市场创造计划”“国际展开战略”3 个行动计划构成。新安倍政权把最大限度激发民间活力作为实现经济增长的最主要任务，而促使企业活动更加活跃是重中之重，这方面的政策和措施集中在“日本产业再兴计划”当中。该计划的主要目的是唤起民间投资，核心内容是围绕今后 5 年的“紧急结构改革时期”制订的“紧急结构改革计划”，在这个计划当中明确了唤起民间设备投资和促进产业新陈代谢的目标和具体措施。关于唤起民间设备投资，把今后 3 年确定为促进企业设备投资的“集中投资促进时期”，并设定了在 3 年间设备投资增加 10%、年间规模提高到 70 万亿日元（雷曼冲击前的水平）的数值目标。关于促进产业新陈代谢，设定了把开业率和倒闭率提高到美国、英国的水平（10% 以上，而日本现在仅有 5%）和消除国内“过度竞争”结构的目标。在日本，因为促进企业进出行业的制度不完善，所以失去竞争力的企业退出和向新事业进入基本是停滞的。这样，日本企业的事业重组就无法取得进展，国内同行业因为竞争消耗实力，并且在国际竞争力上也落后于海外势力，很多行业存在所谓的“过度竞争”结构。

所以，这次增长战略呈现出了引入促进企业设备投资的政策，以及促进规制改革等营造有利于企业活动的环境的变化。这是在提高增长率以促进民间活力这一最重要的思想基础上所做出的决定。民主党政权下虽然实施了降低法人税率的措施，但除此以外没有表现出营造便于企业活动的环境的清晰态度。

2. 涉及的战略领域与民主党政权基本相同

日本再兴战略所涉及的主要战略领域及相应的政策措施与民主党政权没有太大差别，其原因主要有以下两点。

第一，从民主党政权的政策变化来看，执政以后，民主党的政策主张逐渐与自民党趋同，成为名副其实的“第二自民党”。民主党与自民党有着深厚的历史渊源，其骨干力量基本都是从自民党中分离出来的。所以，民主党自身体现出一定的矛盾性，一方面，出身于自民党的民主党人深知自民党的政策缺陷，试图另辟蹊径，提出新的政策主张，由此实现政权更迭；另一方面，民主党与自民党基本上是“同根同流”，其难以彻底摆脱“第二自民党”的阴影，夺取政权后，其政策主张又逐渐与自民党趋同。

2009 年 9 月上任之初，民主党政权并没有提出相应的增长战略。从民主党实现政权更迭的 2009 年总选举时的纲领来看，主张在“国民生活第一”的优先顺序基础上组织预算，在“育儿、教育、养老金、医疗、地区主权、就业”等方面集中使用税收，具体措施包括儿童补贴发放、公立高中实质性免费、农业的户别收入补偿等。从中可以看出，民主党当初的政策重点是对增长果实（税收）的再分配，并没有表现出提高增长率的想法。另外，在竞选纲领中也没有提出摆脱通缩等口号。但是，民主党政权想通过消除浪费和重新组合预算来保证财源的做法在实践中马上就遇到了困难，其缺少增加作为分配来源的增长果实的增长战略也受到了猛烈的批判，为此，民主党开始认识到必须要实行政策提高增长率从而增加税收。

在 2012 年的总选举纲领中，民主党就加进了“到 2020 年度名义与实际 GDP 分别平均增长 3% 和 2%”“政府和日本银行共同大力推进应对通货紧缩对策”等目标。同时，在同样的 2012 年选举中，自民党的政权公约中也提出“实现名义 GDP 3% 以上的经济增长”“设定明确的‘物价目标’（2%）”。尽管具体表现和目标数字存在差别，但在提高经济增长的同时摆脱通货紧缩的基本思想下，自民党和民主党之间并没有多大的不同。

第二，新安倍政权上台后所面对的主要经济问题与民主党政权时期基本相同，课题的相同性决定了政策涉及的战略领域也不会有太大差别。在民主党政权提出的“日本再生战略”当中，充满了农林渔业的“六次产业化”、农业出口金额增加1万亿日元、推进绿色能源、观光立国、通过促使女性活跃来搞活经济、推进“酷日本”、把医疗作为增长领域的“生活增长战略”、培育全球化人才等战略领域和相应措施。同时，关于经济增长率目标，提出在10年间年均名义增长率达到3%，实际增长率达到2%的水平。这些内容同样出现在安倍政权的“日本再兴战略”当中，以往没有被实施领域的新政策在安倍政权的增长战略中并没有太多体现（参见表2）。

（二）安倍经济学中增长战略的独特性

1. 系统性

增长战略不是独立的经济政策，而是组成安倍经济学的经济政策三大支柱之一，日本再兴战略是安倍政权经济政策即“安倍经济学”的“第三支箭”。“三支箭”的“第一支”是“大胆的金融政策”。2013年1月22日，政府和日本银行为了实现尽早摆脱通货紧缩和在物价稳定下的持续经济增长目标，在共同声明中明确设定了物价上涨率2%的目标。随后，日本银行在4月的金融政策会议上决定实施在2年间实现2%的通货膨胀和基础货币增加2倍的量和质的金融缓和政策。“第二支箭”是“灵活的财政政策”。2013年1月11日，政府决定实施规模达13万亿日元的“日本经济再生紧急经济对策”，这是在雷曼冲击后非常时期以外规模最大的。

到现在为止实施的“两支箭”是通过在需求方面直接或间接地发挥作用来活跃经济的政策。安倍政权上台后，因为股市上涨和日元贬值，已经放出的“两支箭”在提高国内外对日本经济再生的期待方面取得了初步成效。但是，对摆脱通缩和使经济步入持续增长的轨道来说，只有这“两支箭”是远远不够的。鉴于日本的财政状况，大规模财政支出不具有可持续性。就像安倍政权表现出的意图那样，通过第一、第二支箭赢得时间的同时，要关注制定具有实效的“唤起民间投资的增长战略”。

这样，以需求政策为主的第一、第二支箭和以供给政策为主的“日本再兴战略”相结合，体现出安倍经济学及其增长战略的系统性（参见图2）。

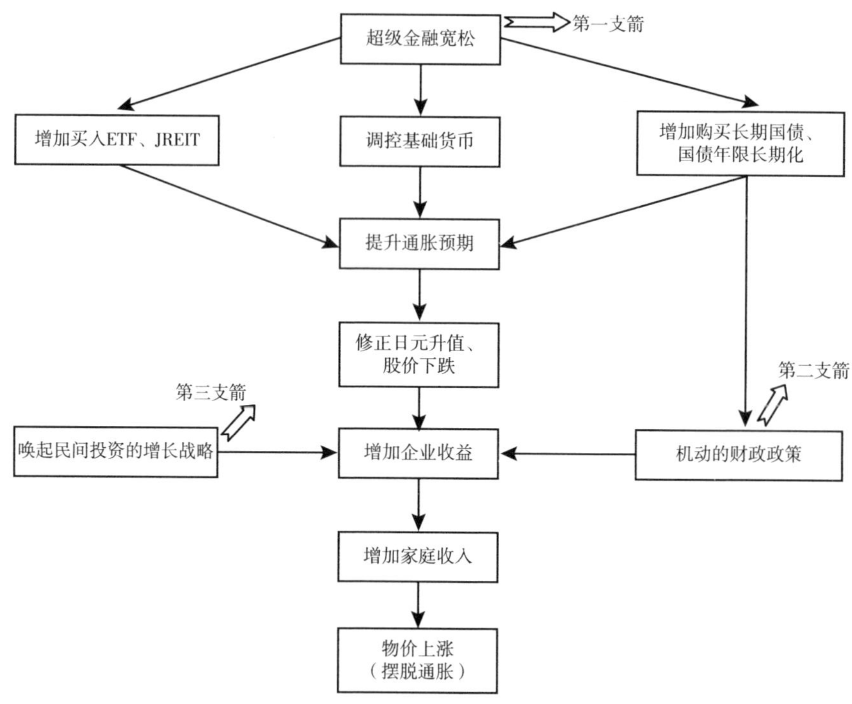

图2　安倍经济学的整体效果与传导路径

资料来源：第一生命经济研究所。

2. 全面性

“日本再兴战略”中罗列出涉及许多领域的政策，这些政策通过3个行动计划体现出来。①“日本产业再兴计划”中主要包括促进产业新陈代谢、支援劳动力转移、提高女性就业率、促进科学技术创新、普及IT、强化基础竞争力、援助中小企业等政策；②“战略市场创造计划”中包括支援健康和医疗相关产业、与能源相关的援助、建设新一代基础设施、农业出口和观光等政策；③“国际展开战略”中包括以参加TPP为契机扩大自由贸易圈、获取海外市场的各项政策、吸引对日投资、培养人才等政策。

这些政策清单反映了中央政府各部门的负责领域，除了具有安倍政权特点的产业新陈代谢和劳动力转移、为增加女性就业而加强保育所建设、把TPP作为国际经济展开的契机以外，还可看出中央政府各部门对各个领域的动员。由于要体现各方面的利益，其内容必然要全面。“战略市场创造计划”中特别提到医疗和农业战略，但其意义与民主党政权的“日本再生计划”相比并没有多大变化。所以，有些日本学者把安倍的“日本再兴战略”称为“普惠式的政策剪贴集”。[①]

3. 谨慎性

以往，政府从诸如老龄化背景下发掘新需求的必要性、研究投资和人才培养的重要性等方面出发选择了若干有望增长领域，为这些领域的特定产业支付补助金等“盯住特定领域”的政策成为增长战略的核心。但是，由于实践效果并不理想，于是，对政府能否真正发现并正确选择增长产业的怀疑和批判的声音逐渐增多。所以，这次的增长战略在选择特定领域方面非常谨慎，尽管在“战略市场创造计划”中残留一些“盯住特定领域”的政策色彩，但优先采取措施不再局限于特定行业，而是体现在以强化广范围行业的竞争力为目标的“日本产业再兴计划”上。

从这点可以看出政府根据对其指定特定增长产业政策的批判而做出的改变。但是，为此，安倍政权的增长战略也受到了没有体现政策优先顺序及没有实现优先课题的具体措施的指责。

4. 透明性

这次增长战略比以往更强调透明性和官民目的共同性的意识。关于各行动计划的主要项目，制作并发表了比过去的增长战略工程表内容更加具体的中短期工程表。作为与以往的增长战略的最大差别，政府提出“不仅在纲领中罗列出实现的目标及其实施措施，还要以工程表的形式尽可能明确到什么时候结束为了使这些措施得以实施的必要程序（修订法律、预算和税收措施、修改制度、审议会讨论等）”。其目的是通过工程表能够获知什么时候能够做什么的信息，便于民间采取行动。重要的是，为了如愿以偿地达到这个目的，在实施以工程表为基础的政策的同时，还必须要定期对工程表进行更新。

5. 法律保障性

2013 年 7 月自民党获得参议院选举的绝对性胜利后，以往“扭曲”国会（执政党占众议院的多数席位，而在野党占参议院的多数席位）的状况

---

① 島田晴雄「成長戦略『日本再興戦略』：加筆版」、http：//www. haruoshimada. net/izumi/2013/06/post - 0a89. html、2013 - 06 - 27。

彻底消失，这不仅保证了安倍政权的稳定性，而且为增长战略的顺利实施提供了更多的法律保障。以往，受“扭曲”国会的影响，执政党的一些法案难以在众、参两院全部通过，所以，保障增长战略实施的一些制度尽量避免通过法案的方式，更多通过预算案的方式（只需众议院通过即可）。现在安倍政权可以尝试通过法案的方式保障增长战略的实施，这在2013年10月开始的第185次国会上得到了体现。安倍在国会开始的演讲中提到“这次国会是体现增长战略实行力的国会”，在这次国会中通过了旨在唤起民间投资的《产业竞争力法》、作为规制改革突破口的《国家战略特区法》、推进电力自由化的《电气事业修正法》、完善再生医疗的《药事法等修正法》和《保证再生医疗等安全法》、改变农业结构的《农地集聚“银行”（农地中间管理机构）法》等与增长战略相关的法律，这些法律无疑会有力地保障增长战略的实施。

Review of Japanese Growth Strategy

—An Analysis of the Inheritance and Uniqueness of Growth Strategy in Abenomics

Cui Jian

Abstract Japan has a historical tradition of making economic plan because there is the profound ideological basis of planned economy. Along with the change of internal and external environment, the economic plans have been replaced with the structure reform strategy in Japan by the end of the 20th century. In order to better deal with the relationship between reform and growth, since the beginning of the 21st century Japan's each cabinet has made the growth strategy. From the LDP regime pays attention to the side of supply to the DPJ regime attaches great importance to the side of demand, the growth strategies have presented both historical logic connection and distinct characteristics of the times. The inheritance and uniqueness have been fully embodied in growth strategy of new Abe regime.

Keywords Japan; Growth Strategy; Evolution; Inheritance; Uniqueness

日本量化宽松货币政策评析

庞德良　张清立*

【内容提要】零利率和零售价增长率令日本经济陷入“流动性陷阱”之中。为摆脱经济长期衰退，安倍政权上台伊始就改变传统的货币政策，实施了更为大胆的令世界瞩目的量化宽松的货币政策。这一政策在短期内对日元贬值、创造低成本的融资环境、诱导通货膨胀可能会产生一定的积极效果，但从长期看，由于这一政策内含货币增量提速与货币流动速度低下的矛盾、政策目标与国民生活的矛盾、政策功能与国民预期的矛盾以及长期利率不降反升、安倍泡沫的发生以及滞涨发生的风险，从而量化宽松货币政策的短期效果能否长期化还存在诸多困难和不确定因素。

【关键词】日本　量化宽松　货币政策

2012 年 12 月 16 日，安倍晋三率领自民党在众议院总选举中以超过选举前 2.5 倍的席位获得了过半数席位，赢得了大选的胜利，由此安倍晋三于 12 月 26 日第二次当选日本首相。安倍晋三当选首相伊始，就把摆脱通货紧缩，实现经济增长置于其要务的重中之重、核中之核，提出了以更为灵活的财政政策、极为宽松的货币政策以及经济成长战略为核心的安倍经济学，也

* 庞德良，吉林大学东北亚研究院副院长，教授，博士生导师，博士，吉林大学日本研究所所长，研究方向为日本经济、东北亚区域经济；张清立，吉林大学东北亚研究院博士生，专业方向为日本经济与东北亚区域经济。

可将安倍这三项经济核心主张称为安倍的“三支箭”。安倍经济学中极其引人注目的是其量化宽松货币政策。在早前的竞选中，安倍就把“年间2%的物价增长率”作为政权公约提出，而要实现这一目标，必须修改现行的日本银行法，加强政府与日本银行的合作，实施更为大胆的宽松货币政策，以此来矫正日元升值，摆脱通货紧缩。由此超量化宽松货币政策浮出水面，并引起了极大关注。本文在分析日本超量化宽松货币政策内容和特点的基础上，解析其经济学依据并分析其政策效应及其内含的矛盾与风险，并结合长期通货紧缩和经济衰退的实际进行总体评析。

一　日本量化宽松货币政策及其特点

自20世纪90年代初泡沫经济崩溃后，日本经济陷入了长期衰退之中，零利率和物价零增长的“双零现象”长期并存，成为世界经济史上绝无仅有的现象，1993～2010年，平均消费者物价指数增长率为0.08%，除1993年、1997年和2008年CPI超过1%低于2%，其余年份均是零增长或负增长（参见图1）。

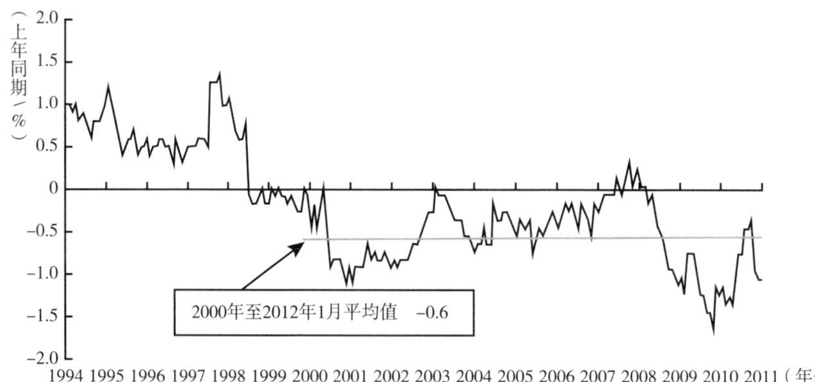

图1　日本消费者物价指数变化

资料来源：日本经济研究中心：《经济百叶箱》第58号，第4页。

长期“物价零增长”令日本经济陷入了长期通货紧缩之中，长期“零利率”令日本经济陷入了“流动性陷阱”之中。作为“日本化”现象核心的通货紧缩和“流动性陷阱”致使企业活力不足，整个经济增长乏力，金融政策，特别是利率政策的调节功能丧失殆尽。

安倍及其政府认为，“某国的通货膨胀率从中长期看最大的影响因素是该国的货币增长率。而拥有控制货币增长率能力和权限的机构只有中央银行”。日本陷入长期通缩的原因在于日本央行采取了极度消极的金融政策。因此，要走出长期通货紧缩的困境，必须调整日本政府与央行的关系，调整日本央行保守的货币政策，实施更为宽松、更为大胆的金融政策。2012 年 3 月，日本央行总裁白川方明辞任，黑田东彦就任日本央行总裁。黑田上任伊始，积极支持安倍摆脱通货紧缩的思想和政策主张，于 2013 年 4 月 4 日决定实施更为大胆的量化宽松货币政策。其核心内容包括以下三个方面。

第一，继续实施零利率政策。日本央行宣布，在推出更为大胆的超宽松货币政策时，继续实施零利率政策。实际上，日本在 1999 年 2 月就提出了“提供更多资金，实施更低的无担保隔夜利率”，即零利率政策，2000 年曾一度解除，但由于从 2001 年 3 月采取了“量化宽松政策”，从而又回归到零利率政策，一直至今。此次黑田东彦将量化宽松政策和零利率政策相结合，由此金融政策在量与质两方面都超越了其前任白川方明。

第二，实施更为大胆、更为激进的量化宽松政策。两年之内基础货币投放量要增加 2 倍，决定到 2014 年末基础货币投放量由 2012 年末的 138 万亿日元增加到 2013 年末的 200 万亿日元，到 2014 年末将增加到 270 万亿日元，每年平均投放增加量将达到 60 万亿 ~70 万亿日元。从货币增速看，2011 年日本基础货币的增长率为 15.7%，虽然 2012 年日本基础货币的增长率仅为 7.0%，但从第二季度开始增长加快，在白川方明任期最后的 2013 年第一季度，货币增速已达 15.2%。到黑田东彦继任总裁的第二季度，持续量化宽松态势已经形成，货币增速倍增，已达 30.2%，与总量增长相一致。

第三，大幅度增加长期国债等金融资产的购入量，并实现国债持有期限的长期化。两年之内，日本央行长期国债持有数量将增加 2 倍。2012 年末，日本央行持有的长期国债为 89 万亿日元，2013 年增加到 140 万亿日元，到 2014 年末要增加到 190 万亿日元，实现国债购入数量的倍增，月均购入长期国债数量将达到 7 万亿日元。同时，长期国债的持有期限也由 3 年延长至 7 年乃至更长期限。

事实上，日本量化宽松政策并非始于日本央行的黑田体制。2001 年小泉政府就开始实施量化宽松货币政策，货币增量发行成为调节经济景气、刺激日本经济增长的重要手段，到2008年白川方明就任日本央行总裁时，量化宽松货币政策的运用已经达到相当高的水平。2010年10月，日本央行购入包括长期国债在内的资产达35万亿日元，到2013年初已经增加到65万亿日元。就购入长期国债来看，月均购入3.3万亿日元，到2011年末，日本银行购入的长期国债数量已高达66.1万亿日元，占GDP比重高达14.2%，而同期美国仅为10.8%。

从以上日本量化宽松货币政策的主要内容来看，这一政策具有三个显著特点。

第一，与白川方明时的量化宽松货币政策相比更为大胆，可以说是一种超量化宽松政策。

在速水优—福井俊彦任日本银行总裁的2001~2006年，日本银行持有国债余额由48兆日元扩大到63兆日元，增长了29.7%。到了白川方明任总裁时期，量化宽松进一步扩展，2011年末，日本银行持有的长期国债额为66.1万亿日元，占GDP比重达14.2%，而同期美国该比重仅为10.8%。2012年月购入长期国债为3.3万亿日元，按年率换算购入的长期国债达40万亿日元。到了黑田东彦就任日本银行总裁时，月购入长期国债达7万亿日元，一年购入的长期国债达84万亿日元，数量上实现了倍增，实现了飞跃性的增长。

第二，政策着力点在于摆脱通货紧缩的后果与效应，而不是更多地考虑政策的副作用和风险。

2001年3月日本银行导入量化宽松政策时，为防止日本银行成为直接吸收政府债务的载体，产生通货膨胀，制定了长期国债持有额度不超过纸币发行额的“银行券规则”。这表明，日本银行在实施量化宽松政策的同时，对其副作用和风险也有所顾忌，因而对量化宽松的量有一定的控制。但2013年4月4日，日本银行为实现货币投放量的倍增，决定暂时停止“银行券规则”。虽然在2012年8月日本银行持有的80.9697万亿日元长期国债余额已经超过80.7876万亿日元的纸币余额，这一规则实际上已被打破，但日本央行明确宣布暂时放弃这一规制原则尚属首次，表明日本央行关注的重点是量化宽松政策本身及其政策效果，不再因其风险和副作用而束缚政策的实施，这无疑具有相当大的勇气和决心，更使得日本的这一货币政策带有了冒险的性质。

第三，数量目标确定，透明，简单易懂，诱导通货膨胀目的性很强。

在两年之内基础货币增加2倍，长期国债购入量增加2倍，物价在两年之内增加2%，这些政策目标比以往中央银行的政策目标更加明确，政策传递的信息意在提高公众对日本银行政策的关注度，目的在于形成对日本银行的政策预期，特别是形成通货膨胀预期。

二　日本量化宽松货币政策的目标与依据

日本央行如此大规模扩张货币数量，政策重点由利率刺激扩大到数量刺激，其根本目的和最终目标就是要实现2%的通货膨胀率，实现物价水平的稳定增长，借此走出长期困扰日本的通货紧缩困境。

对日本银行来说，维持物价稳定是其最重要的职能。自泡沫经济崩溃后，日本央行一直被通货紧缩所困扰，改变物价零增长现状，实现物价稳定增长一直是各任央行总裁所努力实现的目标。2009年日本央行就明确提出了“将消费者物价指数控制在2%以下的正增长领域，其目标是实现1%左右的增长”。而此次日本央行大幅度调整物价增长率，试图在两年内实现2%的增长目标，可以说这是一个非常高的也是非常大胆的目标。这一目标的实现，正是超量化宽松货币政策的目的所在。日本银行实施如此大规模的货币政策有其经济依据和现实需要。

第一，麦克姆勒规则为日本超量化宽松货币政策提供了理论依据。

泰勒规则和麦克姆勒规则是20世纪90年代世界主要国家中央银行适应经济发展时态，调解货币政策的基本原则与工具。泰勒规则是由斯坦福大学的约翰·泰勒于1993年根据美国货币政策的实际经验而确定的一种短期利率调整的规则，其基本含义在于，货币当局根据通货膨胀率和总产出的实际值与目标值之间的差距来调节联邦基金利率的走势。但是，由于日本经济长期陷于通货紧缩之中，利率已降至为零，面对预期通胀率和潜在经济增长率出现的缺口，日本央行已经无法利用泰勒规则进行利率操作来实现经济调节。

美国经济学家麦克姆勒教授提出的货币调整规则为日本货币政策调整提供了操作思路和依据。麦克姆勒规则源于弗里德曼货币控制的基本思想，即通过控制货币增长率来调控思路。麦克姆勒坚持将基础货币作为货币政策工具，提出货币政策的最终目标是稳定名义收入，主张货币增长率应随着产出缺口动态变化，同时还要考虑到货币流通速度和通货膨胀率（Mccallum，1985）。如果 m 是基础货币增长率，y^* 是目标名义 GDP 增长率，y 是现实 GDP 增长率，v 是货币流通速度，则基础货币供给与产出及货币流通速度就具有了以下关系：$m = y^* - v + \alpha(y^* - y)$，其中 α 是央行对经济产出缺口的反应程度。这就是著名的麦克姆勒规则。这一规则为央行货币调控提供了基本路径，即如果经济处于衰退中，经济增长率低于目标名义增长率，此时货币流通增速也较低，则 $m < y^* - v + \alpha(y^* - y)$，这时中央银行应当提高基础货币增长率，以扩大货币供给；反之，当经济处于过热状态，经济增长率高于目标名义增长率时，中央银行应当降低基础货币增长率，以减少货币供给。

麦克姆勒规则为日本实施超量化宽松货币政策，摆脱长达 15 年的通货紧缩提供了基本依据和货币操作思路。按照安倍内阁提出的目标，到 2014 年实现 2% 的通货膨胀率，经济增长率将达 2.5%，则目标名义 GDP 将达到 4.5%，日本 2008～2012 年实际 GDP 的平均增长率为 -1.9%，货币增速保持稳定，则 v 将趋于零，如果央行对产出缺口的反应程度为 1 的话，那根据麦克姆勒规则方程，货币增速将达到 10.9%，如果反应程度为 2，则货币增速将达到 17.3%。白川方明时代基本按照这一速度进行货币扩张，按此速度计算，2013 年 4 月日本基础货币为 138 万亿日元，到 2014 年货币存量金仅为 190 万亿日元，达不到安倍内阁货币存量增加 2 倍达到 270 万亿日元的目标，这说明中央银行的政策力度不够，只有将 α 再提高 2 倍，央行货币增速将达到 30%，从而才能够实现政策供给目标。

第二，诱导预期通货膨胀的形成是量化政策的关键。

从经济学来说，利率与物价指数之间基本上是一种正相关关系，两者之间的关系表现为 $i = r^n + \pi^e$，其中，i 是名义利率；r 是储蓄与投资相等时的利率，即自然利率；π^e 是预期的通货膨胀率。也就是说，名义利率也就是政府所控制的政策性利率应当与经济运行所内在决定的自然利率和预期通货膨胀率相等。但有两种情况会打破这种平衡，一是如果名义利率的最低极限值为零时，当自然利率大幅度降低，特别是出现负值时，即使预期通货膨胀率为正，也有可能出现 $i > r^n + \pi^e$，这可称之为“负自然利率非均衡”；二是预期通货膨胀率大幅度降低，出现负值，即使自然利率为正，也有可能出现

$i > r^n + \pi^e$，也即 $i - \pi^e > r^n$，这可称之为“通货紧缩非均衡”。目前，日本经济就处于通货紧缩的非均衡之中，自然利率很低，物价负增长，利率为零增长，从而政策性利率高于储蓄与投资相等时所要求的自然利率，由于政策性利率已到了极限低值，没有调整空间，唯有提高预期通胀率才可以实现政策性利率与自然利率的平衡。而实现通货膨胀预期最直接、最关键的手段就是增发货币。央行实施扩张性的货币政策扩大货币供给，便于形成通货膨胀预期，带来价格上涨，企业增加设备投资，扩大生产，增加就业，收入增长，需求增加，经济复苏。换言之，日本银行货币供给不足，金融政策缓和力度不够导致经济持续陷入通货紧缩之中，从而无法自拔。

第三，利率调节功能丧失迫使日本银行政策转型为量化政策。

“当一个国家整体资产价格出现下跌时，就会迫使企业将它们的最优目标从利润最大化转变为负债最小化。”① 20 世纪 90 年代泡沫经济崩溃后，日本企业最重要的行为选择不是继续进行融资，扩大投资，而是进行资产负债表调整，偿还债务，清理企业欠款，尽快将自己的负债水平降到可以接受的范围之内。在这种情况下，企业对利率的变化和融资环境改善与否的敏感性下降，贷款意愿急剧降低，即便利率调整为零利率，也难以吸引企业增加投资，因而经济陷入“流动性陷阱”之中。② 因此，正是企业全力修正资产负债表的行为，使得日本央行的零利率政策丧失了将个人储蓄导入企业投资的沟通渠道的传统作用，迫使日本银行的政策重点由传统的利率政策转向量化政策。

第四，大量购入国债，进一步压低实际利率。

尽管实施了零利率政策，由于日本的物价指数为负，日本的实际利率实际上仍然很高。③ 2005～2012 年，日本的长期利率（名义利率）除了 2006 年出现过接近 2% 的利率水平以外，其他时间基本上处于长期下降过程，2012 年达到 0.8% 的低点，而同期美国的长期利率则在 1.5%～2.2%，远高于日本。但是由于日本长期处于通货紧缩之中，通货膨胀率长期负增长，导致日本的实际利率仍然处于高水平状态，而美国同期的物价指数则高于日

---

① 辜朝明：《大衰退》，东方出版社，2008，第 71 页。

② 张支南、葛阳琴：《日美量化宽松货币政策的操作方式研究》，《现代日本经济》2013 年第 1 期。

③ 李俊江、张东奎：《日本利率政策变革对中小企业融资模式影响的分析》，《现代日本经济》2012 年第 3 期。

本2~3个百分点，因此，美国的实际利率并不比日本高，甚至低于日本，是负利率（参见图2）。

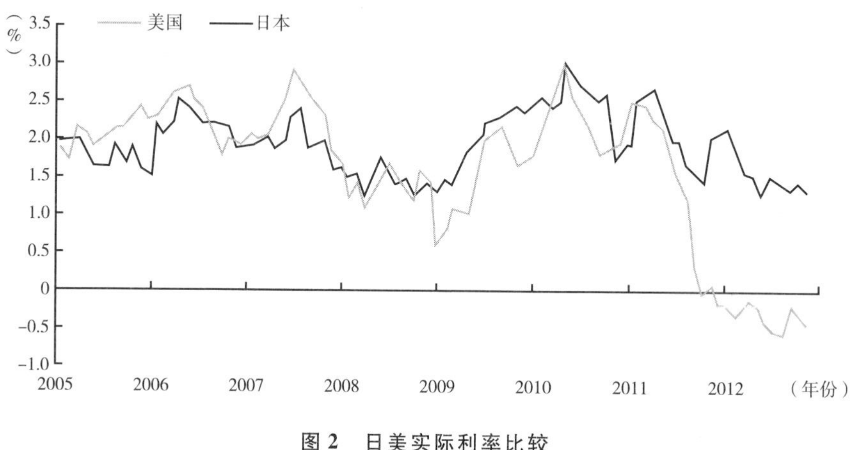

图2　日美实际利率比较

资料来源：日本第一生命经济研究所2013年第1期研究报告。

实际利率过高，提高了企业的融资成本，制约了企业的投资欲望，降低了投资需求，从而使经济陷入衰退。因此，通过量化宽松政策，大量购买国债，压低长期利率，从而进一步降低企业的融资成本，改善企业的融资环境，这是量化宽松货币政策的重要目的所在。

三　日本量化宽松货币政策可能产生的效果与其内含的矛盾和风险

宏观经济政策实施或多或少都会产生一定的效果，关键在于这种效果能否由短期的不确定效果转化为长期的确定性的经济效果。日本超量化宽松货币政策由利率调控转为总量调控，在一定程度上会产生以下经济效应。

（一）超量化宽松货币政策的经济效应

第一，超量化宽松货币政策增加市场流动性，降低融资成本，有可能促进投资的增长，进而增加总需求。

目前日本银行通过年间60万亿~70万亿日元的基础货币增加市场的流动性，其中，长期国债持有量年增50万亿日元，ETF和J-REIT分别年增1万亿日元和 300 亿日元。CP 和公司债年末将分别增购 2.2 万亿日元和 3.3 万亿日元。这些基础货币通过乘数作用将大大增加市场上的流动性存量。根据 2013 年 6 月日本银行的公告，日本市场的 M3 平均余额比上年同期增长 3.0%，达到 1158.2 万亿日元，刷新了自 2003 年 4 月有统计以来的最高纪录。市场流动性的巨量增长进一步改善了企业的融资环境，有利于降低企业的融资成本，推动企业增加设备投资，扩大生产，从而带动经济走向复苏与增长之路。

第二，超量化宽松货币政策增加市场流动性，诱导日元贬值，有可能提高日本产品出口价格的竞争力。

泡沫经济崩溃后，日本经济结构转型没有根本性进展，在内需增长不足的情况下，经济复苏和增长主要依靠外需拉动，而日元升值阻碍了日本出口增长，从而成为日本经济面对的严峻问题，同时，由于日元升值导致输入品价格下降也是日本物价指数长期零增长的重要原因，因此，寻求“持续性日元贬值”的通货战略就成为日本政府的主要目标。安倍政府超量化宽松货币政策的重要作用在于通过大量基础货币的释放压低长期利率，一方面诱导国际资本外流，增加对外汇市场日元的供给，由此促使日元贬值；另一方面通过压低长期利率，诱导日本国民更多地将本币资产转为外币资产获取更高收益，由此促使日元贬值。因货币贬值，日本的机电、汽车等出口产业的国际竞争力增强，收益增加，如果外需主导的生产和设备投资扩大与增长，雇佣形势将趋于好转。同时，日元贬值也将推高以日元计价的输入产品的价格，改变国内替代性产品与国外产品的相对价格，使国内替代性产品的相对价格下降，促使原来购买国外产品的企业或家庭开始转购国内产品，这有利于企业扩大生产，改善收入，增加家庭消费福利，从而产生内需扩大的效应。如果这种效应能够长期化，无疑会促进经济的复苏与增长。

第三，超量化宽松货币政策会促使金融机构和机构投资者改变资产投资结构，产生金融资产再平衡效应。

日本银行以每月购 7 万亿日元的国债推动量化宽松政策，这一国债购入数量相当于新发行国债的 70%，从而大大降低了国债市场的流动性，提高了国债价格，压低了债券利率。对于投资者来说，继续增持债券利益缩小，风险加大，迫使其不得不改变投资策略，增加面向股票、外国债券等风险资产的投资。银行与机构投资者大量购买这些金融资产会带动股票价格上升，增持外国债券会进一步释放市场流动性，为投融资主体创造宽松的市场环境，同时也会促使民间银行增加对风险资本的投资，从而有可能产生金融机构和机构投资者的金融资产再平衡效应。

第四，超量化宽松政策会推动资产价格上涨，产生资产效应。

日本银行大量购入国债，释放巨量流动性的重要目的是维持或推高国债价格，压低国债利率，旨在将日本中长期利率维持在一个较低的水平上。中长期利率维持在较低的水平在有利于降低日本企业的融资成本、扩大投资的同时，会推动股票、房地产以及土地等资产价格的上升，资产价格的上升意味着国民财富的增长，从而有利于消费支出的增加，同时，资产价格，特别是土地、房地产不动产价格的上升，抵押市场的价值增加，从而金融机构的融资数量将得以增加。因此，量化宽松政策的资产效果有可能对处于通货紧缩中的日本经济带来一定的积极影响。

（二）超量化宽松货币政策内含的矛盾与风险

安倍经济学提出，在量化宽松政策实施的半年时间里，其政策效力有所显现。日经平均股价转为上升基调，从2012年秋的9000点上涨到2013年5月的15000点，其间虽有涨落，但基本趋势没有变化；长期利率受多方影响虽然出现过上升，但总体稳定在0.8%的低水平上；在国际汇率市场上，日元升值的态势得以逆转，2012年秋，美元与日元汇率高达80日元，2013年5月，相隔4年，美元与日元比价首次突破100日元，不久下降到101日元，在量化政策实施的2个月内，日元兑美元的汇率就由75日元贬值为93日元，目前稳定在100日元左右。超宽松的金融环境促使日本民间银行的贷款增加了1%，呈上升趋势，企业发债额创造了自2008年全球金融危机以来的最高纪录，面向企业和家庭的“贷款约定平均利率”持续走低，达到历史最低点。消费者物价指数虽仍然处于负增长中，但因景气改善、日元贬值等因素的影响，5月为零增长，6月已转为0.4%的正增长。同时，从实际经济运行看，完全失业率出现降低趋势，有效求人倍率有所提高。

应该说，从短期看，安倍的量化宽松政策出现了一定的积极效果，但从长期看，由于这一政策内含的矛盾与风险，量化宽松政策的短期效果能否长期化还存在诸多困难和不确定因素。

第一，货币增量提速与零利率、货币流动速度低下的矛盾。

理论上，在潜在经济总量稳定和货币速度稳定的情况下，物价的变化取决于货币供给量的变化。这是货币数量学说中费雪方程所揭示的货币供给与物价的关系。这一理论也为日本银行的超量化宽松政策和2%的物价增长率提供了理论依据。但是，日本零利率经济现实实际上打破了费雪方程所揭示的物价与货币供给量之间的联动关系。一是在零利率条件下，日本经济已陷入“流动性陷阱”之中，市场主体对货币的需求呈现出无限大的趋势，从而使得日本增量货币沉淀于“陷阱”之中而游离于市场运行之外，这样，即使增发再多的货币，其作用也有限。二是从货币流通速度看，泡沫经济崩溃以来，日本的货币流通速度始终处于下降之中（参见图3）。

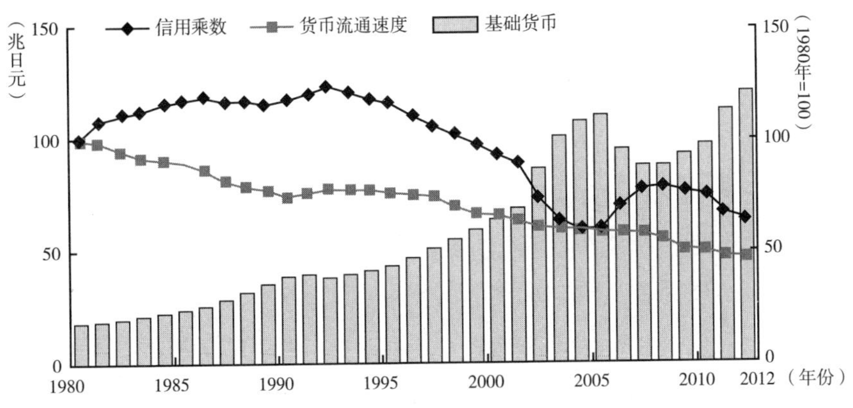

图3　日本基础货币、信用乘数与货币流通速度

资料来源：三菱东京 UFJ 银行：《日本经济预测》，2013年5月，第6页。

1990年日本基础货币发行量为40万亿日元，GDP为440万亿日元，货币流通速度为12，到2012年，基础货币达到120万亿日元，GDP为475万亿日元，货币流通速度降低为4。增量的货币在较低的货币流通速度作用下会形成积淀性的流动性，掉进“陷阱”中，不能进入市场有效运行。从历史上看，2001～2005年量化宽松货币政策实施期间，日本基础货币M1平均增长率超过10%，但货币存量M2（市场上的流动性）平均增长率不到2.5%。这说明，日本银行能够决定增发多少货币，但不能决定有多少货币在金融市场流通，因此也就不能必然地保证物价的上升了。

第二，政策目标与国民生活的矛盾。

量化宽松政策的目标是在两年之内实现2%的通货膨胀增长，并实现日元贬值。一般来说，随着物价指数的增长，工资也要相应增长，否则国民的实际工资和生活水平就会下降。20 世纪 90 年代中期以来，日本的雇佣工资几乎没有增长，无论景气与否，日本的工资都处于负增长中，工资处于“向上刚性”中。[①] 目前受国际经济危机、通货紧缩以及日元升值等因素影响，日本企业经营压力加大，不具备改善和增加工资的条件与动力，因而工资增长的可能性不大。同时，如果日元实现了持续性的贬值，日本国民赖以生活的汽油、电气、燃油、煤气、小麦等生活必需品的进口价格将上升，海外旅游的价格也将上升。在工资没有增长的情况下，通货膨胀与日元升值都将提高国民的生活成本，导致政策目标与国民生活目标相矛盾。

第三，政策功能与国民预期的矛盾。

超量化宽松政策非常重要的一个功能就是诱导人们的通货膨胀预期，进而引发通胀。日本银行以超规模、超长期购入日本国债来向市场释放巨量流动性，其行为本身就向公众表明，所谓量化政策其实质是财政融资政策，也就是通货膨胀政策。对政策结果的承诺更容易诱导公众的通货膨胀预期，从而有利于实际物价的上涨。但是，日本长期的经济衰退使得国民对增长、发展信心不足，对政府能力与政策效力产生怀疑，在这种情况下，能否引发通胀预期还是个未知数。

除了这三大矛盾以外，日本量化宽松货币政策本身也内含三大风险。

第一，长期利率不降反升。

日本银行通过大量购入国债，在推高国债价格的同时，旨在压低长期利率。但是，日本银行政策性的大量购入国债只是影响长期利率的重要因素，而非唯一因素。如果未来通货膨胀预期形成或安倍政府 2% 的通胀率能够实现，长期利率将上升而不是下降；如果未来日本经济增长预期好转，投资增加，对资金的需求增大，长期利率也会出现上升趋势；同时由于美国经济的复苏和量化政策的退出会导致其长期利率上升，从而也成为日本长期利率上升的重要推动因素。[②] 因此，日本量化宽松政策能否实现持续压低长期利率本身就具有一定的不确定性和风险。

---

① 日本经济研究中心：《经济百叶箱》2013 年第 63 号，第 7 页。

② 第一生命経済研究所「企業の投資資金はどこに向かったのか?」、『第一生命経済研レポート』、2012 年 12 月、第 1 – 2 頁。

第二，安倍泡沫的发生。

在两年之内，日本银行基础货币将由目前的138万亿日元增加到270万亿日元，再加之货币信用乘数的作用，日本市场流动性将会迅速膨胀。如果日本经济复苏乏力，增长受阻，大量流动性不被实体经济所吸纳，就会转向虚拟经济领域，资产价格的上涨快于实体经济要素价格的上涨，导致虚拟经济脱离实体经济，有可能引发新的经济泡沫，这对深受泡沫经济之累的日本来说，绝不是其所期望的经济现实。

第三，滞涨的发生。

根据货币数量学说，货币的提速增发会引起价格的上涨。物价的上涨关键要能够带动GDP的增长，从而使得通货膨胀政策成为引导经济复苏与繁荣的推动因素。从日本的经济现实来看，由于人口长期负增长和技术创新力下降，潜在经济增长率下降，因此即使采取超量化宽松政策，经济增长的难度也非常大。如果货币流通速度稳定，经济发展受潜在经济增长率制约呈下降趋势，货币供给大量增加，虽然可以引起价格上升，但经济却处于停滞或衰退中，此时就可能出现经济的“滞涨”。

四　结语

安倍晋三首相及日本银行总裁黑田东彦寄希望于通过零利率和超量化政策来推动物价上涨，摆脱通货紧缩，从而走出近15年的通货紧缩（经济衰退）困境。但问题在于，日本的通货紧缩是经济衰退的结果而不是原因。即便通过超量化政策能够推动物价上涨，但因导致日本经济长期衰退的原因是多方面的，货币政策也未必能够实现其推动经济持续增长之目的，更何况日本这种超量化政策本身能否实现2%的物价增长也在不确定中。

第一，日本经济陷入长期通货紧缩的根本原因不在于货币供给不足。2011年美国基础货币增长为17.5%，欧盟为12%，而日本则远远高于美欧，增长达24.9%，同时日本货币存量M2的增幅远远超过M1的增幅，更是遥遥领先于美国与欧盟，目前，美国货币存量M2占GDP比重为65%，欧盟货币存量M2占GDP比重为95%，而日本货币存量M2占GDP比重远远超过欧美，高达174%。但是2007年以来，日本的市场流动性不断增长，特别是2009年以来快速上升，但物价上涨与市场流动性增长并不同步，呈现背离趋势，并没有出现货币供应量增加、物价上涨的现象。从企业资金层面看，根据内阁府统计，原本资金不足的日本企业，从20世纪90年代中期以来就成为资金盈余主体。90年代初，日本企业投资额与企业的现金流量基本持平，此后投资一路下降，而企业的现金流量则一路上扬，两者的差距越来越大。2006年日本企业投资额达到高点，为45万亿日元，而2011年企业所持的现金流量则达到61万亿日元，远高于企业投资额。[①] 因此，无论是从宏观层面还是从微观层面看，日本市场并不缺乏流动性，日本经济陷入长期通货紧缩的原因不在于日本银行货币量供给不足，而是缺乏有效运用货币的商业机会和增长机会。通货紧缩虽然表现为一般物价水平下跌，但其背后是宏观经济总需求与总供给的失衡，即有效需求不足导致的。[②]

第二，总需求不足与日本少子高龄化的社会结构密切相关。少子高龄化是当代日本社会的趋势性特征，从而内在地决定着日本经济的潜在规模和潜在增长力，也决定着日本自然利率的走势。少子高龄化导致预期人口和劳动就业增长下降，降低了日本社会潜在劳动生产率，导致预期经济增长率下降，从而降低了企业的预期收益和消费者的预期收入，进而设备投资增长缓慢和消费水平下降，抑制了总需求的增长。由于货币政策很难改变日本少子高龄化的社会结构，因此，在提高日本经济潜在经济增长力方面也难以有实质性的影响。更为重要的是，日本少子高龄化所决定的经济潜在增长力也内在地决定了日本自然利率处于一个较低的水平上（克鲁格曼认为，急速的少子高龄化是日本自然利率变为负值的主要原因）。正是较低的自然利率令日本经济陷入了“流动性陷阱”之中。在这种情况下，日本传统的利率政策因零利率已无作用空间，而量化政策在经济处于“流动性陷阱”之时也难以有效发挥作用，这早已被经典所证明。

第三，泡沫经济崩溃后，日本产业结构调整缓慢，内需主导型经济迟迟难以建立，对内、对外投资市场的失衡导致国内经济空心化，企业活力不足、创新力低下都严重制约着总需求的增长，影响经济的复苏与增长。

总之，与货币政策、财政政策的调控功能和有效性相比，这些制度性、

---

① 第一生命経済研究所「企業の投資資金はどこに向かったのか?」、第1－2頁。

② 白川方明「デフレ脱却へ向けた日本銀行の取り組み——日本銀行総裁における講演」、2012年2月17日、日本银行、http://www.boj.or.jp/。

结构性的问题是日本经济长期衰退更为根本性的因素。不进行制度变革和结构转化，即便实施更大规模的货币供给，投入更多的财政资金，也难以从根本上改变日本的困境。

（此文主要内容发表于《社会科学战线》2014 年第 1 期）

The Analysis of Japan's Quantitative Easing Monetary Policy

Pang Deliang　Zhang Qingli

Abstract　Zero interest rate and zero growth in prices brought the Japanese economy into a "liquidity trap" . To get rid of the long-term economic recession, Abe administration began to change the conventional monetary policy since they took office, and implement the more daring quantitative easing monetary policy which caused the attention of the world. This policy may have some positive effect on the depreciation of the yen, creating a low-cost financing environment and inducing inflation in the short term, but from the perspective of long term, whether the short-term effects of quantitative easing could be a long-term that still have many difficulties and uncertainties with regard to the following factors, such as the confliction between the monetary policy contains an incremental speed and low currency flow, the incompatible between policy objectives and national life, the variances of policy functional with national expectation, the long term interest rate did not fall but rise, the occurrence of Abe foam and the risk of stagflation occurs.

Keywords　Japan; Quantitative Easing; Monetary Policy

日本银行量化宽松货币政策实施效果的实证分析

任维彤*

【内容提要】本文简要回顾了日本银行的两次量化宽松货币政策的实施过程，分析了超量化宽松货币政策的短期效果，研究并比较了两次量化宽松货币政策的长期效果，得出以下三个结论：第一次量化宽松货币政策的效果明显优于第二次量化宽松货币政策的效果；超量化宽松货币政策有效地改变了市场预期，取得了较为显著的短期效果；超量化宽松货币政策的持续时间可能超出预期。

【关键词】日本银行　量化宽松　货币政策　VAR 模型

2013 年 4 月，日本银行开始实施新一轮的超量化宽松货币政策。这一政策为新任首相安倍晋三决心彻底扭转日本长期通货紧缩和经济增长停滞局面的经济政策提供了前所未有的金融支持，被称作“安倍经济学”的“第一支箭”。由于政策的内容大大超出市场的预期，其出台伊始便受到广泛的质疑甚至批评。超量化宽松货币政策实施一年以来，我们可以看到日本经济开始出现一些好转的迹象。第一，金融市场的表现最为显著，如长期国债收益率趋于下降、股票价格大幅反弹、日元加速贬值等。第二，各部门金融资产余额出现增长，对外各类投资活动开始活跃，资产价格收益效果开始有所

* 任维彤，经济学博士，吉林大学日本研究所研究员，吉林大学东北亚研究院世界经济研究所讲师，主要研究方向为宏观经济学和国际金融学。

体现。第三，经济增长和通货膨胀有所回升，表明政策效应已经传导至实体经济部门。新的超量化宽松货币政策与此前的量化宽松政策相比，政策实施的长期效果究竟如何？截至目前具体取得了哪些短期效果？未来可能的走势如何？本文试图通过回顾日本两次量化宽松货币政策的实施过程，分析和研究一年多以来日本各种经济指标的变化，结合计量经济学的研究方法回答上面三个问题。

一 1990 年以来日本银行宽松货币政策的简要回顾

（一）资产泡沫破灭后的宽松货币政策（1991 年 7 月至 1999 年 2 月）

1990 年资产价格泡沫破灭之后，日本经济陷入长期景气低迷的状态，消费者物价指数逐步下降。针对这种情况，日本银行开始实施宽松的货币政策，通过调低基准贴现率和增加基础货币供给来引导无担保隔夜拆借利率走低。从 1991 年 7 月到 1995 年 9 月，经过 9 次调整之后的基准贴现率从 6% 降到 0.5%，无担保隔夜拆借利率也从最高点 8.56% 下降到 0.53%。从图 1 ~ 图 4 可以看出，实施宽松货币政策之后，矿工业产出从 1992 年开始恢复，到 1995 年一直保持稳定的增长；消费者物价指数在 1995 年左右到达一个相对的谷底之后有所回升；股票价格在经过 5 年左右的大幅回落之后，从 1995 年起也有一个较大幅度的回升；日元升值的走势在 1995 年前后出现明显的拐点。但是，资产价格泡沫破灭给日本金融机构带来的资产结构、不良债权等问题开始陆续显现出来，加上 1997 年亚洲金融危机的冲击，促使日本银行在加速金融体系改革、处理金融机构各种不良债权的同时，还要继续实施宽松的货币政策解决资本市场上资金流动不够顺畅的问题。

（二）超低利率和零利率政策（1999 年 2 月至 2000 年 8 月）

扩张的货币政策配合积极的财政政策有效地遏制了泡沫破灭后日本经济的下滑趋势，但是对进一步刺激经济发展效果却非常有限。由于国内市场消费需求提振乏力，国际市场竞争日趋激烈，金融体系出现的问题对市场资金流动的影响还没有完全消除，日本经济开始陷入长期通货紧缩的困境。1998 年下半年，日元兑美元名义汇率开始下降，新的一轮日元升值给日本的经济恢复带来更多的困难。1998 年 9 月，日本银行将无担保隔夜拆借利率的诱导目标调低至 0.50% ~0.25%。1999 年 2 月，日本银行开始实施零利率政策，进一步将诱导目标降低到 0.15%，并决定向市场提供充足的资金，尽可能地使无担保隔夜拆借利率维持在极低的水平，直至消除通货紧缩。从图 1 可见，这时的货币供给出现一个跳跃式增长。1999 年下半年，日本经济再次出现复苏的迹象，1999 年和 2000 年上半年的实际经济增长分别达到 1.9% 和 1.7%。因此，日本银行于 2000 年 8 月解除了零利率政策，调高无担保隔夜拆借利率的诱导目标至 0.25%，货币供给也相应地迅速下降。

（三）量化宽松政策（2001 年 3 月至 2006 年 3 月）

2000 年下半年，受全球经济衰退的影响，日本经济形势再度恶化。由于长期超低利率甚至零利率的政策仍然无法使日本摆脱景气低迷和通货紧缩的情况，日本银行从 2001 年 3 月起开始实施“量化宽松政策”，意在防止物价继续下降，为将来可持续的经济增长打好基础。政策内容主要有三个部分：一是将日本银行调节金融市场的操作目标由无担保隔夜拆借利率改为日本银行账户存款余额；二是政策持续实施直至核心消费者物价指数（除生鲜食品外）同比增长率稳定在 0 以上；三是在通过调节日本银行账户存款余额提供货币供给的基础上，必要时提高银行券发行额度用于增加购买长期国债。量化宽松政策持续实施的 5 年时间里，日本银行在维持无担保隔夜拆借利率在 0.10% 的同时，将日本银行账户存款余额上限从最初的 5 万亿日元提高到 30 万亿 ~35 万亿日元，购买长期国债的额度也由每月 0.4 万亿日元提高到每月 1.2 万亿日元（参见表 1）。这一时期，货币供给增长率在初期显著上升后逐步下降，利率一直维持在 0 的水平附近，股价指数持续上升，日元持续贬值，工业生产有所恢复，但是通货膨胀率没有得到明显改善（参见图 1 ~ 图 4）。

2005 年起，日本经济再次出现比较明显的好转，在经济呈现稳定增长的同时，通货膨胀率出现了正的增长。2006 年 3 月，日本银行认为已经初步达到了既定目标，决定终止量化宽松政策。此后，日本银行又分别于 2006 年 7 月和 2007 年 2 月将基准贴现率提高到 0.40% 和 0.75%，并逐步减少基础货币的供给，市场短期利率也相应出现了回升。持续的非常规量化宽

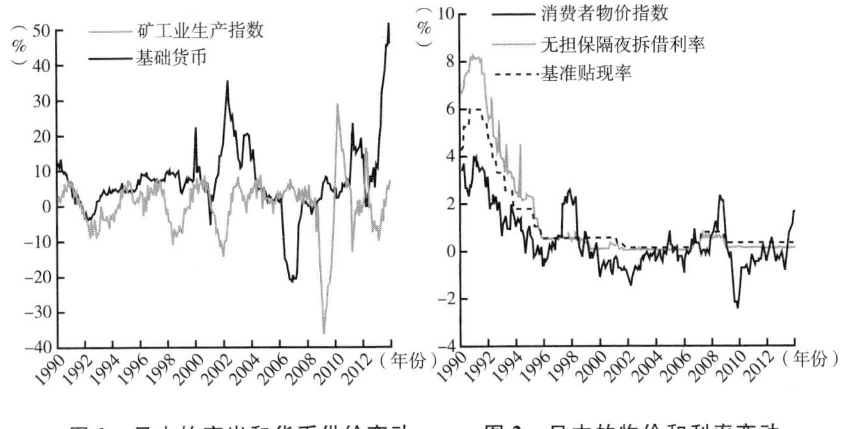

图 1　日本的产出和货币供给变动　　　**图 2　日本的物价和利率变动**

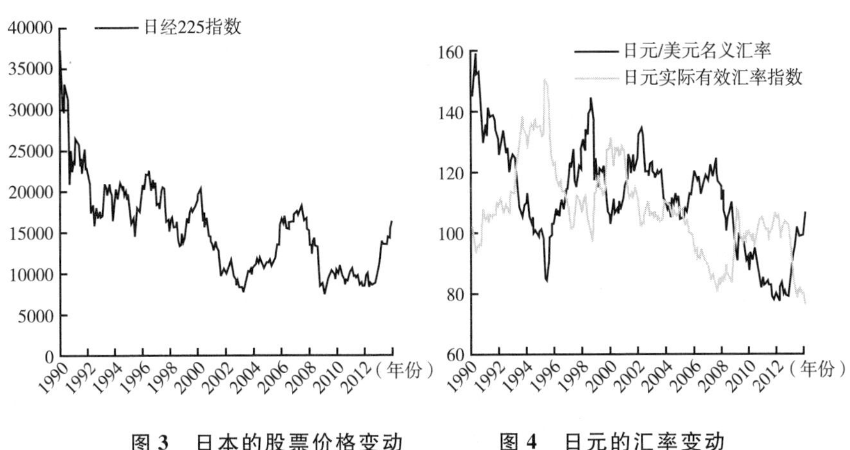

图 3　日本的股票价格变动　　　**图 4　日元的汇率变动**

注：所有数据均为月度数据，数据区间为 1990 年 1 月至 2013 年 12 月。产出、货币供给和物价的变动为上年同期比。

资料来源：消费者物价指数：日本总务省，2005 年 = 100；矿工业生产指数：日本经济产业省，2010 年 = 100；日经 225 指数：日本经济新闻社；其余：日本银行。

松政策终于使日本暂时摆脱了国内投资和消费长期低迷的困境，同时在外汇市场上有效地影响了市场的预期，诱导日元有效汇率一直运行在下降的轨道中。2005 ~ 2007 年，主要的宏观经济指标均显示出日本已经走出通货紧缩的困境，如矿工业产出呈现较快增长、通货膨胀率多数月份维持在 0 以上、股票价格持续上升等。

表 1　日本银行量化宽松政策的主要内容

单位：万亿日元

日　期	政策名称	基准贴现率	政策目标	操作目标和政策工具额度		
			通货膨胀	无担保隔夜拆借利率	日银账户存款余额上限	长期国债购入额度
1999 年 2 月 12 日	零利率政策			0.15%		
2000 年 8 月 11 日	解除零利率政策			0.25%		
2001 年 2 月 9 日		0.35%				
2001 年 2 月 28 日		0.25%	0.1%			
2001 年 3 月 19 日	量化宽松政策		0 以上		5.0	0.4/月
2001 年 8 月 14 日			0 以上		6.0	0.6/月
2001 年 9 月 18 日		0.10%	0 以上		6.0 以上	
2001 年 12 月 19 日			0 以上		10.0 ~ 15.0	0.8/月
2002 年 2 月 28 日			0 以上			1.0/月
2002 年 10 月 30 日			0 以上		15.0 ~ 20.0	1.2/月
2003 年 4 月 1 日			0 以上		17.0 ~ 22.0	
2003 年 4 月 30 日			0 以上		22.0 ~ 27.0	
2003 年 5 月 20 日			0 以上		27.0 ~ 30.0	
2003 年 10 月 10 日			0 以上		27.0 ~ 32.0	
2004 年 1 月 20 日			0 以上		30.0 ~ 35.0	
2006 年 3 月 9 日	解除量化宽松政策			0.00%		
2006 年 7 月 14 日	解除零利率政策	0.40%		0.25%		
2007 年 2 月 21 日		0.75%		0.50%		
2008 年 10 月 31 日		0.50%		0.30%		
2008 年 12 月 19 日		0.30%		0.10%		1.4/月
2009 年 3 月 18 日						1.8/月
2010 年 10 月 5 日	全面金融缓和政策			0.0% ~0.1%		设立资产购买基金

资料来源：根据日本银行《金融政策决定会合议事要旨》相应各期整理。

（四）超宽松货币政策（2008 年 12 月至今）

2008 年国际金融危机发生之后，七国集团（G7）决定采取协调行动向市场注入公共资金，引导市场利率下行，缓解国际金融市场资金紧张的局面。日本银行于 10 月决定下调基准贴现率至 0.50%，下调无担保隔夜拆借利率目标值至 0.30%，对超额准备金支付 0.10% 的利息。同年 12 月，日本银行再次分别下调上述利率至 0.30% 和 0.10%，并决定增加购买长期国债额度至 1.4 万亿日元/月，追加购买国债品种，研究购买商业票据以帮助企业融资的措施。

随着金融危机的蔓延，全球经济陷入衰退，尤其是美国和欧洲的经济增长减速不仅严重影响了日本出口商品的国外市场需求，而且导致了日元对美元和欧元的大幅升值，日元兑美元名义汇率甚至下降到 80 日元/美元附近的历史低点。金融危机对日本国内的企业生产投资、民间消费和金融市场也带来了不同程度的影响，使日本经济始终不能得到有效改善。鉴于上述国内外的严峻经济形势，日本银行于 2010 年 10 月推出“全面金融缓和”政策，包括调低无担保隔夜拆借利率目标值至 0.0% ~0.10%，明确中长期的物价稳定为政策目标，创设 35 万亿日元的“资产购买基金”，继续扩大向市场投放流动性的规模（参见表 2）。2011 年 3 月，为缓解东日本大地震给日本经济恢复带来的不确定性影响，日本银行开始扩大资产购买基金额度，并向灾区的金融机构提供资金支持。此后直至 2012 年底，尽管日本银行又多次提高基金额度以增加流动性的供给，但仍然不能改变经济低迷不振的局面。

表 2　日本银行资产购买基金的额度

单位：万亿日元

日　期	总额度	固定利率等的公开市场操作	购买各类资产						
			额度	长期国债	国库短期证券	CP	公司债	指数联动型上市投资基金	房地产投资信托
2010 年 10 月 28 日	35	30	5	1.5	2.0	0.5	0.5	0.45	0.05
2011 年 3 月 14 日	40	30	10	2.0	3.0	2.0	2.0	0.90	0.10
2011 年 8 月 4 日	50	35	15	4.0	4.5	2.1	2.9	1.40	0.11
2011 年 10 月 27 日	55	35	20	9.0	4.5	2.1	2.9	1.40	0.11
2012 年 2 月 14 日	65	35	30	19.0	4.5	2.1	2.9	1.40	0.11
2012 年 4 月 27 日	70	30	40	29.0	4.5	2.1	2.9	1.60	0.12
2012 年 7 月 12 日	70	25	45	29.0	9.5	2.1	2.9	1.60	0.12
2012 年 9 月 19 日	80	25	55	34.0	14.5	2.1	2.9	1.60	0.12
2012 年 10 月 30 日	91	25	66	39.0	19.5	2.2	3.2	2.10	0.13
2012 年 12 月 30 日	101	25	76	44.0	24.5	2.2	3.2	2.10	0.13
2013 年 1 月 22 日	13/月	25		2/月	10/月				

资料来源：根据日本银行《金融政策决定会合议事要旨》相应各期整理。

2012 年 12 月 26 日，安倍晋三第二次就任日本首相，并指定麻生太郎出任副总理兼财务大臣以及负责处理金融事务的内阁府特命大臣（主要负责解决通货紧缩和日元升值问题）。2013 年 1 月 22 日，日本政府和日本银行发表“共同声明”，调整货币政策，将日本银行的政策目标设为 2% 的通货膨胀率，并力争早日实现。3 月 20 日，原亚洲开发银行总裁黑田东彦代理日本银行总裁，4 月 9 日正式任职。

2013 年 4 月 3 ~4 日，黑田东彦上任后的第一次日本银行金融政策委员会决定，为实现“共同声明”提出的 2% 通胀目标，在未来的两年中实施“量和质的金融宽松”（Quantitative and Qualitative Monetary Easing，QQME）政策，即超宽松货币政策。政策的具体内容包括：（1）金融市场调节的操作目标由无担保隔夜拆借利率改为基础货币供给，每年增加 60 万亿 ~70 万亿日元；（2）增加长期国债的购入额度（余额年增长 50 万亿日元），扩大购入国债的种类至包括 40 年期国债在内的全部国债，持有国债的平均年限由 3 年延长到 7 年；（3）增加购买股价指数投资信托基金（ETF）和房地产投资信托（REIT），使持有余额每年分别增长约 1 万亿日元和 300 亿日元；（4）政策目标是直至实现并维持 2% 的通货膨胀率，为此将根据经济和物价的形势对政策做出必要调整（参见表 3）。相应的措施包括：（1）废止资产购入基金；（2）根据日本政府与日本银行的“共同声明”，暂时中止“银行券规则”；[①]（3）加强与市场参与者的对话，鼓励金融机构积极参与；（4）受灾地区金融机构的援助资金供给措施延长 1 年。

表 3　日本银行的各类资产余额目标及预测值

单位：万亿日元

	基础货币	银行券	存款账户余额	长期国债	CP 等	公司债	ETF	J-REIT	贷款援助基金
2012 年	138	87	47	89	2.1	2.9	1.5	0.11	3.5
2013 年	202	90	107	142	2.2	3.2	2.5	0.14	9.2
2014 年	270	90	175	190	2.2	3.2	3.5	0.17	18.0

资料来源：日本银行。

① 2001 年 3 月 19 日，日本银行政策委员会决定为保证资金的供给，每月增加购买 4000 亿日元的长期国债，同时将日本银行持有的国债余额设定为银行券发行余额的上限。

“全面金融缓和”政策和“量和质的金融宽松”政策在目标和内容上虽然有所不同，但是其本质都是通过向市场投放流动性维持超低利率，改善投资环境，刺激消费，使经济走出通货紧缩的困境。

二 超宽松货币政策的短期效果

超宽松货币政策是安倍经济学“三支箭”中的第一支，是日本银行积极配合政府经济对策的重要举措。日本希望通过这一政策提供更加宽松的金融环境，迅速扭转投资、消费不振的局面，刺激通货膨胀，为此后“两支箭”的顺利实施创造有利的社会经济环境，保障安倍经济学取得成功。政策实施一年以来，尽管饱受来自国内外政府、学界和市场参与者的质疑和批评，然而空前的货币投放力度还是在很大程度上改变了人们对金融市场和经济前景的预期，取得了较为显著的短期效果。

（一）超宽松货币政策刺激宏观经济指标明显改善

首先，货币供给存量出现显著增长。M1 的增长率从 2012 年底的 3% 左右上升到 2013 年以后的 5% 以上（其中增长较快的是存款货币），M2 和 M3 的增长率也提高了大约 1 个百分点。广义流动性和基础货币（Monetary Base）的增长幅度较为显著，前者从 2012 年底的 0.5% 左右上升到 2013 年底的 4.5%，后者在 2012 年底为 10% 左右，2013 年 6 月上升到 36%，2013 年底维持在 46% ~ 52%，2014 年 1 ~ 3 月分别达到 51.9%、55.7% 和 54.8%。[①] 货币供给和基础货币的大幅增长，使无担保隔夜拆借利率始终保持在既定目标的 0.1% 以下。

其次，矿工业生产和国内总产值出现明显好转。其中矿工业生产指数增长率在 2012 年底还是 -7.9%，2013 年 7 月开始转为正增长，年底达到 6.3%，2014 年 1 月上升到 10.0%。国内总产值也由 2012 年底的负增长转为 2013 年第一、第二季度的 4.5% 和 4.1%，第三、第四季度也维持在 0.9% 和 0.7% 的正增长（参见图 5）。此外，消费者物价指数从 2013 年 6 月出现 0.2% 的增长之后持续上升，2013 年底达到了 1.6%，已经很接近政策的预定目标。

① 数据取自日本银行的“日本银行相关统计”和“货币相关统计”。

（二）市场预期的变化导致金融市场波动加剧

2012 年日本众议院选举之前，民调一直显示民主党的支持率较高。市场普遍预期安倍晋三有望再次执政，新一届政府将进一步采取经济刺激政策，金融市场的表现开始活跃。2013 年安倍政府和日本银行一系列措施的出台远远超出了市场预期，导致金融市场的波动进一步加剧。从 2012 年下半年至 2013 年 6 月，日本金融市场的主要指标，如市场利率、国债收益率、日元汇率、日经股票价格指数等都出现了显著波动。1 年期国债收益率在 2013 年初略有波动后维持在较低的水平，10 年期国债收益率持续下降至 2013 年 3 月的 0.564%，4 月回升到 0.8% 左右后再次回落（参见图 6）。日本股票市场的表现更为显著，甚至出现了前所未有的上涨，日经 225 指数从 2012 年 11 月的不到 9000 点上升至 2013 年 1 月的近 16000 点（参见图 3），在一年的时间里几乎翻番。这样的上涨速度即使在 20 世纪 80 年代后期日本金融资产泡沫时期也未曾出现过。与此同时，再加上美国的 QE 政策退出的预期和欧债问题的缓解，日元从 2012 年底开始贬值，日元兑美元的名义汇率从 79∶1 上升到目前的 102∶1，升幅超过 20%。

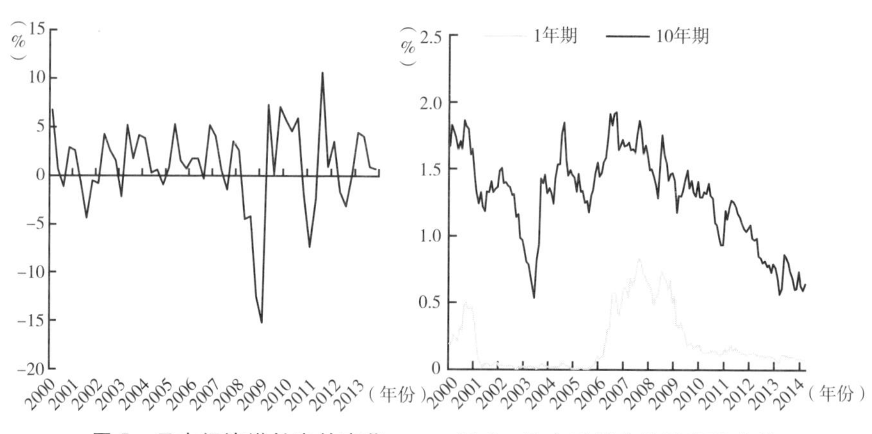

图 5　日本经济增长率的变化

注：所用数据为实际 GDP（季节调整后的季度数据）较上年同期的增长率。

资料来源：日本内阁府：《国民经济计算》。

图 6　日本国债收益率变动曲线

资料来源：日本财务省。

（三）金融资产余额不断增加

超宽松货币政策实施以后，日本的家庭金融资产总额有显著的增长，其中信托投资总额创出历史新高（参见表4）。与2012年第四季度相比，2013年第四季度日本家庭金融资产总额达到1644.7万亿日元，增加了92.6万亿日元（约6%），其中股票等证券投资增长幅度较大，除股票外的证券投资、股票投资和对外证券投资分别约增长16%、38%和24%。在家庭金融资产结构方面，现金和存款以及保险和养老金总额有所增长，但是所占比例略有下降，其他资产的比例均有所上升。因此，可以认为日本家庭收入增长的大部分源于各类信托证券投资，表明日本民众对未来的金融市场有较好的预期。

表4　日本家庭的金融资产情况

单位：万亿日元，%

时　间	现金和存款		证券（除股票）投资		股票投资		保险和养老金		对外证券投资		合计
	金额	百分比	金额	百分比	金额	百分比	金额	百分比	金额	百分比	
2012年3月	833.1	54.8	94.3	6.2	109.5	7.2	422.6	27.8	8.4	0.6	1520.4
2012年6月	842.7	55.5	90.1	5.9	101.1	6.7	422.4	27.8	8.2	0.5	1518.3
2012年9月	838.2	55.4	89.3	5.9	97.1	6.4	424.7	28.1	8.6	0.6	1512.5
2012年12月	853.9	55.0	93.6	6.0	111.8	7.2	428.9	27.6	8.2	0.5	1552.1
2013年3月	847.4	53.7	103.4	6.5	132.9	8.4	431.4	27.3	7.7	0.5	1578.7
2013年6月	860.0	53.7	103.1	6.4	141.5	8.8	432.3	27.0	7.4	0.5	1602.2
2013年9月	855.8	53.2	105.0	6.5	147.4	9.2	435.3	27.0	8.4	0.5	1609.3
2013年12月	873.6	53.1	108.6	6.6	154.8	9.4	439.1	26.7	10.2	0.6	1644.7
增长率（%）	2.3		16.0		38.5		2.4		24.4		6.0

注：末行为2013年12月较2012年12月的增长率；因为只选取主要构成项目，表中各项累加结果不等于合计。

资料来源：日本银行。

与此同时，在政策实施约一年以后，各类存款金融机构的资产规模增长6.4%，与家庭金融资产增速相当（参见表5）。从变动的绝对值来看，现金和存款增幅较大，约为62万亿日元，而不包括股票的证券投资减少了27.7万亿日元。从变动的比例来看，现金和存款、股票投资、对外各类业务增长比例较大，而除股票外的证券投资与金融衍生品投资出现下降。上述结果表明，超宽松货币政策增加的流动性有相当的部分以现金和存款的方式流入了各类存款金融机构，股票投资总额的增长应该是股票市场价格上升带来的账面盈余，对外业务的增长则与日元贬值和国内超低利率带来的对外各类投资收益预期有关。

表 5　日本各类存款机构的金融资产情况

单位：万亿日元

时　间	现金和存款	贷出	证券（除股票）投资	股票投资	金融衍生品	对外直接投资	对外证券投资	其他对外债权债务	合计
2012 年 3 月	176.4	654.6	515.1	40.4	55.1	12.8	69.6	45.6	1587.0
2012 年 6 月	192.7	655.8	510.6	35.8	58.1	13.1	64.8	43.7	1589.5
2012 年 9 月	192.2	663.2	501.6	33.3	54.3	13.2	67.7	42.6	1582.3
2012 年 12 月	199.0	672.6	499.3	42.5	60.4	14.2	76.5	54.7	1635.2
2013 年 3 月	205.4	681.3	505.7	49.7	62.8	14.3	82.4	60.1	1677.9
2013 年 6 月	237.0	682.2	476.8	53.6	57.4	14.7	79.9	62.4	1680.4
2013 年 9 月	247.9	676.4	475.2	54.4	52.2	15.5	83.0	60.7	1684.2
2013 年 12 月	261.0	691.8	471.6	61.0	56.5	16.0	93.4	72.0	1739.3
增长率（%）	31.2	2.9	-5.5	43.3	-6.5	12.9	22.2	31.6	6.4

注：末行为 2013 年 12 月较 2012 年 12 月的增长率；因为只选取主要构成项目，表中各项累加结果不等于合计。

资料来源：日本银行。

保险和养老基金的情况与存款金融机构类似，总额增长幅度约为 7.2%，其中现金和存款、各类证券投资、各类对外投资增幅较大，金融衍生品出现较大的负增长（参见表 6）。

表 6　日本保险和养老基金的金融资产情况

单位：万亿日元

时　间	现金和存款	证券（除股票）投资	股票投资	金融衍生品	预付款	未收（付）款	对外证券投资	其他对外债权债务	合计
2012 年 3 月	11.8	295.9	34.6	1.0	1.9	33.1	69.6	3.9	515.9
2012 年 6 月	11.0	298.2	30.6	1.2	1.9	32.7	69.6	3.9	512.3
2012 年 9 月	11.3	301.6	30.0	1.3	2.0	32.9	71.9	4.0	518.0
2012 年 12 月	10.8	304.4	34.1	2.1	2.0	32.7	77.4	4.2	528.9
2013 年 3 月	12.7	319.3	38.7	1.1	2.1	31.3	80.9	4.5	553.6
2013 年 6 月	11.7	313.7	41.7	1.1	2.1	31.6	81.8	4.5	548.7
2013 年 9 月	12.8	318.8	43.7	1.2	2.1	31.5	82.4	4.7	558.0
2013 年 12 月	12.6	320.3	47.0	1.1	2.2	31.4	87.5	4.8	567.1
增长率（%）	16.7	5.2	37.6	-45.7	10.0	-4.1	13.0	14.2	7.2

注：末行为 2013 年 12 月较 2012 年 12 月的增长率；因为只选取主要构成项目，表中各项累加结果不等于合计。

资料来源：日本银行。

民间非金融法人企业受超宽松货币政策的影响，经营活动和商业贸易往来出现活跃的迹象。除无法统计的“其他”以外的所有项目都表现出正增长，其中股票投资体现为账面盈余增长较快（51.1%），未收（付）款项和对外业务也出现较大增长（参见表7）。这些表明，国内较低的资金成本和日元持续贬值刺激了民间非金融法人企业在积极恢复国内的各项生产和经营业务的同时，加快开展对外投资活动和对外借贷业务。

表7　日本民间非金融法人企业的金融资产情况

单位：万亿日元

时间	现金和存款	贷出	股票和投资	金融衍生品	预付款	企业间及贸易信用	未收（付）款	对外直接投资	对外证券投资	其他对外债权债务	其他	合计
2012年3月	223.0	51.2	164.8	1.1	32.5	225.1	11.0	47.0	48.5	9.4	18.8	871.2
2012年6月	216.3	48.4	154.0	1.1	32.4	195.9	11.6	45.5	51.2	9.0	20.4	821.2
2012年9月	221.8	48.3	149.3	1.1	32.4	195.6	12.7	46.1	51.0	8.8	24.5	826.3
2012年12月	218.8	49.8	173.0	2.0	32.9	200.5	11.9	51.7	48.4	10.3	23.1	858.0
2013年3月	234.1	49.7	214.2	2.1	32.2	207.0	14.2	56.9	46.3	11.2	16.3	915.9
2013年6月	230.6	49.2	230.6	2.4	34.4	192.4	14.0	61.3	45.3	11.7	16.1	923.3
2013年9月	234.1	50.3	242.5	2.2	33.8	189.3	13.8	64.7	48.6	11.4	15.9	941.5
2013年12月	232.4	51.7	261.3	2.4	33.7	210.0	14.4	71.3	51.9	13.5	13.6	993.6
增长率（%）	6.2	3.8	51.1	18.7	2.3	4.8	21.1	38.1	7.1	32.0	-41.0	15.8

注：末行为2013年12月较2012年12月的增长率；因为只选取主要构成项目，表中各项累加结果不等于合计。

资料来源：日本银行。

（四）日本银行的资产负债表不断膨胀，高风险资产增加

2008年底日本银行实施超量化宽松政策以后，日本银行的金融资产总额受增持短期国库证券和扩张信贷的影响从2009年第三季度开始膨胀（参见表8）。2012年底，日本银行将政策工具调整为大量增持国库证券和各类国债，致使其金融资产规模再度扩大，且增幅和增速较此前也有所加快。到2013年第四季度，各类证券持有量和总资产均增加了约70万亿日元，分别增长57.8%和40.6%，其中，短期国库证券和国债分别增持15.3万亿日元和52.7万亿日元（增速分别为62.4%和58.0%），是日本银行资产膨胀的

主要因素。由表8计算可知，在日本银行的金融资产中，信贷的比重仅为11.7%，而短期国库证券和国债的比重分别为16.8%和60.7%，加上ETF、REIT等风险资产，使高风险的金融资产占的比重超过80%。这种情况无论是在日本银行还是其他发达国家中央银行的历史上都是前所未有的。

表8　日本银行的金融资产情况

单位：万亿日元

时　间	现金和存款	贷出	证券(除股票)投资			股票投资	对外证券投资	其他对外债权债务	合计
			小计	短期国库证券	国债和财政融资债				
2008年3月	0.06	37.98	68.29	4.64	63.65	2.27	5.20	2.19	121.13
2008年6月	0.02	26.91	64.67	4.70	59.97	2.37	5.49	2.31	107.18
2008年9月	0.05	38.94	66.04	6.81	59.23	1.83	5.32	2.19	119.41
2008年12月	0.10	51.67	64.71	6.55	58.17	1.47	4.64	1.85	129.46
2009年3月	0.09	50.41	66.72	9.17	55.94	1.36	5.03	2.13	130.78
2009年6月	0.09	35.16	67.25	14.04	52.84	1.61	5.01	2.11	116.59
2009年9月	0.08	40.16	69.80	18.68	50.77	1.78	4.82	2.11	123.77
2009年12月	0.07	42.31	73.36	22.94	50.22	1.85	4.94	2.40	129.97
2010年3月	0.09	40.77	74.20	22.85	51.17	2.03	4.95	2.46	129.56
2010年6月	0.07	29.72	76.40	20.82	55.49	1.85	4.69	2.60	120.71
2010年9月	0.08	36.13	78.52	21.14	57.37	1.80	4.56	2.57	128.77
2010年12月	0.06	43.66	78.09	19.83	58.05	1.94	4.44	2.71	135.99
2011年3月	0.16	56.76	79.12	18.18	60.27	1.87	4.55	2.81	150.42
2011年6月	0.10	38.43	84.24	19.34	62.30	1.81	4.48	2.85	137.39
2011年9月	0.09	42.94	89.22	22.40	63.62	1.62	4.26	2.93	146.18
2011年12月	0.15	40.65	96.01	24.06	67.63	1.62	4.37	2.80	150.67
2012年3月	0.07	40.03	93.54	16.56	72.39	1.79	4.76		
2012年6月	0.17	36.02	101.70	16.73	79.51	1.51	4.48		
2012年9月	0.50	34.44	110.41	21.21	83.72	1.41	4.08	3.25	159.20
2012年12月	0.62	30.88	122.12	24.50	90.90	1.80	4.31	3.38	168.22
2013年3月	0.95	25.81	134.28	34.01	93.88	1.98	4.27	3.54	175.98
2013年6月	1.04	24.63	157.31	37.67	111.97	2.15	4.28	2.78	197.58
2013年9月	0.92	26.29	178.08	41.56	128.50	2.28	4.25	3.06	220.06
2013年12月	0.90	27.70	192.69	39.80	143.62	2.47	4.61	2.99	236.49
增长率(%)	45.16	-10.3	57.8	62.4	58.0	37.2	7.0	-11.5	40.6

注：末行为2013年12月较2012年12月的增长率；因为只选取主要构成项目，表中各项累加结果不等于合计。

资料来源：日本银行。

三 量化宽松货币政策长期效果的实证分析

为了更好地评估和比较日本银行两次量化宽松货币政策实施的长期效果，本文在政策实施的两个时间区间（第一区间：2001 年 3 月至 2006 年 3 月；第二区间：2008 年 12 月至 2014 年 1 月）内，使用主要经济指标的年度增长率时间序列估计向量自回归模型（VAR），[①] 对政策冲击效果展开分析和研究。需要说明的是，与第一次量化宽松货币政策相比，第二次政策的实施尚未完全结束，这里只能利用现有数据对截至目前的政策效果进行初步估算。

本文选取的经济指标包括矿工业生产指数（ip）、消费者物价指数（cpi）、日经股票价格指数（stock）、日元兑美元名义汇率（ex）、无担保隔夜拆借利率（call rate）和基础货币（mb）。为满足模型估计对样本数量的要求，上述指标均选取月度数据（2000 年 3 月至 2014 年 1 月）。因为 GDP 没有月度数据，所以选择矿工业生产指数代替产出。考虑到日本银行对基础货币的定义是流通中的银行券与流通硬币 + 经常账户存款余额，可以将 call rate 与 mb 看作政策工具变量，研究它们的变动对经济的影响。

这里构造两个 5 变量模型，即 M1（ip、cpi、stock、ex、mb）和 M2（ip、cpi、stock、ex、call rate），分别考察基础货币和市场利率的影响效果。表 9 给出的单位根检验结果表明，时间序列多数情况下不存在单位根，排除了时间序列协整的可能，可以进行 VAR 模型估计。

表 9　各变量的单位根检验结果（ADF 统计量）

	第一区间	第二区间
ip	-2.61***	-2.18**
cpi	-1.60	-2.95***
stock	-1.44	-2.07**
ex	-1.18	-2.01**
mb	-0.91	0.68
call rate	-14.71***	-2.31**

注：1%、5% 和 10% 水平临界值分别为 -2.60、-1.95 和 -1.61。***、** 和 * 分别表示 1%、5% 和 10% 水平拒绝原假设。

① 介绍 VAR 模型理论与方法的资料很多，本文不再赘述。无担保隔夜拆借利率（call rate）没有进行增长率的变换，使用原序列。

图 7 给出了根据 VAR 模型估计结果得出的各经济指标对货币政策变量冲击的脉冲响应结果。前两组为基础货币冲击的响应结果，后两组为利率冲击的响应结果；一、三组和二、四组分别为第一、第二区间的结果。

基础货币冲击在两个区间里均给产出、物价和汇率带来正的响应。其中，第一区间产出的效果明显较大且持续，第二区间的效果较小并在第 12 期以后表现为负的响应；物价的响应在第一区间反应略迟，两者幅度相仿；汇率的响应趋势类似，在第二区间表现幅度较大。基础货币冲击给股价带来的影响在第一区间符合预期，在第二区间内从第 6 期开始表现为负，这可能与日本股票价格先是在 2008 年以后受世界金融危机影响出现暴跌，而后在 2012 年受政策预期影响提前出现大幅上涨，从而大大削弱了基础货币扩张所带来的影响有关。

利率冲击对产出和物价的影响符合预期且第一区间的影响强度要大于第二区间，对股价的影响强度均较小，对汇率的影响结果也出现了相反的结果。

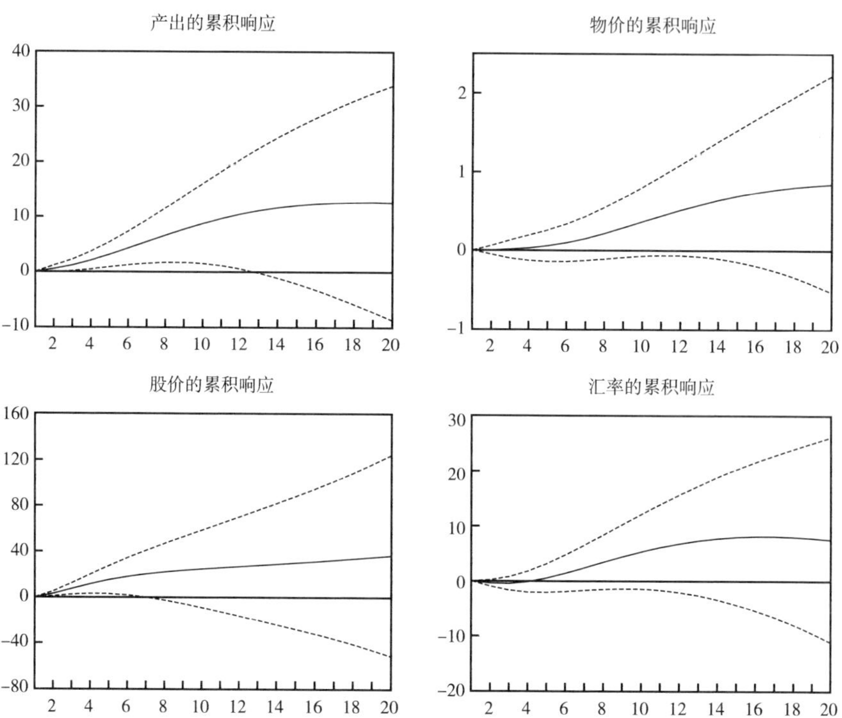

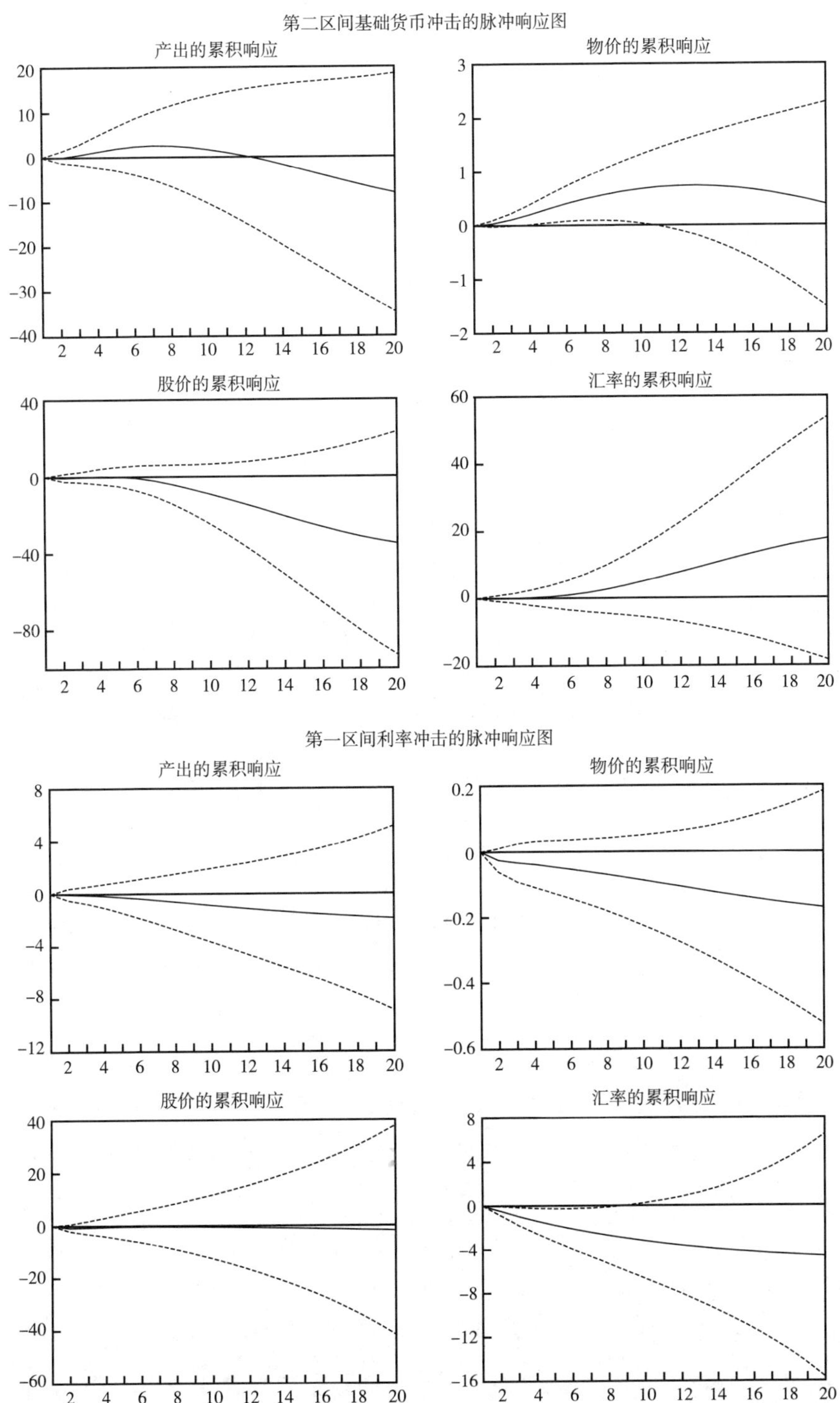
第二区间基础货币冲击的脉冲响应图
产出的累积响应
物价的累积响应
股价的累积响应
汇率的累积响应
第一区间利率冲击的脉冲响应图
产出的累积响应
物价的累积响应
股价的累积响应
汇率的累积响应

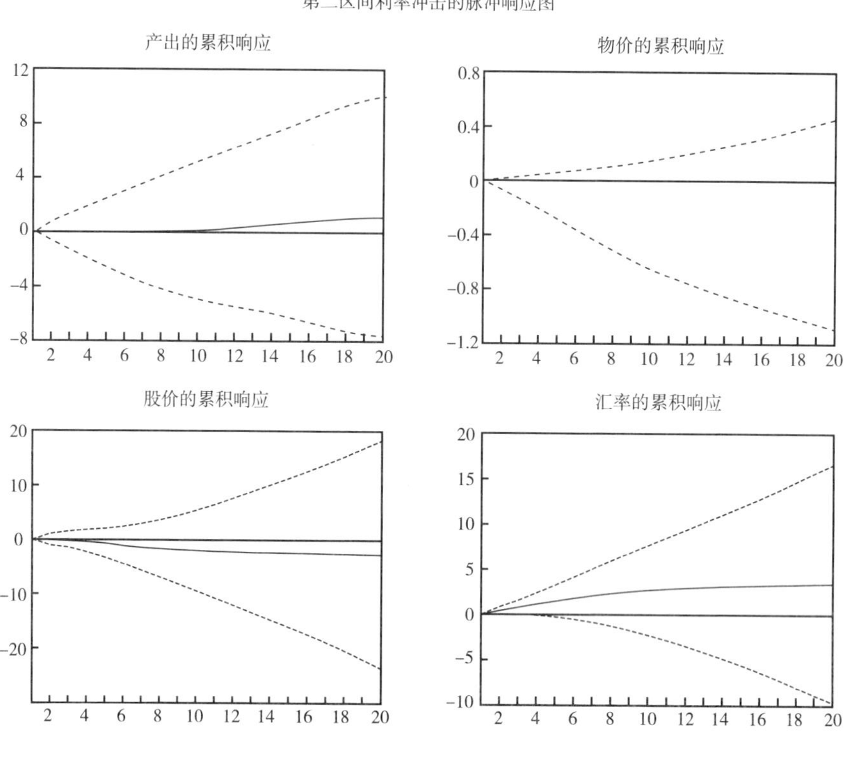

图 7　货币政策变量（增长率）冲击的脉冲响应

2008 年以后，日元对美元名义汇率持续下滑的主要原因是受美国经济在金融危机之后复苏缓慢的影响，并非日本国内经济好转所致。同样，2012 年开始的日元快速贬值也是由于国内货币政策大大超出市场预期所带来的短期效果。

上述结果表明，货币政策冲击对经济变量的影响总体上基本符合理论预期，第一区间的货币政策冲击强度大于第二区间。2008 年的世界经济危机和 2013 年的超宽松货币政策带来的市场预期变化使第二区间政策效果的不确定性变得更大。

表 10 给出了根据 VAR 模型估计结果计算的经济指标预测误差的方差分解情况。从表 10 中可以看出两个事实：第一，第一区间内货币政策冲击对所有经济指标预测误差的贡献率远大于其在第二区间内的结果；第二，在第二区间内，基础货币的贡献率又大于利率的贡献率（几乎可以忽略）。前者

与脉冲响应的分析结果一致，而后者则符合日本银行在第二区间的货币政策工具以货币数量为主的现实。

表 10　经济指标预测误差的方差分解

冲击变量	期	第一区间				第二区间			
		ip	cpi	stock	ex	ip	cpi	stock	ex
mb	1	0.00	0.00	0.00	0.00	0.00	0.00	0.00	0.00
	5	20.58	1.21	19.47	4.99	1.33	8.95	0.29	0.18
	10	38.23	14.75	17.69	23.75	1.55	14.32	5.92	4.09
	20	37.12	23.62	16.50	22.84	8.20	8.42	17.45	13.67
call rate	1	0.00	0.00	0.00	0.00	0.00	0.00	0.00	0.00
	5	3.42	14.58	11.11	5.84	0.02	0.70	0.14	0.97
	10	8.99	15.54	15.13	13.71	0.03	1.10	0.17	0.79
	20	15.66	15.44	12.81	18.81	0.10	1.04	0.14	0.67

四　结论

根据上述对日本银行量化宽松货币政策效果的分析和比较，可以得出如下结论。

第一，日本银行第一次量化宽松货币政策的实施效果明显优于第二次量化宽松货币政策截至目前所取得的效果。实证分析的结果表明，前者无论是基础货币冲击还是利率政策冲击都使主要经济指标产生比较显著的响应。事实证明，从 2005 年开始日本经济呈现出较明显的好转，经济增长率和通货膨胀率持续保持在 0 以上，金融市场趋于活跃，日经平均股价指数重拾升势，日元汇率相对稳定。这些结果与其他前期研究结果基本相符。

第二，近期的超量化宽松政策有效地改变了市场预期，取得较显著的短期效果。政策出台之前，市场预期新一届政府和央行将会采取更加宽松的货币政策，金融市场开始表现活跃。因为后来公布的超量化宽松政策大大高于市场此前的预期，这又刺激了金融市场的进一步活跃，其中股票市场的大幅上涨和日元的快速贬值最为显著。在市场预期对金融市场的影响逐渐减弱之后，超宽松货币政策给实体经济各部门带来的影响开始显现。与前一年相比，2013 年的矿工业生产和国内总产值出现明显好转，消费者物价指数开始出现持续的正增长，已经很接近政策的预定目标。与此同时，受国内低利率和日元贬值的影响，社会各部门的金融资产余额出现显著的增长，企业经营和贸易活动得到有效恢复，各类金融机构和家庭的现金和存款以及证券投资收益有所增加，各类对外投资活动规模明显扩大。

第三，超量化宽松政策的持续时间可能超出预期。这是因为：第一，虽然货币投放力度远远大于上一次的量化宽松政策，然而政策冲击对主要宏观经济指标的影响效果却明显小于前者；第二，政策实施一年以来取得了一定的短期效果，但是距离实现通货膨胀 2% 的政策目标还有一定的差距，考虑到 2013 年 4 月开始提高消费税会给国内消费需求带来的负面影响，进一步提高通货膨胀确有一定难度；第三，美国经济复苏缓慢决定了 QE 政策的退出必将是一个比较漫长的过程，同时，欧洲央行实施宽松货币政策的态度没有改变，甚至还有继续降息或推出 QE 以缓解可能出现的欧元区通缩和欧元升值等问题的可能，因此，日元再次升值的风险还没有完全解除。在上述国内外经济形势背景下，如果未来的一年里超量化宽松政策不能进一步有效地刺激国内的生产、消费和对外贸易的活跃程度，将政策效力有效地传导至实体经济部门，那么很有可能不会如期实现政策目标。一旦出现这种局面，日本银行不会选择退出超量化宽松政策，因为那样的话不仅会前功尽弃，而且将使日本社会必须面对流动性泛滥可能带来的各种危险后果。所以，日本银行只能选择继续维持现行政策。

参考文献

[1]〔日〕鵜飼博史「量化宽松政策的效果：实证分析综述」、『金融研究』2006 年第 25 卷第 3 号。

[2]〔日〕福田慎一「非传统的金融政策——零利率政策和量化宽松政策」、日本财务省财务综合政策研究所『フィナンシャル・レビュー』、2010。

[3]〔日〕白塚重典「我国量化宽松政策的经验——对中央银行资产负债表的规模与构成的再检验」、日本财务省财务综合政策研究所『フィナンシャル・レビュー』、2010。

[4]〔日〕本多佑三、黑木祥弘和立花実「量化宽松政策——基于 2001 - 2006 年日本经验的实证分析」、日本财务省财务综合政策研究所、2010。

[5]〔日〕日本银行『金融政策决定会合議事要旨』、1999 - 2014 年各期。

Empirical Analysis of the Effects of Quantitative Easing Monetary Policy of the Bank of Japan

Ren Weitong

Abstract　This paper briefly reviews the implementation process of two quantitative easing monetary policy of the Bank of Japan, studies the short-term effect of the quantitative and qualitative monetary easing policy, examines and compares the long-term effects of two quantitative easing monetary policy, and then, draws the following three conclusions: 1. the effects of the first quantitative easing monetary policy is better than those from the second; 2. the quantitative and qualitative monetary easing policy effectively changed the market expectations, and obtained more significant short-term effect; 3. the duration of quantitative and qualitative monetary easing policy may exceed expectations.

Keywords　The BOJ; QE; Monetary Policy; VAR

日本围绕参加 TPP 谈判的争论*

吴 昊　姜保中**

【内容提要】 2010 年以来，日本社会各界围绕是否应该参加 TPP 谈判展开了激烈争论。争论的焦点主要包括日本区域合作的重点方向、加入 TPP 的宏观经济效应、农产品自由贸易的影响、规制协调的影响等。在争论中，各方都充分表达了自己的利益诉求以及对政策调整后果判断的看法。深入思考日本的这种政策争论，对于我们进一步理解政策争论的本质和意义，特别是研究区域贸易自由化的影响，均具有有益的启示。

【关键词】 TPP　东亚共同体　宏观效应　规制协调　日本

2010 年 10 月，日本时任首相菅直人首次表明日本将研究参加跨太平洋伙伴关系（Trans-Pacific Partnership，TPP）谈判的政策方向。此后，日本社会各界围绕是否应该参加 TPP 谈判展开了激烈争论。主张参加 TPP 谈判的人士（以下简称"推进派"）与反对参加 TTP 谈判或主张政府应该持慎重态度的人士（由于两者观点较为接近，以下统一简称"反对派"）在许多问题上都展开了针锋相对的争论。2013 年 3 月 15 日，日本安倍内阁决定参加

---

* 本文为国家社科基金项目"新形势下我国东北亚区域合作战略研究"（13BGJ008）的阶段性成果。

** 吴昊，吉林大学东北亚研究院副院长，教授，博士生导师，吉林大学日本研究所研究员，主要研究方向为日本经济、区域经济理论；姜保中，吉林大学东北亚研究院区域经济学专业博士研究生。

TPP 谈判，同年 7 月 23 日，日本正式成为参加 TPP 谈判的一员。然而，日本相关的政策争论并没有因此而停止，并且前期的争论直接影响着日本政府在 TPP 谈判中的态度。

一　区域合作的优先选择方向：加入 TPP 还是推动建立“东亚共同体”

这方面政策争论的实质是日本选择何种区域外交战略，包括如何看待、处理与美国及东亚国家的关系，TPP 将对亚太地区局势以及东亚区域合作产生何种影响，参加 TPP 谈判对日本国际地位的影响等。

（一）推进派主张优先加入 TPP 的主要理由

TPP 推进派首先否定了推进建立“东亚共同体”的意义与可行性。例如，添谷芳秀就认为，“东亚共同体”只是日本一个基本的、长期的愿景或应有的姿态，但其具体形态和实施可行性却缺乏重要的评价基准。[①] 2011 年 9 月，日本时任首相野田佳彦也曾明确强调，日美同盟仍是日本外交和安全保障的基轴，日本并不需要东亚共同体这样的宏大愿景。[②] 在推进派看来，优先选择加入 TPP 可以使日本获得以下三个方面的战略利益。

第一，以新的国际经济规则约束和抗衡“某些大国”的行为。他们所讲的某些大国首先就是指中国。面对中国的迅速崛起和日本自身国际经济地位的下降，“中国威胁论”在日本不断泛起。为此，他们认为，以多国共同达成的国际规则对中国进行约束是非常必要的，而 TPP 就可以被视为一种有效的手段。他们认为，如果日本与美国、澳大利亚、新西兰、新加坡等亚太地区发达国家一道开展 TPP 谈判，并主导该区域高水平贸易投资规则的制定，就有可能对包括中国在内的该区域其他国家产生非常积极的效果。因为随着 TPP 成员国的增加并逐步涵盖亚太地区相当数量的国家或地区，就会促使中国企业遵守 TPP 的规则以便顺利开展经营活动，中国从自身利益

① 添谷芳秀「日本外交の展開と課題——中国との関係を中心に」、『国際問題』2010 第 1 - 2 期、第 13 頁。

② 野田佳彦「わが政治哲学『この日本に生まれてよかった』と思える国をいかにつくか」、*Voice* 2011 年 10 月号。

考虑最终也有可能选择加入 TPP。一旦中国加入 TPP，那么这个以法制和自由经济为根基的国际规则就可以对中国构成必要约束，并由此促进亚太地区整体的经济发展和政治稳定。[①]

当然，“某些大国”并不仅指中国。在推进派看来，TPP 对美国的对外经济政策也具有一定的约束力。长期以来，美国贸易政策一直深受其国内特定产业利益的影响。在产业界的大力推动下，美国曾将日本政府不能干预的许多问题拿上了谈判桌，并且日本一度经常受到美国扬言启动 301 条款等贸易制裁措施的威胁。随着禁止实施单方面贸易制裁措施的世界贸易组织（WTO）相关规则的确立，美国已不能随意实施单方面贸易制裁措施。因此，作为国际规则的 TPP 也可以对美国构成一定的约束。[②]

第二，有利于制定反映日本利益的新国际规则。菅直人内阁于2010 年11 月发布的《关于全面经济伙伴关系的方针》提出，日本应该在推进亚太地区双边经济伙伴关系协定（EPA）、广泛经济伙伴关系以及 APEC 等方面发挥“主导作用”，致力于在亚太地区形成“21 世纪式的贸易投资规则”。[③] 而参加 TPP 谈判则被一些日本政治家及学者视为发挥这种主导作用的重要平台。TPP 谈判主要基于新加坡、文莱、智利、新西兰四个国家签署并且已正式生效的跨太平洋战略经济伙伴关系协定（Trans-Pacific Strategic Economic Partnership Agreement，TPSEPA）。TPSEPA 不仅规定实现成员之间货物贸易的完全自由化，而且对原产地原则、贸易救济措施、动植物检验检疫、技术性贸易壁垒、服务贸易、知识产权、政府采购、竞争政策等都做出了明确规定。TPSEPA 是目前除欧盟外市场开放程度最高、合作领域最广泛的区域合作组织。[④] 推进派认为，随着亚太地区越来越多的国家参加 TPP 谈判或者日后加入 TPP，未来很有可能在 TPP 的基础上建成自由化程度高、涵盖领域和范围广的高水平亚太自由贸易区（Free Trade Area of Asia-Pacific，FTAAP）。因此，日本只有积极参加 TPP 谈判，才有

---

① キャノングローバル戦略研究所「TPPの論点」（TPP 研究会報告書最終版）、http://www.canon-igs.org/reseatch_ papers/macroeconormics/20111026_ 1137.html、2011－10－26、第5－6 頁。

② キャノングローバル戦略研究所「TPPの論点」（TPP 研究会報告書最終版）、第 6 頁。

③「日本内阁府閣議決定．包括的経済連携に関する基本方針」、2010 年 11 月 9 日。

④ 庞德良：《泛太平洋战略性经济合作协定（TPP）与中国选择》，《东北师范大学学报》（哲学社会科学版）2013 年第 2 期，第 203～205 页。

可能在制定亚太区域合作的规则中发挥主导作用，并使有关规则更好地反映自身利益。①

另外，TPP 还具有“世界贸易组织升级版”（WTO-Plus）的特征，即 TPP 谈判所推进的贸易自由化和市场开放远远超过了 WTO 相关协议的规定，而且涉及 WTO 尚未成功规范的许多经济领域。在当前 WTO 谈判难以取得新进展和推动全球市场开放陷入停滞的局面下，TPP、APEC 或者 FTAAP 如果达成区域自由贸易与投资协定，同时印度等亚太地区以外的国家也加入进来，TPP 的有关规则就有可能发展为 WTO 的相关规则。也就是说，TPP 很有可能从亚太自由贸易区的雏形进一步发展成 WTO 未来谈判的重要引领者或者制定相关规则的重要参照对象。为此，日本积极参加 TPP 谈判，将自身利益反映到 TPP 规则之中，就有望使世界性国际规则的制定反映日本利益。②

第三，加入 TPP 与推动东亚区域合作并不存在根本性矛盾。在推进派看来，日本参加 TPP 谈判并不意味着放弃与中国、韩国缔结经济伙伴关系协定。中国一直将美国推动 TPP 谈判视为其重返亚洲战略以及围堵中国政策的重要内容。为了与美国主导的 TPP 谈判相抗衡，中国对区域合作的态度越来越积极，目前正在积极推动中日韩自由贸易区谈判和东亚“10 + 3”区域合作。因此，日本参加 TPP 谈判不仅不会对东亚区域合作产生负面影响，甚至可能起到一定的促进作用。③

（二）反对派主张继续优先推动东亚共同体的理由

TPP 反对派的看法与上述观点截然相反，他们认为日本加入 TPP 背离其一贯的区域合作战略方向，破坏东亚区域合作的整体性，甚至是附和“美国阴谋”的错误举动。

第一，参加 TPP 谈判是对日本以往区域合作政策方向的严重背离。长

① 浦田秀次郎「日本のアジア太平洋経済戦略——TPPへの対応—」、『日本貿易会月報』2011 年第 11 期、第 41 頁。

② キャノングローバル戦略研究所「TPPの論点」（TPP 研究会報告書最終版）、第 8 - 10 頁。

③ 田中均「TPP 参加と日本の未来・東アジアの安定に不可欠」、『日本経済新聞』2011 年 12 月 14 日。

期以来，日本一直将加强与东亚各国的区域合作作为其EPA/FTA战略的核心内容，并且东亚区域合作已取得许多重要成果，已经建立起“10+1”“10+3”“10+6”等区域合作机制。关于建立中日韩自由贸易区的官产学共同研究已结束，并正式进入了实质性磋商阶段。日本一旦从积极推动东亚区域合作转向参加TPP谈判，就有可能使亚洲出现TPP成员国与对TPP抱警惕态度的国家之间的分裂。在这种局面下，TPP不仅难以成为整个亚太地区的经济规则，而且更无益于改善中日关系，甚至会影响本地区的长远稳定发展。即使TPP能够实现不断扩员，也仅仅是将符合美国利益的规则强加给亚洲，而不能反映亚洲各国和地区的利益。反映亚洲利益的规则需要亚洲自己制定，作为亚洲最发达国家的日本应该发挥其自身的引领作用。[①]

第二，推动TPP谈判和建立TPP是“美国的阴谋”。美国大力推动TPP谈判的首要战略目标就是阻止亚洲建立排他性合作组织（Stop Asia Only），并且以此制衡中国在东亚地区的影响力。[②] 日本部分政治家和学者也将TPP视为美国构建的一种对中国战略的包围圈，因此主张应该积极参加TPP谈判。然而，反对派则认为，美国推动建立TPP并极力促使日本参加，实际上包含着美国对日本两个方面的“阴谋”。其一，迫使日本接受进一步扩大对美市场开放的要求。除了美国、日本两国，参加TPP谈判的都是经济与市场规模较小的国家。因此，TPP在一定的意义上讲就是美日自由贸易区，TPP谈判在很大程度上是美国拉一些政策主张较为接近的国家施压日本推进市场开放。其二，加强对日本的战略控制。食物是一种重要的“战略物资”，“是与军事、能源并列的确保国家存在的三个重要支柱之一”。日本参加TPP谈判并且完全放弃对农业的保护，美国就可以通过“农产品这种政治武器”加强对日本的控制。因此，日本加入TPP不仅不能提高其国际谈判能力，反而会使其更易于屈服于国际压力。[③]

---

① 鈴木宣弘「TPPをめぐる論議の間違い－推進派の俗論を排す」、http：//www.the-journal.jp/contents/newsspiral/2011/10/tpp_ tpp.html、2011－10－27。

② 馬田啓一「米国のTPP戦略と日本の対応」、『国際貿易と投資』、http：//www.iti.or.jp/kikan85/85umada.pdf、Autumn 2011/No.85、第3－23頁。

③ 鈴木宣弘、木下順子「真の国益とは何か－TPPをめぐる国民的議論を深めるための13の論点」、農山漁村文化協会『TPP反対の大義』、2010、第37－52頁。

第三，日本应该加强与东亚国家合作，并以此提升自己的独立外交能力。在 TPP 反对派看来，尽管美日同盟具有重要的政治安全战略意义，但日本却没有必要利用这种同盟关系谋求经济利益。[①] 无论是从稳定地区政治经济局势还是从发展对外经济关系及促进制造业发展来看，TPP 都不是最紧要的政策选项，东亚特别是中国才是重中之重。[②] 因为该地区是世界经济的增长中心，只有形成“ASEAN+3”等区域经济圈，日本及东亚才能够拥有与美国抗衡的力量，真正发展与美国对等的友好关系。[③] “思考 TPP 国民会议”也发表报告提出，日本自由贸易战略的关键，首先是与尚未参加 TPP 谈判的韩国、中国、欧盟等重要贸易对象签订经济伙伴关系协定，同时与已经或有意参加 TPP 谈判的澳大利亚、新西兰、加拿大等国推进相关谈判，构建经济伙伴关系对美包围圈，以利于日本将来的对美相关谈判。总之，在 TPP 反对派看来，加入 TPP 只会加深日本对美国的依附和顺从，与实现提高国际交涉能力的目标完全是背道而驰的。

二 加入 TPP 的宏观经济效应：增长新动力还是得不偿失

加入 TPP 究竟能给日本整体经济增长带来什么影响，这也是有关争论的焦点问题之一。推进派认为加入 TPP 可以提升日本的国际竞争力，为经济增长注入新动力，而反对派则认为加入 TPP 对经济增长的促进作用有限，并且不应忽视加入 TPP 对宏观经济运行的严重消极影响。

（一）日本政府部门关于加入 TPP 宏观经济效应的测算

2010 年 10 月，日本内阁府和经济产业省分别发布了各自关于加入 TPP 宏观经济效应的计量结果。2013 年 3 月，内阁府发布了新的计量评估结果。

① 中野剛志「TPPはトロイの木馬——関税自主権を失った日本は内側から滅びる一」、*THE JOURNAL*、http://www.the-journal.jp/contents/newsspiral/2011/01/tpp5.html、2011-01-14。

② 八代尚宏、野口悠紀雄「TPPのもたらす経済効果」、週間ダイヤモンド、2011-12-24。

③ 鈴木宣弘「TPPをめぐる論議の間違い一推進派の俗論を排す」、http://www.the-journal.jp/contents/newsspiral/2011/10/tpp_tpp.html、2011-10-27。

第一，内阁府2010年的测算。日本内阁府经济社会综合研究所客座主任研究员川崎研一运用GTAP（Global Trade Analysis Project）模型，计量分析了日本与有关国家签署不同EPA的宏观经济效应。如果各方均相互完全取消货物进出口关税，那么建立亚太自由贸易区将使日本实际GDP增加约6.7万亿日元（以2008年名义GDP为基准），经济增长率提高1.36%；建立中日EPA的上述两种指标测算结果分别为约3.3万亿日元和0.66%，加入TPP分别为2.4万亿~3.3万亿日元和0.48%~0.65%，建立日美EPA分别为1.8万亿日元和0.36%，建立日欧EPA分别为1.3万亿日元和0.27%。如果上述EPA协定允许各方保留部分敏感产品贸易自由化，例如，中日EPA允许日本维持对大米、小麦、牛肉、乳制品、砂糖等敏感产品的保护措施，同时也允许中国不对日取消汽车关税，那么前述两项指标将分别下降至1.8万亿日元和0.36%。另外，该报告还预测，如果日本既不加入TPP，也不与中国、欧盟缔结EPA协定，而韩国则与美国、欧盟、中国均缔结自由贸易协定，那么日本的GDP将损失0.6万亿~0.7万亿日元，经济增长率将下降0.13%~0.14%。其分析结论是，建立完全自由化的亚太自由贸易区对日本经济增长的促进作用最大，其后分别是中日EPA、TPP和日欧EPA。在各种EPA方案中，如果日本保留部分敏感产品不实行贸易自由化，那么相应的，对方也将采取类似的措施，将明显降低相关EPA对日本经济增长的促进作用。因此，该研究报告实际上肯定了日本参加TPP谈判的宏观经济意义，同时也主张日本应该与有关国家签订完全市场开放的经济伙伴关系协定。①

第二，经济产业省2010年的测算。经济产业省没有直接计量分析日本加入TPP的宏观经济效应，而是通过测算日本不加入TPP对其主导产业出口的负面影响以及由此产生的关联性影响，从而间接分析了加入TPP的宏观经济效应。该测算仍然是以韩国为贸易竞争对手来分析的。假定日本不加入TPP，也没有与中国、欧盟缔结EPA协定，而韩国则与美国、欧盟、中国均缔结自由贸易协定，那么日本部分优势产业将因韩国相应产业的竞争而失去部分出口市场份额。该报告的结论是，在上述情况下，2020年日本仅

① 川崎研一『TPPの虚実：「国を開く」経済の活性化』、経済社会総合研究所、http://www.rieti.go.jp/jp/columns/a01_0301.html、2012-10-03。

汽车、电气电子、机械三个支柱产业对美国、欧盟、中国的出口就将因韩国竞争而减少 8.6 万亿美元的市场份额，由此将减少 20.7 万亿日元的生产总值，使 GDP 损失 10.5 万亿日元，相当于使当年 GDP 减少 1.53%，受此影响将减少 81.2 万个就业岗位。此外，该报告还提出，如果考虑到相关 FTA/EPA 在促进服务贸易自由化、贸易便利化以及各国经贸制度相互协调等方面的作用，那么日本不加入 TPP 等 EPA 所遭受的损失将远远超出上述测算结果。①

第三，内阁府 2013 年的测算。安倍内阁在正式决定日本参加 TPP 谈判的同时，还决定此后官方关于加入 TPP 经济影响的测算统一由内阁府负责。2013 年 3 月 15 日，内阁府发布了新的测算结果。该测算仍然运用 GTAP 模型为分析工具，同时没有考虑消除非关税壁垒措施、服务贸易及投资自由化等方面的影响，而是假定 TPP 生效后各成员国立即取消所有货物贸易的关税，并且都不采取其他保护性措施。测算结果为，与不加入 TPP 相比，日本加入 TPP 10 年后将使 GDP 增加 3.2 万亿日元，相当于增长 0.66%。其中，因消费增长而拉动的 GDP 为 3.0 万亿日元，因增加投资而拉动的 GDP 为 0.5 万亿日元，因优势产业出口增加而拉动的 GDP 为 2.6 万亿日元，因弱势产业进口增加而减少的 GDP 为 2.9 万亿日元。该测算报告还将农林水产业纳入 GTAP 模型中，测算了加入 TPP 对日本关税税率在 10% 以上、年生产规模 10 亿日元以上的 33 种农林水产品生产的影响，其结果为产值将减少 3.0 万亿日元。②

（二）反对派对日本加入 TPP 宏观经济效应的看法

总体看来，TPP 反对派虽然没有完全否定加入 TPP 对经济增长的促进作用，但认为不应该过高评价其作用，并且不能忽视其对宏观经济运行的消极影响。

第一，加入 TPP 对日本经济增长的促进作用非常有限。中野刚志提出，截至 2011 年 11 月，参加 TPP 谈判的只有 9 个国家，除美国以外的另外 8 个

---

① 経済産業省「経済産業省試算（補足資料）」、http://www.meti.go.jp/topic/downloadfiles/101027strategy04_00_00.pdf。

② 内閣官房「関税撤廃した場合の経済効果についての政府統一試算」、http://www.cas.go.jp/tpp/pdf/2013/130315_touitsushisan.pdf、2013-03-15。

国家均与日本签订了EPA/FTA协定，并且这些国家均为人口较少的资源型或都市型国家，国内市场规模很小且对外部市场依赖度较高，日本即使加入TPP也难以将这些国家变为主要出口市场。[①] 不仅如此，这些国家以廉价劳动力生产的廉价产品和服务还将抢占日本的国内市场。而美国又是一个关税较低的国家，即使其在TPP框架下取消所有进口产品的关税，对于内需占GDP 88%并且对美出口仅占14%的日本来说，其宏观经济效应也是非常有限的。[②]

第二，政府部门的有关测算已经证明，加入TPP不是日本最优的EPA战略选择。前文所述经济产业省的测算以及推进派都倾向于一种看法，即一旦韩国在签订FTA协定方面走在日本前头，日本必将蒙受难以挽回的损失。有的反对派学者则认为，美国普通汽车的关税税率仅为2.5%，并且随着日本支柱产业对美国直接投资和生产当地化不断发展，即使韩国在签署EPA/FTA方面处于领先地位，日本的损失也将是很轻微的。不仅如此，按照前述内阁府经济社会综合研究所客座研究员川崎研一的测算，日本加入TPP所能够获得的综合经济收益明显低于中日FTA，更低于中日韩FTA和东盟与中日韩FTA。可见，按照相关测算，日本应该优先推进与东亚各国的区域合作而不是加入TPP。[③]

第三，加入TPP有可能导致日本发生通货紧缩。加入TPP将使各产业及企业面临的竞争进一步激化，商品价格及人员工资都可能随之下降，出口增长将导致日元升值。在取消进口关税的同时发生日元升值，必将造成廉价商品进口的快速增长，并使市场竞争进一步激化和价格、工资下降，即通货紧缩。日本的出口额占GDP的比重不足20%，目前正以扩大内需的方式弥补需求不足。为扩大有助于提高劳动分配率和改善社会生活的公共投资，临时性地提高关税等增加财政收入的措施都是非常必要的，完全取消关税则与此政策方向背道而驰。[④]

此外，还有观点认为，加入TPP只会对部分大企业有利，而对难以充

① 中野剛志『TPP亡国論』、集英社新書、2011、第42－45頁。

② 中野剛志『TPP亡国論』、第91－96頁。

③ 鈴木宣弘「TPPをめぐる論議の間違い一推進派の俗論を排す」、http：//www. the-journal. jp/contents/newsspiral/2011/10/tpp_ tpp. html、2011－10－27。

④ 中野剛志「TPP加盟、これだけの危険」、*Will* 2011年总第76号、第224－231頁。

分开展海外业务的中小企业却没有好处，只是固化了其比较劣势地位。国际壁垒的消除将使大企业扩大海外业务和减少面向国内中小企业的采购，从而加深日本经济空心化。主要开展国际经营的大企业的法人税也在投资所在国缴纳，符合其利益不一定能够增加日本的税收。总而言之，大企业的利益并不一定与国家和日本国民的利益相一致。[①]

（三）推进派的观点及其对反对派的反驳

TPP 推进派一致认为，加入 TPP 是促进日本经济增长的新动力，并且对反对派的相应观点进行了有针对性的反驳。

第一，政府部门的有关测算低估了日本加入 TPP 的积极宏观经济效应。江田宪司提出，日本是一个资源贫乏和以人才技术为驱动力的贸易立国国家，只有开国才能生存，必须尽早加入 TPP。认为美国取消 2.5% 的关税税率没有益处的人不清楚企业对成本的感受，尽管只有 2.5% 的关税税率，每辆车将有 4 万 ~5 万日元的成本差距，TPP 反对派对于每年对美出口 150 万辆以上汽车的日本制造企业的死活缺少危机意识。[②] 有的学者还提出，日本政府部门关于加入 TPP 宏观经济效应的测算仅考虑了贸易自由化的影响，而并不包括消除或者统一各国排他性的规制措施等非关税壁垒措施的影响，因而事实上低估了其积极影响。[③]

第二，加入 TPP 可以使日本免受贸易转向损失，进而避免因企业向海外转移而引发的产业空心化。TPP 推进派认为，如果日本在签署 EPA/FTA 协定方面长期落后于韩国，必将承受严重的贸易转向损失。目前，美国和欧盟仍对部分重要工业制品保持非常高的关税税率。例如，美国卡车和轴承进口的关税税率分别为 25% 和 9%；欧盟平板电视和中型汽车进口的关税税率分别为 14% 和 10%。由于美韩、欧韩自由贸易协定均已生效，日本企业在美国、欧盟市场只能接受与韩国企业相比非常不利的竞争条件，从而发生贸易转向现象。不仅如此，部分日本企业甚至将工厂转移至韩国，而这必将进

① 中野剛志『TPP 亡国論』、第 144 - 153 頁。

② 江田けんじ「国際大競争の荒波への危機意識がない！…TPP 反対論」、http：//www.eda-k.net/column/week/2011/11/20111128c.html、2011 - 11 - 28.

③ 片岡剛士「TPP を考える」、*SYNODOS JOURNAL*、http：//webronza.asahi.com/synodos/2013 - 12 - 12。

一步加深日本的产业空心化现象。日本加入TPP可以消除因韩美自由贸易协定而给日本对美国出口带来的不利影响，并且会促使欧盟对签订日欧EPA持更为积极的态度。① 另外，因加入TPP而进一步推进市场开放，可以将资源从非竞争部门转移到竞争部门以促进经济增长。②

第三，加入TPP并不会使日本的通货紧缩严重化。TPP推进派认为，总需求不足和廉价商品进口的增加都会引起价格下降，但两者的结果和实质并不相同。前者本身就是通货紧缩，而后者对消费者则是有利的，并且购买廉价进口商品节余下的收入可增加其他商品的需求，并使其他商品价格上升。因此，总体物价水平未必会因此下降。世界上很多国家的对外贸易依存度都高于日本，但并未发生通货紧缩现象，可见贸易自由化并不是通货紧缩的主要原因。③ 有的研究还指出，如果认为加入TPP将导致通货紧缩，那么双边EPA、东亚共同体、WTO等推进自由贸易的措施都将导致通货紧缩，因而都是不可取的。然而，TPP反对派大多并不完全反对自由贸易，相反却主张推动双边EPA、东亚共同体和WTO谈判，因而其主张是自相矛盾的。④

三　农产品贸易自由化的影响：农业陷入崩溃还是总体利大于弊

在有关日本是否应该参加TPP谈判的争论中，加入TPP对农业及相关领域的影响一直是各方面最为关注的焦点问题，同时也是推进派和反对派之间分歧最大的问题。

（一）农林水产省关于加入TPP对农业影响的测算

2010年10月，日本农林水产省发布了关于加入TPP对农业及相关领域

① キヤノングローバル戦略研究所「TPPの論点」（TPP研究会報告書最終版）、第19－20頁。

② 伊藤元重「貿易の法則の教えアジアと連携TPPから『開国』の視点で国内総点検」、『読売新聞』2010年11月1日。

③ 戸堂康之『日本経済の底力—臥龍が目覚めるとき』、中央公論新社、2011、第61－90頁。

④ キヤノングローバル戦略研究所「TPPの論点」（TPP研究会報告書最終版）、第28－29頁。

影响的测算结果。该测算首先按照价格和质量差异将日本产农产品划分为两类，即与进口产品存在竞争关系的产品和与进口产品不存在竞争关系的产品。假定在立即取消关税并且不实施其他保护性措施的情况下，存在竞争关系的产品将全部被进口产品所替代，不存在竞争关系的产品也将由于廉价进口产品的存在而降价。该测算没有评估取消关税对日本农业的整体影响，而是仅分析了对关税税率 10% 以上并且产值 10 亿日元以上的 19 种农产品生产的影响以及由此产生的对 GDP 和就业的影响。

测算结果为，在上述假设条件下，日本的大米、小麦、牛肉、牛奶及乳制品等 19 种农产品的产值将减少 4.1 万亿日元，按热量计算的日本食物自给率将从 2008 年的 40% 降低到 14%，因农业多元功能丧失而产生的损失为 3.7 万亿日元，农业及关联产业的综合损失将使 GDP 减少 7.9 万亿日元，并将因此减少 340 万个就业机会。[①]

（二）反对派批判农产品贸易自由化的主要理由

TPP 反对派基本上都不同意日本实行农产品贸易自由化，认为加入 TPP 将使农业遭受毁灭性的打击，并将由此陷入一系列的严重经济社会困境。

第一，加入 TPP 将严重威胁日本食物稳定供应。根据日本农林水产省的测算，一旦实行农产品贸易自由化，将使日本产多种农产品被廉价进口产品所取代。其中，大米生产将减少 700 万吨，约为日本大米总产量的 90%。农业遭受巨大冲击和食物自给率大幅度降低，将使食物稳定供应面临巨大风险。2010 年 3 月日本内阁发布的《食物、农业、农村基本计划》曾提出，对于国土狭小却拥有 1.2 亿以上人口的岛国来说，保持食物稳定供应是国家对国民必须承担的最基本责任，政府将采取措施到 2020 年将食物自给率提高到 50%。TPP 反对派认为，加入 TPP 违背政府关于保持食物稳定供应的上述承诺。在国内食物自给率大幅度降低的情况下，世界性粮食危机以及国际粮食市场动荡都将对日本食物稳定供应造成严重影响。从这个角度看，加入 TPP 和实行农产品贸易自由化将使日本食物供应保障面临受制于人的巨大风险。[②]

---

① 農林水産省「農林水産省試算（補足資料）」、http：//www.maff.go.jp/j/kokusai/renkei/fta_ kanren/pdf/siryou3.pdf。

② 石田信隆「TPPと戦略的経済連携——『開国』幻想と決別し整合性ある貿易政策へ一」、『農林金融』2010 第 12 期、第 23－41 頁。

第二，农业衰落将重创关联产业和地方经济。根据日本发布的《以农林渔业及关联产业为中心的产业关联表（2000）》的有关数据，日本人的饮食支出中，最终用于购买食用农产品的仅占13.8%，食品工业收入占34.0%，饮食店收入占19.0%，相关流通产业收入占33.2%。因此，农业已经与庞大的关联产业和周边经济融为一体。如果农业生产因加入TPP而大幅度减少，农产品加工业、流通业等关联产业都将受到严重影响，对农业及关联产业依赖度较高的一些地区将遭受严重冲击。根据日本北海道政府部门的测算，加入TPP将使当地的农业生产减少5563亿日元，关联产业损失5215亿日元，区域经济损失总额合计高达2.13万亿日元，就业机会减少17.3万个，农户数量减少3.3万户。[①] 为此，该地区的政府官员、居民、社会团体和经济组织普遍反对日本参加TPP谈判。当然，北海道并非唯一一个反对日本参加TPP谈判的自治体，对农业依赖度高的自治体及地方政府均持相似态度。

第三，农林水产省的测算严重低估了农业多元功能丧失的损失。农业生产不仅产出农产品，而且对社会和环境发挥着多种极为重要的特殊作用，包括涵养水源和防止水土流失等方面的环境保护功能，有利于保持生物多样性等方面的生态系统保护功能，自然环境教育与文化传承等方面的社会文化功能，景观保护与提供静谧环境等方面的宜人性功能等。农业多元功能是在农业生产活动的过程中产生的正外部性，在农产品价格中没有得到体现。伴随农地被放弃耕作，农业的多元功能也将丧失。根据农林水产省的测算，因农产品贸易自由化而使日本农业多元功能丧失的损失为3.7万亿日元。然而，有的学者认为，农林水产省定量化测算农业多元功能丧失的损失，既有其合理性，同时也存在明显的方法不当和思路上的问题。90%的水田弃耕所造成的后果是无法用货币价值衡量的。[②]

第四，增加农业直接补贴将使财政状况进一步恶化。针对推进派提出的加入TPP后可以通过增加农业直接补贴的方式支持农业生产的观点，

---

① 北海道農業・農村確率連絡会議「EPA基本方針の策定などに関する緊急要請行動」、http://www.pref.hokkaido.lg.jp/nsi/seisakug/koushou/221025yousei.pdf、2010-10-25。

② 石田信隆「TPPと戦略的経済連携——『開国』幻想と決別し整合性ある貿易政策へ一」、第23-41頁。

TPP反对派认为这只能使已经深陷困境的日本财政状况进一步恶化。全部取消农产品进口关税，仅维持900万吨大米生产所需要的财政补贴就高达1.65万亿日元。[①] 如果将农产品贸易自由化对农业生产造成的损失额视为需要给予农户的直接补贴额，根据农林水产省的测算结果，每年需要给农户补贴4.1万亿日元。如果这项财政补贴全部以消费税来筹集，按照2011年消费税的征收总额，则需要将消费税税率提高将近2%。这种增税一旦不能获得国民的支持，对农业的直接补贴必将导致国家财政赤字的进一步膨胀。[②]

（三）推进派主张推进农产品贸易自由化的主要理由

推进派认为农产品贸易自由化具有非常重要的战略意义，不应过于夸大加入TPP对农业的冲击，并且实行新的农业支持政策能够在某种程度上减轻这种冲击。

第一，农林水产省的测算夸大了农产品市场开放对农业的冲击。有人认为如果现在不进行农业改革，无论怎样日本农业都将最终自我毁灭，并且有证据表明贸易自由化不会导致日本农业毁灭。自1977年开始，日本逐步降低美国樱桃的关税税率，1992年实现了该产品的自由贸易。当时也有国产樱桃将遭受毁灭性打击的议论，然而事实证明国产樱桃实现了向高品质产品的调整，产值大幅度增加。[③] 还有观点认为，农林水产省测算所选用的大米价格数据不符合目前的市场情况。当时中国米价很低，与日本产大米价格的差距悬殊。2010年，中国产大米价格已上升至每60公斤9780日元，而等量日本产大米价格为12687日元，两者的差距已经大大缩小。从世界稻谷种植结构和供应能力来看，日本大米也难以被进口产品所取代。此外，即使推进农产品贸易自由化，也不会是农林水产省在测算中所假定的那样立即实现全面自由化，而是要经过一个长期的渐进过程，因而在此期间可以通过农业改革和结构调整减少其所带来的

---

① 鈴木宣弘、木下順子「真の国益とは何か— TPPをめぐる国民的議論を深めるための13の論点」、第37-52頁。

② 石田信隆「TPPと戦略的経済連携——『開国』幻想と決別し整合性ある貿易政策へ—」、第23-41頁。

③ 高木勇樹「こけおどしで何の意味もない」、日経ビジネス、2011年11月7日。

冲击。[①]

第二，农产品贸易自由化可以提高日本的国际经济谈判能力。无论是在缔结双边经济伙伴关系的谈判中，还是在WTO的相关磋商中，日本一直都将把许多农产品排除在取消关税的商品目录范围之外作为最重要的课题。为此日本不得不在其他领域向谈判对象做出重大让步，这使得其对外经济交涉能力非常低。到目前为止，日本已经签署并生效的双边经济伙伴关系协定已达14个。然而总体来看，其质量都比较低。例如，日本与越南签署的经济伙伴关系协定就允许越南保持对摩托车90%的最终关税税率，乘用汽车的最终关税税率也高达83%。在WTO的谈判中，日本对农产品贸易自由化也一直持反对态度，致使许多谈判参与方对日本采取敬而远之的态度。在WTO多哈—伦敦回合农产品贸易自由化谈判的大部分时间，日本已经被排除在核心谈判方之外，日本的政策主张甚至根本无法得到核心谈判方的响应。[②] 如果日本加入TPP，并且像美国、欧盟一样将对农产品的市场保护从关税、价格政策转变为财政支持政策，就可以大大提高日本对外经济谈判能力，并恢复日本以往作为贸易自由化倡导者的地位。

第三，农业政策调整可以为日本农业营造新的发展空间。有的观点认为，日本农产品国际竞争力低下的原因在于生产效率低，要提高农业生产效率就必须进行结构改革，而实现这一目标则需要有来自外部的压力。加入TPP既是推进贸易自由化的契机，同时也是推进结构改革的契机。[③] 从短期来看，加入TPP会使日本农产品进口增加，国内生产下降，农业经营困难，但这是迫不得已的。与其拒绝加入TPP，不如提高农业生产率，开发新品种，以应对进口农产品的冲击。只要做好出口方面的文章，加入TPP就能够发挥培育强大农业的作用。[④] 推进派所主张的农业结构改革主要包括将关税等间接补贴转变为直接补贴，鼓励农业规模化经营，调整农业生产结构

---

① キャノングローバル戦略研究所「TPPの論点（TPP研究会報告書最終版）」、第43-53頁。

② キャノングローバル戦略研究所「TPPの論点（TPP研究会報告書最終版）」、第10-12頁。

③ 刘国斌、赵霞：《日本加入TPP谈判与农业改革分析》，《现代日本经济》2014年第2期，第59~66页。

④ 浦田秀次郎、鈴木宣弘「金曜討論——TPP参加問題」、Sankei、2010年12月24日。

等。针对反对派提出的增加农业直接补贴将造成财政状况进一步恶化，有人则提出，随着国内外米价差距的缩小以及规模化经营而带来的生产成本降低，合理设定补偿标准和补偿办法，对大米生产的直接补贴仅会增加 2500 亿日元的财政负担。[①]

四　规制协调的影响：受制于人还是提升竞争力的契机

与大多数自由贸易协定相比，TPP 具有一个突出特点，即推动成员国之间可能影响货物贸易和服务贸易的各种规制相互协调，尽可能消除影响贸易发展的规制障碍。TPP 的 24 个谈判工作组中绝大部分都是磋商各领域规制协调问题的。日本的 TPP 反对派和推进派也围绕规制协调问题展开了一系列的争论。争论的焦点主要集中于国际投资仲裁条款、政府采购、食品安全、医疗领域开放等方面。

（一）围绕投资者与国家争端解决机制影响的争论

投资者与国家争端解决（Investor-State Dispute Settlement，ISDS）机制，是双边投资协定中常见的投资保护措施，许多区域贸易协定中都有这方面的规定。其核心内容是规定在投资者与投资所在国政府发生争端时，投资者可以向国际仲裁机构，例如投资争端解决国际中心（International Center For Settlement Disputes）提出仲裁申请以及相关的程序。投资所在国被裁定违反相关协定并给投资人造成损失，需要进行赔偿。投资者与国家争端解决机制的实质，就是赋予国外投资人起诉投资所在国的权利。由于 TPP 谈判专门设立了投资工作组，很有可能引入投资者与国家争端解决机制。

推进派认为，如果 TPP 引入投资者与国家争端解决机制，那么对日本来说也是利大于弊的。因为日本企业在利益受损的情况下可以借此起诉其他 TPP 成员国，以保护自己的海外投资。特别是日本的海外投资规模远远大于其引进的国外投资，因此，即使投资者与国家争端解决机制存在这样或那样的问题，日本由此而遭受的损失也不会特别大，相反从保护本国海外投资企

① 山下一仁「2500 億円の追加財政負担で十分」、日経ビジネス、2011 年 11 月 7 日。

业利益的角度看，该机制却是非常重要的。另外，TPP 最终是否引入该机制也存在很大的不确定性。澳大利亚政府已经明确表示，在今后的区域贸易协定和投资协定谈判中，反对引入投资者与国家争端解决机制。总之，在推进派看来，以投资者与国家争端解决机制可能损害日本利益为由反对日本参加 TPP 谈判是不具说服力的。[①]

反对派则认为，允许外国投资者起诉投资所在国，实际赋予了外国投资者超国民待遇，是对国家主权独立的一种威胁。此项规定还可能引发美国企业为获取赔偿金而滥用起诉权的问题，事实上已经存在美国企业滥用美加墨自由贸易协定中的相关规定的现象。投资者与国家争端解决机制的仲裁过程不透明，且不受已有仲裁判例约束，所以事先很难对仲裁结果加以预判。另外，该机制还缺乏 WTO 体系所具有的上诉机制，并且不在投资所在国的司法系统下进行，对投资所在国法律和投资协议的解释也由仲裁员进行。因此，日本加入包含投资者与国家争端解决机制条款的 TPP 将面临巨大风险。[②]

（二）围绕政府采购规制协调影响的争论

政府采购也是 TPP 谈判的重要内容。尽管目前相关谈判的具体内容外界尚不明了，并且也难以准确判断其影响，但仍有围绕此问题展开的讨论，各方面的看法也很不一致。

推进派认为，加入 TPP 是日本建筑业进军亚洲等地区庞大基础设施市场的良好机会。[③] 作为建筑工程大型承包商联合组织的日本建筑业联合会认为，加入 TPP 及其他区域经济伙伴关系协定有利于日本建筑业开拓海外业务，因此基本上倾向于希望政府参加 TPP 谈判。[④] 针对各方面所担忧的 TPP 谈判有可能下调政府采购允许外国企业参与的基准问题，推进派认为，参加 TPP 谈判的绝大多数国家都没有参加 WTO 政府采购协定。这些国家甚至希

① キャノングローバル戦略研究所「TPPの論点（TPP 研究会報告書最終版）」、第 34 – 37 頁。

② 東谷暁「間違いだらけのTPP」、朝日新聞出版，2011、第 173 – 175 頁。

③ 「TPPのポイント政府調達公共事業開放に懸念も」、『毎日新聞』2011 年 12 月 13 日。

④ （社）日本建設業連合会ホームページ「政府のTPP 交渉参加表明について」、http://www.nikkenren.com/news/comment_page.html? ci = 9、2011 – 11 – 15。

望 TPP 的相关规定比 WTO 政府采购协定宽松，而不是比其更严格。因此，这方面的担心也许是不必要的。根据日本国土交通省的统计，2005～2009 年的 5 年间，外国企业参与日本国家及地方公共工程建设的仅有 6 项，即使因加入 TPP 而使政府采购进一步扩大对外国企业开放，其影响也是有限的。[①] 此外，还有研究认为，即使国外建筑企业进入市场，也需要遵守日本的相关规制，并且可解决日本建筑业劳动力不足的问题。加强政府采购市场竞争和公开透明，还有助于减少各种暗箱操作，减少公共事业的开支。[②]

反对派则担心 TPP 谈判最终将下调政府采购必须对国外企业开放的基准额度，特别是要求地方公共工程建设向外国企业开放。如果 TPP 政府采购条款大幅度降低该基准额度并且要求地方公共工程建设也适用于相关规定，那么地方公共工程的国际投标数量将大幅度增加，标书的英文化等将加大招标、评审等事务性工作量，并可能因此影响公共工程建设的进展和减少新建工程数量。TPP 谈判一旦达成严格的政府采购条款，就很有可能要求各国消除不利于国外企业参与的保护地方建筑业的惯常做法，国外企业和国内大型建筑公司更容易参与地方公共工程，加之 TPP 的新兴市场成员国廉价劳动力的流入和建筑工程市场价格竞争的激化，将使地方建筑公司特别是小型建筑企业的经营环境趋于恶化。[③]

（三）围绕食品安全规制协调影响的争论

食品安全问题属于 TPP 谈判中的卫生与植物检疫议题，但谈判的具体内容以及将要达成何种协议外界并不知晓。但日本的一些消费者团体和学者仍然围绕该问题展开了一系列讨论。

TPP 反对派认为，TPP 谈判是以美国为主导的，甚至是美国迫使其他国家接受美国规制或其所希望实行的国际经贸制度安排。如果美国利用自己的

---

① 「TTPを知る⑨公共事業への影響は?」、『日本経済新聞』2011 年 11 月 16 日。

② キャノングローバル戦略研究所「TPPの論点」（TPP 研究会報告書最終版）、第 31－32 頁。

③ NPO 法人建設政策研究所「TPPへの参加が建設分野に与える影響に関する見解」、『建設政策』2011 第 5 期、第 28－31 頁；藤井聡「緊急提言——TPP 参加による建設産業や国際競争への影響は」、『日刊建設工業新聞』2011 年 3 月 3 日。

主导地位迫使TPP成员国都接受美国的食品安全规制，那么对日本来说就是降低了食品安全标准，即“向下协调”（downward harmonization）。反对派还明确提出了一些日美食品安全规制的具体差异点。例如，转基因食品销售方面，美国不要求进行明确标示，而日本则规定必须进行标示；对于进口牛肉，日本规定必须是月龄20个月以下的牛，而美国甚至正在推动将“月龄30个月以下”的国际基准进一步放宽。另外，反对派还担心在TPP谈判中，美国还有可能要求日本简化食品安全标准的制定程序。日本农产品农药残留标准的制定程序比较复杂且严格，农林水产省负责农药登记，食品安全委员会通过试验进行残留农药毒性检验，厚生劳动省负责具体的标准制定。而美国相关标准的制定程序则相对简单。因此，在TPP谈判中美国很可能要求日本简化相关标准的制定程序。[①]

推进派则针锋相对地批驳了反对派的上述观点。推进派提出，鉴于美国消费者团体对放松食品安全规制的反对态度，TPP完全有可能达成比一般国际标准更高的食品安全规制协议。另外，澳大利亚和新西兰的食品安全规制措施比日本和美国的都更加严格，如果日本与这样的国家结成统一战线，将不再是只有日本被迫接受美国标准的谈判局面。尽管在进口牛肉月龄和转基因食品标示等问题上日本将承受来自美国较大的压力，但是并不意味着谈判结果就是TPP最终完全采纳美国的标准。目前各国都只是允许证明安全的转基因食品上市流通，因此日本在这方面面临的食品安全风险不大。[②]

（四）围绕医疗服务领域规制协调影响的争论

医疗服务领域并不属于TPP谈判的21个议题之一，但日本的医务界人士仍然对加入TPP将给医疗服务领域带来的影响展开了深入探讨。究其原因，一方面是因为货物贸易自由化和知识产权规制协调必将涉及药品和医疗

① 安田節子「安全、安心なとTPPは真っ向から対立する一消費者こそ反対の声を上げなければならないTPP」、農山漁村文化協会『TPPと日本の論点』（農文協ブックレット2）、2011、第103－109頁；曾霞：《参与TPP谈判对日本的冲击及其应对措施探析》，《现代日本经济》2013年第6期，第49～56页。

② キャノングローバル戦略研究所「TPPの論点」（TPP研究会報告書最終版）、第41－42頁。

器械的生产与销售问题；另一方面，美国一直要求日本推进医疗服务市场化改革，因此美国很可能借 TPP 谈判之机继续向日本施压。

反对派担心加入 TPP 将对日本医疗制度造成多方面的负面影响。一是医疗机构的营利企业化改革的危害。如果允许医疗机构按照营利企业的方式经营，医疗机构为削减成本很有可能降低保险医疗的质量，裁减不营利医疗部门，甚至从人口稀少地区撤出，从而造成地方医疗服务的崩溃。二是“混合诊疗”全面解禁的危害。一旦全面允许“混合诊疗”，将造成总的医疗费用和公共医疗经费支出膨胀，并将进一步恶化公共医疗保险的财政状况，甚至使全民皆保险制度趋于收缩或崩溃。三是医师及其他医疗服务人员从业资格互认的危害。从业资格互认可能使教育水平较低国家的医务人员流入，这不仅有可能造成医疗服务质量的下降，并且有可能影响医务人员的收入。四是加强药品与医疗器械特许权以及放松新药应用规制的危害。这方面的规制协调有可能推动医疗价格上升，从而加重患者的负担和医疗保险机构的财政负担。放松新药应用管制也存在降低医疗安全的风险。[①]

推进派则对反对派的上述看法进行了针锋相对的回应。对于医疗机构按照营利企业的方式经营，推进派认为，医疗技术的进步需要以投资为支撑，而日本的“保险诊疗”使得诊疗收入一直偏低，医疗机构不通过出售股票等方式融资就难以保证投资增长，医疗卫生事业也将趋于停滞。对于“混合诊疗”全面解禁，推进派认为，此举不仅可以促进医疗领域竞争和医疗服务水平提高，而且可以解决患者无法获得先进医疗服务的问题。另外，政府已经明确表示将坚持公共医疗保险制度，全民皆保险制度并不会因为“混合诊疗”全面解禁而崩溃。对于医疗服务人员从业资格互认，推进派认为，由于政府已经明确宣布，医疗服务人员从业资格互认将坚持本国国家资格制度的宗旨，对于外国医师来说，不通过日语考试就允许其行医的可能性极低。而引入国外护理人员则是解决该领域慢性人力不足问题的对策之一。对于加强药品与医疗器械特许权以及放松新药应用规制，推进派认为，这可以改变日本最近药品和医疗器械使用长期滞后于国外的现状。企业从保持药

① 日本医師会「医療における規制制度改革に対する日本医師会の見解— TPP 交渉参加表明に関して—」、http://www.med.or.jp/jma/nichii/tpp/、2011 - 11 - 30；村上正泰「儲かる医療ビジネスの拡大で、国民皆保険は解体の危機に」、『季刊地域』5 号、2011 年春季號、第 28 - 29 頁。

价所获得的收益转变为新的研发经费，可以促进新药品的开发。加强特许权也可以保护日本的新药开发，从而有利于本国医药产业的发展。①

五 小结

综上所述可以发现，围绕日本是否应该参加 TPP 谈判以及加入 TPP，推进派和反对派展开了针锋相对的论战，可谓议论纷纷，莫衷一是。透过这种政策争论的现象，我们可以得到许多有益的启示。

第一，政策争论是一种重要的利益诉求表达方式，同时也是评估政策调整合理性及影响的有效途径。方式合理的利益诉求表达极为重要，有效的政策影响评估途径也不可或缺。任何一项重大政策调整都是利益的再平衡，不可能使所有人受益。获益者及其代表必然坚决支持政策调整，利益受损者及其代表则必然坚决反对政策调整。在是否应该参加 TPP 谈判这个问题上，日本社会各界进行了广泛而深入的讨论甚至争论，各个方面的利益诉求都得到了充分表达，甚至没有直接列入 TPP 谈判议题的一些问题，例如医疗服务领域的规制协调，也被提出并加以讨论。在这种讨论过程中，推进派和反对派的各种观点看起来针锋相对，但实际上也相互补充，都提出了另一方所没有提及或者考虑的问题及影响，从而实现了更加全面的政策评估。

第二，各种反对意见的充分表达，既可以使本国政府在国际谈判中的态度受到制约，同时也使谈判对手的态度受到一定程度的约束。由于日本存在反对政府参加 TPP 谈判的强大声音和政治力量，致使自民党在 2012 年末大选期间明确宣布了针对参加 TPP 谈判的“选举公约”，即如果 TPP 谈判以全部取消关税为前提，就反对参加谈判；不接受违背自由贸易理念的汽车等工业品进口数量指标要求；坚守全民皆保险制度；坚守食品安全放心标准；不同意损害国家主权的 ISD 条款；政府采购和金融服务等坚持本国的特性。上述“选举公约”直接约束着安倍政府在 TPP 谈判中的立场。与此同时，其他国家也清楚日本政府在哪些方面面临的国内压力较大而几乎没有让步的余

① 上昌広「TPPは我が国の医療にマイナスか」、『厚生福祉』5866 号、2011 年 12 月 13 日、第 4－7 頁；日本商工会議所「TPP 交渉早期参加についての見解」、http://www.jcci.or.jp/recommend/2011/0914173902.html、2011－09－14。

地，从而可能适度降低在谈判中的要价。

第三，日本政府决定参加 TPP 谈判既是一项政治外交战略选择，同时也是一项经济政策选择，简单地将其归结为其中某一个方面是不客观的。从政治外交方面考虑，日本参加 TPP 谈判以及与有关各国一道最终建立 TPP，可以在经济领域为加强日美同盟关系创造更好的条件。因此，从这个意义上讲，日本参加 TPP 谈判也是其配合美国重返亚洲战略的具体措施之一。但如果简单地将其等同于日本追随美国重返亚洲政策的一环，则是非常片面的。仔细梳理日本社会各界围绕参加 TPP 谈判展开的争论，可以发现人们更多地还是从经济利益的角度考虑该问题，即使从政治外交角度考虑该问题，也不仅仅是为了强化日美同盟，实际上这种政策选择体现了日本自身亚太战略的基本方向。

第四，参加各种区域合作组织不仅会对国家宏观经济产生重大影响，而且可能会对不同行业、地区产生不同的影响。政府应该注意利益调节，补偿受损者的利益。近期，国内学术界关于区域合作经济影响的研究越来越专门化为运用一般均衡模型的宏观经济效应计量研究。这样的研究很重要也很必要，但如果缺失各种分领域、分部门、分地区的细致分析，实际上根本无法弄清区域合作经济影响的具体情况，同时也不能为政府出台相应的应对措施提供政策依据。日本社会各界围绕参加 TPP 谈判所展开的政策争论，可以使政府清楚把握各方的可能所受损益及态度，同时也为政府出台弥补利益受损方的补偿措施提供了基本依据。

（此文发表于《现代日本经济》2014 年第 3 期）

The Debates Revolving the TPP Negotiation in Japan

Wu Hao　Jiang Baozhong

Abstract　Since 2010, different sectors of Japan's society conducted intensive debates on whether taking participation in TPP negotiation. The debates mainly focused on the primary direction of Japan's regional cooperation, the macro economic effects of taking participation in TPP, the impacts of free trade of agricultural products, and the impacts of regulation and coordination. Each side in the debates fully expressed its demand for profits and judgment on the consequence of policy adjustment. Considering the debates on policies in Japan would be constructive on the further understanding the essential nature and significance of policies debates, particularly studying the impacts of regional trade freedom.

Keywords TPP; East Asian Community; Macro Effect; Regulation and Coordination; Japan

政治与外交

“安倍主义”的悖论与日本外交*

沈海涛　李永强**

【内容提要】“安倍主义”作为日本自民党安倍晋三政府的基本指导理念，是日本推行亚洲外交方针的基本。通过对“安倍主义”的分析，可以看出其根本用意在于对亚洲外交战略空间拓展的迫切追求。“安倍主义”指导下的日本亚洲外交政策在其实施过程中已开始显现出内在的矛盾性与盲动性。通过对“安倍主义”的分析，可以清晰地看到安倍政府的日本亚洲外交存在着局限性、非理性和不可持续性。基于对“安倍主义”与日本亚洲外交的分析及阶段性评估，可以认为“安倍主义”的悖论既反映了日本外交战略转型的现实，也预示着日本未来的发展方向依然存在极大的矛盾性、复杂性和不确定性。

【关键词】安倍主义　日本　亚洲外交　战略与政策

安倍晋三在2012年底实现了他首相梦的“梅开二度”。再度执政的安倍政府提出了具有鲜明特色的执政理念——“安倍主义”。其中经济政策，即所谓“安倍经济学”成为“安倍主义”的核心，但这并非意味着外交将

* 本文系国家哲学社会科学基金规划项目《“安倍主义”与日本外交战略位移研究》（14BGJ005）和吉林大学基础科研基金项目“安全机制缺失状态下东北亚安全趋势及我国的对策研究”（2008ZZ026）的研究成果之一。

** 沈海涛，吉林大学东北亚研究院教授、吉林大学日本研究所教授，博士生导师，研究方向为日本政治与外交、国际关系；李永强，吉林大学行政学院国际关系专业博士研究生。

成为其治国理念的边缘领域。相反，安倍政府的外交政策清晰地展望了日本外交在21世纪第二个十年的基本态势与发展方向，外交政策的实施进程也表明外交仍是安倍政府所关注的核心领域之一。安倍政府的亚洲外交政策是“安倍主义”最为直白的诠释。

本文以“安倍主义”及其指导下的日本亚洲外交为关注重点，通过对安倍政府的亚洲外交的理念与现实进行分析与论证，透视日本外交战略与政策的基础与方向。

一 “安倍主义”的出笼

2013年1月11日，日本首相安倍晋三在接受媒体采访时表示，他将在访问东南亚国家时提及自己对亚洲外交的想法。[①] 根据日本共同社的报道，安倍晋三考虑在从（2013年1月）16日起访问东盟三国期间提出有关日本的亚洲外交基本方针，即“安倍主义”。其内容包括与在民主主义、市场经济、法治等方面具有共同价值观的国家开展安全、经济、能源政策等领域的合作。[②] 由此，作为安倍政府的指导理念，“安倍主义”开始受到媒体、社会大众和国际社会的广泛关注。

随着安倍政府亚洲外交政策的逐步展开，“安倍主义”的面目也一点一点显露出来。2013年1月，安倍连续访问越南、泰国和印度尼西亚三个国家，开启了以“安倍主义”为基本方针的亚洲外交的“首航”。在访问东南亚三国期间，安倍以《开放的、大海的恩惠——日本新的外交五原则》为题，在雅加达发表了演说。安倍提出了“日本的国家利益存在于千古不变、万古永恒、彻底开放、自由与和平之海的亚洲海洋”的基本主张，并就日本外交创造未来的五项原则进行了具体阐述。在五项原则之中，有两项涉及海洋事务，一项涉及经济领域，两项涉及文化与人文交流。[③]

---

① 安倍内阁总理大臣的记者会见，2013年1月11日，日本首相官邸网站，http：//www.kantei.go.jp/jp/96_ abe/statement/2013/0111kaiken.html。

② 共同社报道，2013年1月11日，安倍首相拟提出“安倍主义”，阐述日本亚洲外交方针。

③ 「開かれた、海の恵み ——日本外交の新たな5原則」、2013年1月18日、日本首相官邸网站、http：//www.kantei.go.jp/jp/96_ abe/statement/2013/20130118speech.html。

具体而言，其中前三项涉及日本的亚洲外交政策。第一项原则涉及思想、表达、言论的自由，明确提出要推行价值观外交的政策主张。“安倍主义”指导下的日本亚洲外交明显带有第一次安倍内阁（2006年）价值观外交的基因。安倍所倡导的对共同价值观的关注，意在强调和增强日本与东南亚诸国在价值观领域拥有共同的认知，也由此使日本的亚洲外交披上了浓厚的意识形态色彩。

在第二项原则中，安倍鼓吹海洋不应该通过实力来控制，必须依靠法律和规则来进行管理。这显示出安倍政府的亚洲外交政策重点在于加大对海洋事务的参与力度。这种说法具有相当明显的针对性，安倍虽未直接言及中国，但针对当前在东南亚国家所在的南海周边海洋权益争端的现实，强调以法律和规则进行海洋管理而非通过实力来控制，一方面展示了日本努力遵守国际秩序和法律制度的国家形象，同时也暗含了对中国在南海海洋权益争端中的表现进行指责，将通过实力和强硬手段解决争端的罪名强加在中国头上。

与此同时，日本的亚洲外交在处置涉及海洋权益争端的中日、韩日关系的过程中，继续坚持其僵化的错误立场和做法。安倍在接任首相之后，随即强调钓鱼岛问题是“没有谈判余地的”。[①] 安倍摆出保卫钓鱼岛的姿态，[②] 否认中日之间存在主权争端，这一立场与安倍自民党政府的前任，即野田佳彦领导的民主党政府一脉相传。安倍政府的亚洲外交政策在展示对民主党政府外交的某种继承性的同时，其关于海洋事务需注重法律和规则的主张更显示了安倍政府在亚洲外交上的独特色彩。

安倍主张的第三项原则为“日本的外交必须寻求自由、开放、互相结合的经济”。这是“安倍主义”对日本亚洲外交在经济领域实施的目标，即倡导自由的市场经济的一种宣示。安倍提出这一原则，既是基于长期以来日本外交对经济外交的侧重，也是出于安倍期望建设强有力的日本这个长远目标的需要。通过经济外交的积极开展，为日本经济发展获取更为广阔的市场、更为丰富的资源，这对于日本实现优化经济资源配置，促进日本经济的恢复与发展至关重要。

① 《胜选安倍称钓鱼岛“没谈判余地”》，《新京报》2012年12月18日A14版。

② 「尖閣問題　中国は国家の間違い正せ」、『産経新聞』2013年1月12日。

这一点在安倍访问沙特阿拉伯和土耳其时发表的讲话中也可以得到印证。安倍在沙特阿拉伯发表的《共生、共荣、协作创造新时代的日本与中东关系》演讲，多数内容都与经济合作密切相关，从医疗、农业领域的产业合作，到涉及经济、技术与资源的共生与共荣，从提供22亿美元援助到提供技术人员援助，相关内容占据了很大篇幅。[①] 而在土耳其，安倍的讲话也几乎都是涉及经济领域的话题，而很少提及所谓的价值观外交。[②] 由此可以看出，“安倍主义”的亚洲外交依然保留了战后日本积极注重经济外交的传统因素。

与“安倍主义”亚洲外交积极推动与东南亚、南亚、中东地区的外交相比，“安倍主义”的亚洲外交在东北亚地区却并未见明显的动作。除了在海洋权益争端领域继续坚持其僵化与错误立场外，安倍政府在历史问题上不断挑衅，不顾曾经饱受日本侵略的东亚国家的强烈反对，大批阁僚集体参拜靖国神社，安倍甚至公开质疑，认为对“侵略尚未有明确的定义”，[③] 公然企图从法理上否定过去日本的对外侵略，挑战战后国际秩序和人类正义。在处理对华关系问题上，安倍声称，“中国对冲突的需求是根深蒂固的”，[④] 恶意歪曲和丑化中国的国家形象，故意恶化中日关系。因此，以东亚视域来分析“安倍主义”的亚洲外交，不能不说隐含在其中的日本国内保守主义的基因依然非常顽固。

简言之，自2013年1月以来开始付诸实践的“安倍主义”，在外交战略和政策领域的布局上呈现出“远交近攻”的基本态势，即一方面加强对东北亚地区周边国家的外交压力，展示日本强硬的外交立场；另一方面运用经济外交、价值观外交等多重方式，积极加强与东南亚、中东、蒙古、南亚等地区和国家的外交联系，开展所谓的“地球仪外交”，在倡导经济合作的同时强化在安全保障领域的合作。

作为日本亚洲外交的基本指导方针，尽管“安倍主义”尚未全面展开

---

① 「共生・共栄・協働がつくる新時代の日本」、『中東関係』、2013年5月1日、日本首相官邸网站、http://www.kantei.go.jp/cn/96_abe/statement/201305/01saudi_speech.html。

② 「日トルコ経済合同委員会における安倍総理あいさつ」、2013年5月3日、日本首相官邸网站、http://www.kantei.go.jp/jp/96_abe/statement/2013/0503turkey_speech.html。

③ “Shinzo Abe's Inability to Face History”, *The Washington Post*, April 27th, 2013.

④ Chico Harlan, “Japan's Prime Minister Shinzo Abe: Chinese Need for Conflict is ‘Deeply Ingrained’”, *The Washington Post*, Feb 20th, 2013.

和具体化，但不断标榜“积极的和平主义”与“地球仪外交”的日本外交已经把“安倍主义”的基本企图显露无遗。是否可以这样理解：在理念层面，“安倍主义”依托于所谓的自由民主的价值观，倡导和平、合作和法治的国际社会，展示日本“和平国家”的形象；在战略层面，“安倍主义”依据其国家利益，积极主张同资源及市场前景看好的国家进行经济合作，拓展日本在亚洲的外交战略空间；在政策层面，采取“远交近攻”的方式，回避东亚国家对其在历史问题及领土主权争端问题上错误立场的批判，将挑战和破坏战后国际秩序的责任转嫁到中国头上，同时以所谓的“积极的和平主义”为掩护，积极扩军备战，摆脱战后国际秩序对日本的束缚，为日本可以重新以武力解决国际问题创造条件。

二　“安倍主义”的矛盾性及其成因

从上述关于“安倍主义”的亚洲外交的简要介绍与分析中可以看出，“安倍主义”存在着深刻的内在矛盾与盲动性。这种矛盾性，既有“安倍主义”在内政外交政策领域的外在矛盾，也包含着“安倍主义”与日本国家发展战略之间的内在矛盾。随着时间的推移与日本的亚洲外交的推进，“安倍主义”所包含的矛盾性或许将成为制约安倍政权命运乃至“安倍主义”本身能否实现的根本性障碍因素。

（一）“安倍主义”的价值观外交存在着自相矛盾和机会主义的功利色彩

日本自诩亚洲的民主国家，其在对外政策中积极倡导包含自由、民主的价值观外交是“安倍主义”的特色之一。安倍在访问东南亚三国及蒙古等国家时，宣称坚持“福田主义”，主张建立一个自由、开放的世界;① 对蒙古的民主制度加以赞扬，对日蒙关系提出坚持以“自由与民主”“和平”与“互助”三大精神为基础②等主张。但在开展同中东地区的外交活动中，安

① 「開かれた、海の恵み　——日本外交の新たな5 原則」、2013 年 1 月 18 日、日本首相官邸网站、http：//www. kantei. go. jp/jp/96_ abe/statement/2013/20130118speech. html。

② 「モンゴル紙への安倍総理寄稿文」、2013 年 3 月 29 日、日本首相官邸网站、http：//www. kantei. go. jp/jp/96_ abe/discource/20130329_ mongol. html。

倍的外交说辞则有意回避了对其所倡导的自由、民主价值观的积极关注，反而以促进日本与中东国家的经济关系、为中东国家提供技术援助为主要内容。安倍在沙特阿拉伯的演讲是从两个“超越”开始的，即超越资源合作的短视行为，在经济领域建立全面关系；超越经济层面的合作，发展和平、稳定、增长的协作关系。[①] 而这两个超越并未涉及“安倍主义”在东南亚与蒙古所积极倡导的民主与自由等价值观外交的基本内容。

与此同时，“安倍主义”在涉及东亚地区和平与民主的国际秩序构建问题上，其所谓的价值观外交在处理“具有相同的价值观”的日韩关系时却遇到无法逾越的障碍。面对日韩之间存在的领土主权争端，日本的价值观外交表现出十足的虚伪性和功利主义，所谓的两国相同的价值观与共同利益荡然无存。

显然，“安倍主义”价值观外交的矛盾性在于，安倍无法将其作为外交政策的通用标准，只能是将其作为一种外交工具加以利用。

（二）“安倍主义”在海洋权益争端问题上带有极强的两面性与矛盾性

通过观察日本近期在国际海洋事务中的表现，我们可以看到，一方面，“安倍主义”主张应反对以实力作为解决问题的手段，强调遵守国际规则与法律治理，强调在涉及亚洲的海洋事务中应重视国际规则与法律治理的作用；另一方面，刻意渲染所谓“中国威胁论”，频繁在海洋事务中制造事件，挑动和激化国际社会矛盾，借以加强其在国际海洋事务中的影响和作用。安倍政府通过诸如《海洋基本计划》等国内法律法规的规划，强化日本在国际海洋事务中的军事存在。[②] 通过政府与媒体的“爆料”与“炒作”，刻意地渲染中国等国家对日本的海洋威胁，如2013年初日本防卫省对“火炮雷达锁定”事件的渲染与媒体的炒作；[③] 安倍政府做出可以向中国军

① 「共生・共栄・協働がつくる新時代の日本」、『中東関係』2013年5月1日、日本首相官邸网站、http://www.kantei.go.jp/cn/96_abe/statement/201305/01saudi_speech.html。

② 「海洋基本計画」、2013年4月。

③ 「中国海軍艦艇の動向について」、防衛省网站、http://www.mod.go.jp/j/press/news/2013/02/05b.html；《分析：照射火控雷达为一触即发的危险行动》，共同社2013年2月5日电。

用飞机发射曳光弹的决定;[①]《产经新闻》等右翼媒体炒作2012年全年日本航空自卫队应对中国飞机出动战机约800次，达到冷战后最高程度的新闻等,[②] 都在不同时间、不同层面上说明"安倍主义"对国际海洋事务中遵守规则与法律的主张具有极大的两面性与矛盾性。

从日本与菲律宾、越南的关系来看，安倍政府向越南提供巡逻船只,[③] 与菲律宾展开安全合作，帮助加强菲律宾海岸警备力量,[④] 以此作为其实施东南亚外交政策的有效手段。表面上看，这可以理解为日本对东南亚地区在国际贸易、航运领域地位的重大关切。但实际上，安倍政府在东南亚地区反复强调应以国际规则和法律治理为原则，却又故意高调表态愿意帮助加强菲越等国的海洋保安力量，这一做法的自相矛盾自不待言，更需要关注的是，日本此举带有明显的挑唆菲律宾与越南等东南亚国家在南海海洋权益争端中做出更多挑衅性行为的意图，更何况菲越两国之间也存在海洋权益争端。由此可以看出日本企图借机插手南海国际海洋事务的愿望之强烈程度。

(三)"安倍主义"在经济政策领域的主张同样存在无法解脱的矛盾，即"安倍主义"所主张的国际自由市场经济与日本国内推行的经济政策之间的矛盾

就"安倍主义"的亚洲外交而言，日本外交是主张推进自由市场经济的，也是注重自由贸易的。然而，"安倍经济学"的做法却与"安倍主义"的主张相左。从目前已知的"安倍经济学"三支利箭的内容来看，安倍政府通过增发货币、增加政府投入及增税的方式积极推动日本经济复苏，与日元贬值、股票上涨相对应的"安倍经济学"正是通过人为地制

① 「防衛相『領空侵犯、信号弾で警告』　中国メディア質問に」、『朝日新聞』2013年1月15日。

② 「空自スクランブル800回、冷戦期に匹敵　『尖閣』以降、中国対応で急増」、『産経新聞』2013年4月12日。

③ 「日本将向越南出口巡视船」、日本新闻网、http://www.ribenxinwen.com/html/c/201305/08-16573.html、2013-5-9。

④ 「岸田外務大臣によるフィリピン？メディアへの寄稿文」、日本外务省网站、http://www.mofa.go.jp/mofaj/annai/honsho/gaisho/kishida/pdfs/philippines_20130110_jp.pdf、2013-5-26。

造通货膨胀、刺激物价上涨2%等方式来刺激日本经济复苏效应的。[①] 这是一种加强政府宏观管理、对市场经济实施干预的带有保守主义色彩的经济政策。如此，“安倍经济学”所推崇的政府干预与“安倍主义”所主张的自由市场经济原则之间就显示出内外有别、自相否定的矛盾性质。可否这样认为，“安倍经济学”本身即与“安倍主义”所倡导的自由市场经济原则相悖。特别是随着安倍政府经济政策的逐步推进，“安倍主义”在经济政策领域的矛盾性会越来越显现，日本与周边国家在经贸领域的摩擦或将升级，“安倍主义”能否得到周边国家的认同并取得相应的效果存在很大的变数。

更值得关注的是，随着“安倍主义”在经济政策领域的推进，日本政府将可能因投入过量的资金而带来过多的债务，这种过分注重量化宽松政策的“安倍经济学”能否切实支撑“安倍主义”在经济政策领域的防线而不至于垮掉，还存在巨大的疑问。在某种意义上说，“安倍经济学”或许为“安倍主义”的未来前景带来巨大的风险与不确定性亦未可知。

综上所述，“安倍主义”所包含的矛盾性不仅体现在安倍政府的亚洲外交政策领域，也存在于国内经济政策和经济外交的内在矛盾性之中。而这些矛盾除了其自身的发展演变，还与亚洲乃至全球多变的政治、经济与外交形势相互作用，制约着“安倍主义”目标的成功实现。

三 “安倍主义”的外交实践

随着冷战终结，日本政府吸取其在海湾战争中支付了大部分军费却未被科威特政府感谢的教训，开始对日本的经济外交、亚洲外交进行必要的调整。但总体而言，冷战后的日本亚洲外交，并没有取得多少像样的成果，无论是在增进日本在亚洲的利益扩张方面还是在促进亚洲区域合作领域，日本在亚洲扩展外交战略空间的努力成果甚少。究其原因，日本的亚洲外交从理念到实践所存在的基本缺陷是无法回避的重要因素。在这方面，“安倍主义”及其外交实践同样未能脱其窠臼。

---

① 安倍総理「成長戦略スピーチ」、2013年4月19日、日本首相官邸网站、http://www.kantei.go.jp/jp/96_abe/statement/2013/0419speech.html。

首先需要指出的是，日本的亚洲外交决策对国际、国内环境的基本评价存在偏狭错位与主观非理性的先天缺陷。冷战后日本日益增加对其自身所处的国内外环境审视的重视力度。然而，由于日本外交决策层并未能客观地对其国内外环境进行有效认知，相反，由于冷战思维的延续、日本政治文化的偏见、政治属国与大国心态交织的政治心理扭曲等诸多因素的作用，日本对其国内外环境的观念认知形成了巨大的错位。按照建构主义国际关系理论的理解，国际政治中权力分配的意义在很大程度上是由利益分配建构的，利益的内容在很大程度上又是由观念建构的。[①] 以此来看，日本就会立刻发现其在观念建构中存在着严重的偏差：日本对其侵略亚洲邻国的历史刻意回避与有意美化，这种历史认知与周边邻国存在相当显著的差异；日本将日美同盟视为其外交的基础，[②] 却并未切实注意到亚洲国家特别是周边邻国的重大利益关切。正是在涉及历史与现实问题上的观念建构出现问题，才导致日本在外交决策中不能正确认识国内外环境及自身所处的地位。

从国内政治的角度来说，冷战后日本国内政治的右倾保守化趋势长期持续与发展，对国内的政治生活产生越来越大的影响。无论是冷战期间长期执政的自民党还是有过短暂的三年执政经历的民主党，都可谓是日本国内相当保守的政党。因此，无论出于自身政治观念的考虑还是出于对保守势力、右翼势力选票的寻求，保守政党主导的日本政府其在外交政策制定与实施过程中势必要对保守势力甚至右翼势力有所顾忌，这也是安倍政府无法遏制甚至纵容国内右翼政客与势力发挥作用的重要因素之一。但同时，日本国内坚守战后国际秩序，维护和平宪法体制的和平民主的理念及其拥护者也是无法忽视的左右日本政治的重要力量。这两种理念及势力的矛盾冲突无疑对形成日本政府在外交上的矛盾认知给予了重大的影响。

从国际政治的角度来说，日本对冷战后国际环境的基本认知，一方面基于日美同盟及日本保守政治的观念束缚，在政治安全方面热衷于“发现”和“建构”所谓来自周边国家的威胁；另一方面，对东亚及亚太地区

---

① 亚历山大·温特：《国际政治的社会理论》，秦亚青译，上海人民出版社，2000，第167页。

② 平成25年版外交青書要旨、2013年4月、日本外務省。

的区域合作与和平发展心存芥蒂，对自身能否维持对地区的经济影响力缺乏信心。

其中，日本对中国军事现代化的过度关注引人注目。进入 21 世纪以来，日本对周边国际环境的认知及外交与防卫政策的制定，基本上是以中国的军事现代化与军事活动、朝鲜的开发研制大规模杀伤性武器为关注重点。自然，这种关注所形成的认知无疑是无法做到公正客观的，比如针对中国和平发展，日本驻美国大使佐佐江贤一郎就对中国提出的“中华民族伟大复兴”提出了质疑，并对“中国梦”进行刻意歪曲，[①] 显露出日本的外交官员缺少对中国和平发展的基本认知。

其次，通过对“安倍主义”的亚洲外交实践进行梳理与分析，日本的亚洲外交至少在以下两个方面呈现出先天不足的窘况。

包括鼓吹“安倍主义”的安倍晋三内阁在内，日本历届政府对待历史问题的态度始终暧昧，这使得日本难以得到亚洲邻国，尤其是曾经受到日本侵略的国家的长期且有效的信任。安倍对阁僚参拜靖国神社进行辩解，将靖国神社与美国的阿灵顿国家公墓进行类比，并声称“我从来没有说过日本不承认侵略”“我从未说过我将来是否要去参拜”。[②] 但在“慰安妇”问题上，安倍政府不断发出质疑的声音，并对国际社会的批评与批判声音做出不适当的狡辩。类似种种言论的出现，说明日本政府并没有在历史认识问题上真正反思和领悟，依然没有认识到日本曾经对亚洲近邻国家的侵略所造成的巨大损失与伤害，更没有认识到当下日本政府的态度与所作所为对亚洲邻国与国际社会带来的二次伤害。“安倍主义”在对待历史问题上的投机主义不可避免地影响到日本在外交上大展宏图的实现。

以“安倍主义”为政策核心理念的日本政府在历史认识问题上的暧昧立场，以及日本右翼势力对侵略历史的美化与否认，已经在东亚各国引起从政府到公众的普遍不满与反对。2013 年 5 月，韩国《中央日报》韩文版和英文版的专栏文章《安倍试探上天的报复》，将日本在 1945 年

① 《日本外交官质疑中华民族复兴　专家斥贼喊捉贼》，中国新闻网，http：//www.chinanews.com/gn/2013/03 - 23/4670174.shtml，访问日期：2013 年 3 月 24 日。

② “Japan Is Back”，May 16，2013，http：//www.foreignaffairs.com/discussions/interviews/japan-is-back，访问日期：2013 年 5 月 20 日。

遭到美国核弹攻击视为来自上天对日本向外侵略扩张活动的报复。① 这种言论虽然仅仅是作者的一家之言，《中央日报》也随即说明不代表该报的观点，《中央日报》发言人徐敬濩表示，“专栏内容是金琎评论委员个人的视角与主张”，“不代表《中央日报》的官方立场”，② 但是，这种言论的出现本身即是日本政府与右翼势力在历史认识问题上的错误立场与言行受到各国强烈反对的体现。日本政府的错误立场与言行可能进一步加剧日本与他国公众之间的对立情绪，“安倍主义”亚洲外交面临着自己树立的一道难以逾越的障碍。

在现实问题上，日本政府应对周边海洋权益争端的基本立场日益僵化，日本的海洋发展战略陷入与“安倍主义”的海洋观相矛盾的困局。“安倍主义”亚洲外交与上届民主党政府的亚洲外交相比，在海洋权益争端领域没有明显的变化。中日钓鱼岛主权争端依旧处于僵持对立的状态。在2010年中日撞船事件之后，呈现出中日两国在钓鱼岛附近海域对峙的常态化局面。③ 安倍晋三在执政后，不仅没有提出认识和纠正上届日本政府的错误做法，反而更加积极地强调要保卫包括钓鱼岛在内海域的决心。安倍晋三主张要坚持“钓鱼岛是日本固有领土”的立场，日本“从未同意搁置争议，对我们来说，这是中国在过去的谎言”；同时又反复表态，声称愿意与中国会谈，相信中国会回到两国共同同意的战略互惠的起点。④ 显然，安倍晋三的立场与做法存在着明显的自我否定、自相矛盾的悖论。一方面，安倍政府声称要“积极”寻求与中国的对话与谈判；另一方面，安倍政府却又拒绝为对话或谈判创造有利的条件和环境，不仅不承认中日两国存在钓鱼岛争端，而且将中日两国一度达成的“搁置争议”的共识视为谎言。中日外交及公众情感与认知都可能因海洋权益争端的持续僵化，特别是日本政府在历史问题与主权争端等问题上的错误立场与做法而受到越发深刻的影响，

① Kim Jin，“Abe Tempts God's Vengeance”，〔韩〕《中央日报》英文网络版，http://koreajoongangdaily.joinsmsn.com/news/article/article.aspx?aid=2971836，访问日期：2013年5月24日。

② 《日本官房长对本报金琎专栏表示抗议》，〔韩〕《中央日报》2013年5月24日。

③ 沈海涛、李永强：《东北亚地区岛屿主权争端的发展趋势》，《内蒙古大学学报》（哲学社会科学版）2012年第2期，第34页。

④ 安倍総理「成長戦略スピーチ」、2013年4月19日、日本首相官邸网站、http://www.kantei.go.jp/jp/96_abe/statement/2013/0419speech.html。

最终不仅中日关系，整个东亚地区的国际关系与国际秩序都可能会受到影响。

综合对“安倍主义”的分析结果，大致可以说“安倍主义”的产生是有其国内政治与社会基础以及国际环境变化的多重背景的，也在很大程度上源自安倍晋三及其政府本身的政治理念与追求。而从“安倍主义”亚洲外交这个角度来说，“安倍主义”在历史认识问题上的暧昧立场，在海洋权益争端中渐趋僵化的应对，以及对其国内右翼势力的过度纵容，都为“安倍主义”的实现铺设了一条越来越窄的道路。

四 “安倍主义”的影响及前景

就日本未来的亚洲外交而言，“安倍主义”的影响及前景是值得重视的。以“安倍主义”为基本指针的安倍自民党政府会把日本的亚洲外交导引向何处，这不仅事关日本外交的整体走向和日本国运的兴衰，而且对整个东北亚地区乃至亚洲与全球都具有相当重要的影响。

在分析“安倍主义”的影响及前景之前，让我们暂时先回顾一下 2013 年以来日本外交在“安倍主义”的指导下取得了怎样的成效。

毋庸讳言，“安倍主义”指导下的日本亚洲外交在某些方面，如实现日本外交战略空间的拓展等方面，还是取得了一些进展。安倍政府通过对亚洲事务的关注尤其是对东南亚、南亚、中东事务的关注与参与，借助新能源领域合作、通过倡导价值观外交与经济外交（如日本向印度提供 710 亿日元贷款①）并举等多重手段，在东南亚、南亚等地积极改善双边关系，一定程度上推动了日本亚洲外交的“回归”。同时，“安倍主义”亚洲外交的一个重要目的是实现对华遏制，“南海问题”成了日本既能够挑唆东南亚一些国家共同挑衅中国的核心利益，又能够实现日本介入东南亚国际事务、重新确立日本在该地区优势地位这种双重目的的“试验场”。当然，冷战后尤其是 21 世纪以来国际关系发展的现实已经表明，任何亚洲国家都不可能因为与日本关系的增进或改善而主动疏远或断绝与中国的关系。因此，“安倍主义”指导下的日本亚洲外交表面看来重点突出，目

---

① 《日本将向印度提供 710 亿日元贷款》，共同社 2013 年 5 月 23 日电。

标明确，但实际上能否有效发挥作用还存在太多的不确定性。

同时，需要特别指出的是，“安倍主义”仍面临着难以逾越的历史与现实交织的巨大障碍。一方面，在历史认识问题上，由于受日本国内外政治环境及安倍政府执政理念的局限，“安倍主义”亚洲外交的错误方向与重心短时期内难以扭转，僵化而自私的日本外交依然无法走出困境。另一方面，在中日、韩日等国的海洋权益争端中，日本并未获得美国对主权问题的全面认同与支持。美国对中日钓鱼岛争端的基本态度可以概括为，认为钓鱼岛是处于日本行政管理范围内的，美国在主权问题上是中立的；[①] 1971 年美国向日本移交的是钓鱼岛的行政管理权[②]而非主权。这种立场与安倍或者其前任野田佳彦所主张的钓鱼岛是日本领土的一部分的立场是有显著区别的。因此，未来美国在中日钓鱼岛争端上的立场仍存在变数，日本依赖美国支持的幻想何时变为现实还遥遥无期。

因此，“安倍主义”能否实现其指导日本亚洲外交的目的，能否引导日本实现建设美丽而强大的新国家的目标还存在很多变数。尤其是，“安倍主义”指导下的日本外交如果不能真正重视东北亚近邻国家对日本的期望与批评，那么，光明的“安倍主义”的前景就无从期待。展望“安倍主义”的发展前景，需要从以下三个变量来加以把握。

第一，“安倍主义”对历史认识问题的基本认知是否会发生突变。当前，“安倍主义”对待历史问题的暧昧态度已经使日本政府及民间在历史问题的应对中陷入困境。如何理性、客观地对日本对外侵略的历史进行反省与纠正，涉及“安倍主义”是否拥有坚实的政治基础。因此，在实施“安倍主义”亚洲外交的过程中，安倍自民党政府需要切实明确对历史问题的正确态度，落实在执政之初承认“村山谈话”的表态，有效遏制日本国内右翼势力在历史问题上的翻案倒退行径。

第二，安倍政府需要纠正在推进亚洲外交过程中对中国和平发展的无端指责或误解。中国实现和平发展的路径与方向，既是日本难以阻挡的，也是日本难以改变的。误解甚至无端指责中国的和平发展道路，既不利于中日关

---

① Patrick Ventrell, Daily Press Briefing, May 1, 2013, http://www.state.gov/r/pa/prs/dpb/2013/05/208720.htm，访问日期：2013 年 5 月 3 日。

② Mark E. Manyin, “Senkaku (Diaoyu/Diaoyutai) Islands Dispute: U.S. Treaty Obligations”, Congressional Research Service, September 25, 2012.

系的健康发展，最终也将损害日本的自身利益。因此，“安倍主义”的前景特别是日本亚洲外交的推进，需要摆正对中国和平发展的姿态。日本应当承认中国和平发展的成果，并积极适应随着中国和平发展而出现变化的国际环境。

第三，“安倍经济学”的成效对“安倍主义”的前景具有相当大的制约作用。“安倍主义”亚洲外交需要“安倍经济学”为其提供坚实的物质基础，特别是“安倍主义”所倡导的重视经济外交的主张需要不断得到外部经济资源的投入。而“安倍主义”的亚洲外交能否为“安倍经济学”的开展提供必要的资源与市场还是未知数。显然，“安倍经济学”与“安倍主义”之间是存在正相关关系的。对此，安倍政府如果不重视这一关系的变化，尤其是避免应对因“安倍经济学”实施失败对“安倍主义”产生的负面影响，那么，日本与亚洲国家的经济对立与纠纷将不可避免，“安倍主义”的前景也将不堪其忧。

总之，“安倍主义”的前景依然存在相当多的变数这一基本判断，是建立在对“安倍主义”基本内涵的先天缺陷，“安倍主义”自身具有的矛盾性，以及安倍政府在实施亚洲外交过程中如何正确处理历史与现实问题，如何正确处理同亚洲邻国特别是东北亚近邻国家的关系等相关要素的分析基础上的。“安倍主义”仍然处在发展、充实、变化的过程中，还需要我们时刻加以关注。

The Abe Doctrine Paradox and the Japanese Diplomacy

Shen Haitao　Li Yongqiang

Abstract　As the basic guideline for the Asian diplomacy of Japan, the Abe Doctrine is the base to analyze the Japanese Asian diplomacy. The understanding of the Abe Doctrine is that Japan takes the pursuit to expand the diplomatic strategy space in Asia though the basic interpretation for the Abe Doctrine. There are the internal contradiction and the blindness obviously in the progress about the implementation of the Abe Doctrine's Asian diplomacy, it has exhibited contrary to its fundamental principles in the progress of the implementation itself. Though review of the Abe Doctrine, it could make the analysis about its Asian diplomacy's obstacles. To the perspective of the Abe Doctrine, in the base of the evaluation to the implement of the Abe Doctrine, the restrictive factors of the Abe Doctrine are the crucial factor to influence the trend of the Abe Doctrine.

Keywords The Abe Doctrine; Japan; The Asian Diplomacy; Strategy and Policy

安倍政权的政治与外交战略

张玉国*

【内容提要】安倍政权的政治与外交战略已然成为国际社会对日本关注的焦点，以"安倍经济学"、"安倍主义"及就历史问题将于2015年进行的"安倍谈话"等为标志，"安倍色彩"渐趋浓重。对安倍政权的政治与外交战略的审视与研究，从关注安倍政治思想的原点——保守主义与民族主义开始，安倍的保守主义和民族主义是较之战后更激进、较之战前更抽象的"激进而抽象的保守的民族主义"。对安倍的政治战略分析在于安倍政权在经济、政治、安全层面从"Risk off"到"Risk on"的转向。安倍的巧实力外交表现为价值观外交与势力均衡，这是安倍外交的理论支撑。出于对安倍外交的三大目标，即"一是跟从美国，二是遏制中国，三是确立日本'一极'的位置"的分析，"跟随"与"对冲"构成了安倍外交"两面下注"的策略。通过对安倍战略理想与现实状况的分析展示出安倍政治与外交更像是"小泉剧场"之后的"安倍剧场"，"剧场政治"凭借的是"人气"而不是"理念"。

【关键词】安倍　日本　政治与外交战略

安倍新政权的政治与外交战略已成为当前国际上议论和争论的热点话题。当前日本政策上的"安倍问题"与未来战略上的"日本问题"，事实上

* 张玉国，吉林大学东北亚研究院副教授，法学博士，吉林大学日本研究所研究员，主要研究方向为日本政治、日本国家战略与对外政策。

已成为引发争议的核心与焦点。以“安倍经济学”（Abenomics）、“安倍主义”及就历史问题将于2015年进行的“安倍谈话”等为标志，日本政治与政策的“安倍色彩”比冷战后的历届内阁都浓厚。这些政策引起了日本国内和国际的强烈反响，从而日渐演化为“安倍问题”。安倍就侵略历史、慰安妇等问题的发言引发的世界性批判，安倍经济学引发的国际上对“货币战争”的担忧，安倍主义引发的“围堵中国”的争论等，都使得“安倍问题”逐步演化为“日本问题”。从而，日本的国家战略和未来走向问题成为影响国际稳定的新问题而被予以重视和关注。

安倍的政治和外交战略是引发这些问题的根源。宏观上看，安倍政权的政策与战略可以用“1－3－5－7－9”的模式予以简要概括：“1”为核心目标，即打造强日本的长期政权；“3”为支点，即政界重组、经济重建、安全重构；“5”为原则，即对东南亚外交的五项原则，及其向整体外交原则的重构；“7”为精神和模式，既是指思想上类似于“七武士”“四十七勇士”的“敢于战斗”的政治家精神，又是指安倍对战后7位首相强国模式的效仿与借鉴；“9”为方向，即所谓三大领域的“三支利箭”“三三”组合，成为九大重点课题。总体上看，安倍政权的政治与外交战略是综合性的、系统性的，同时还具有挑战性、复合性的特征。

一　保守主义与民族主义：安倍政治思想的原点

安倍的政治思想是透视安倍政治与外交的基础。安倍自称是保守主义者，他指出，“保守主义，进一步说‘开明的保守主义’是我的基本立场”。[①] 在他看来，“所谓的保守并非是意识形态，而是对日本和日本人进行思考的一种方式”，而“保守的精神”是“不但对现在和未来的日本人负责，更对日本的先民负责”，换句话说，就是“要对千百年来日本历史中形成和发展的传统何以为继、以何为继的问题进行持续而审慎的认识与思考”。[②] 他认为自己作为政治家的使命在于寻求日本的“道路”，因此，他引用吉田松阴常引用的孟子的话“自反而缩，虽千万人，

① 〔日〕安倍晋三：《致美丽的国家》，文艺春秋出版社，2006，第18页。

② 〔日〕安倍晋三：《致美丽的国家》，第26～27页。

吾往矣！”[①] 来表明自己的志向，即“道理在我，勇往直前”。

安倍保守主义的“样板”，不是美国式的“自由”，而是英国式的“保守”；保守政治的“榜样”，并非是美国的尼克松，[②] 而是二战时的丘吉尔。尽管丘吉尔对德国和欧洲局势的预测“超前”，但事实证明他的预测是正确的。安倍就是要做一个现时代的“日本的丘吉尔”。因此，安倍在其国会演说的开篇就引用福泽谕吉的话“一身独立，一国独立”。这句话有两层意思。表层意思是，福泽谕吉所强调的“人之独立是国之独立的必要前提”，“国家的独立是根本目的，国民的文明是达成此目的的手段”。[③] 这是福泽思想的根本和精髓，也是福泽为日本谋求“强盛”所指出的“道”之所在。[④] 安倍强调它，意指“安身立命”，走强国之路。这句话的深层意思则没有为人所重视，深层意思是像丘吉尔那样“一个人改变一个英国的命运”，安倍要做一个“指引日本道路之人”，一个改变日本命运和命运轨迹之人。正是基于这样的思想，安倍强调它作为政治家的政策的重点就有两个，“一个是安全保障，另一个是社会保障”。[⑤] 而其自身，则是站在时代潮流前列的领袖，要像丘吉尔那样相信自己，而不拘泥于“历史潮流”的束缚，以两个“保障”为支柱，使日本摆脱困境，构建起通往强盛的桥梁。

秉持这样的思想，安倍自上台以来一直声称“侵略”没有国际定义，“参拜（靖国神社）”自有日本道理，“道歉”已成过去，“谈话”[⑥] 无须继承与遵守；“宪法”并非“日本制造”，“联合国”已经徒有其表；[⑦] “主权

---

① （战国）孟轲：《孟子》（全本），高等教育出版社，2008。《孟子·公孙丑上》：“自反而不缩，虽褐宽博，吾不惴焉？自反而缩，虽千万人，吾往矣！”意思是：“自我反省，要是理屈的话，纵然只是面对穿着粗布粗衣的平民，我能不害怕吗？自我反省，只要合乎义理，纵然面临千军万马，我也一样勇往直前！”

② 2008年时有人称安倍为“日本的尼克松”，意指他反华但是具有战略思维。事实上，他更钟情于丘吉尔，在其著述中多次提及丘吉尔对二战前后英国道路的思考。

③ 〔日〕福沢諭吉「文明論之概略」、东京：岩波書店、1995、第297頁。

④ 〔日〕富田正文「检证証福沢諭吉」（上卷），東京：岩波書店、1992、第407頁。

⑤ 〔日〕安倍晋三：《致美丽的国家》，第41页。

⑥ 主要指宫泽谈话（1982年）、河野谈话（1993年）、村山谈话（1995年）。1982年8月26日的“宫泽谈话”提出所谓的“邻国条款”，即日本教科书内容不应刺激亚洲国家；1993年8月4日的“河野谈话”，承认日本二战期间强征“慰安妇”的史实，并表示反省与道歉；1995年8月15日的“村山谈话”，承认日本的侵略历史，并就此进行反省与道歉。

⑦ 《安倍晋三首相·宪法问题访谈录》，日本《产经新闻》2013年4月27日。

日”应该恢复，“日本军队”应明确海外“交战规则”。[①] 安倍上述的一系列表态，不但引起了亚洲国家对日本“右倾民族主义”[②] 和“日本军国主义”的担忧，也引发了世界性的反对。美国媒体指出，安倍政权下“自民党日本企图为威权式的、军国主义式的日本打造基础”；[③] 美国国会调查局的报告则称，安倍是“强硬的国粹主义者”和“历史修正主义者”；[④] 日本国内许多人称安倍为“极右的国粹主义者”（jingoism，chauvinism）[⑤] 和“极右的历史修正主义者”[⑥]。

总体来看，保守主义的政治路线和民族主义的“大国魂”，是安倍政治思想中表里一体的存在。不过，安倍所谓的“保守主义”更多的是继承其外祖父岸信介、佐藤荣作等人在二战后对日本国家的思考，将“国家独立”和“经济复兴”作为己任，而非站在冷战后对日本进行思考。其思想的原点仍是日本应重新考虑对战前国家发展的反思，对战后日本的设计，其目标或理想的政治形态仍是寄希望于构建新的“55 年体制”。因此，安倍的保守主义是极其“怪诞”的，是在推崇进行新自由主义式的日本变革中，所坚持的一种“与新自由主义混杂的变形的新保守主义”。[⑦] 安倍所谓的“民族主义”，与中曾根康弘等为代表的战后保守的民族主义也有很大不同，战后占主流的日本民族主义，多数都是建立在对战前反思和批判的基础上，从战前的法西斯式的民族主义向强调新亚洲主义、强化与亚洲的连带意识、反对美国占领转变，寻求国家重新独立与强盛。而安倍的民族主义中“没有对战前帝国主义的反省”，也“没有对明治宪法体制和对天皇制的批判”，更没有“与亚洲的连带意识和反美意识”，因此，安倍的民族主义是“脱‘战后’型的民族主义”。[⑧]

也就是说，安倍的保守主义和民族主义，是较之战后更激进、较之战

---

① 「自民改憲草案を読む」、『東京新聞』（朝刊）2013 年 3 月 1 日。

② 《否认历史的新尝试》，美国《纽约时报》2013 年 1 月 3 日。

③ 美国《洛杉矶时报》2013 年 1 月 11 日。

④ 「首相歴史認識 米が懸念」、『東京新聞』2013 年 5 月 9 日。

⑤ 「安倍極右政権の根本矛盾」 http：//d. hatena. ne. jp/asobitarian/20130509/1368085977。

⑥ 成澤宗男「安倍晋三と極右歴史修正主義者は、世界の敵である」、NPJ 通信 2013 年 5 月 10 日。

⑦ PHP 研究所编《安倍晋三对话集——话日本》，PHP 出版社，2005，第 212 ~ 218 页。

⑧ PHP 研究所编《安倍晋三对话集——话日本》，第 206 ~ 211 页。

前更抽象的“激进而抽象的保守的民族主义”。从目前他所执行的政策看，更接近于明治初期“日本看世界”的态势，也更类似于二战时期“近卫体制”下的“国家总动员”形态。这些可以从他政策的设计中看到影子，在现在的政策中，他的政治政策包容了岸信介内阁、佐藤荣作内阁、中曾根内阁时期的对亚洲、美国及政界重组的思路与设计，而在经济方面则融合了池田勇人内阁、田中角荣内阁、小泉纯一郎内阁时的高速增长、日本列岛改造、打破传统模式的理念与路线。这6位首相及其政策曾对日本发挥过不同但重要的影响，安倍将他们成功的政策融入自己的政策中，试图造就一个“集战后之大成”的宏大政策。而在这样的政策执行上，安倍则将自己第一届内阁时期未完和将完成的政策作为优先选项。从对6位首相政策的尊崇和集成，到对自己路线的优先，也可以透视出安倍保守的另一面。

二　从“risk off”转向“risk on”：安倍的政治战略

从安倍第一届内阁与第二届内阁的比较，以及安倍上台以来的政治操作看，安倍现政权政治战略的一个显著特征就是：从“risk off”（规避风险）转向“risk on”（无畏风险）。“Risk off”是历届日本内阁政权运营中的一个主要倾向，安倍在夺回政权、自民党夺回优势，且不存在可与之抗衡的对立政党的大趋势下，已经将打造“长期政权”作为其政治的一个目标，并为此设定了一个长期的、为期10年的“政权路线图”。[①]“Risk on”正是基于这样的政权设计而设定的一个“10年规划”。

从“risk off”转向“risk on”的具体战略体现在安倍的“三大领域”下的“九支利箭”中。从三大领域的九大课题的类型和性质中可以看出，

① 据日本媒体报道，安倍自当选以来有两个政权路线图。一个是短期路线图，从执政至2013年7月的参议院选举。另一个是长期的路线图，包括2013年参议院选举获胜，改变“扭曲国会”现状；2014年冲绳选举和美军边野古替代设施建设；2015年自民党总裁选举再次当选；2016年进行中参两院同时选举等。由此，至2018年安倍实现任期两届共6年的长期政权。之后退位。两年后，即2020年再次竞选自民党总裁，再次打造一个两届任期6年的长期政权，在这个任期中的2024年最终完成修宪。「安倍長期政権10年計画 再々登板もあるリアルな工程表を入手」、『週刊ポスト』2013年5月24日号、http://getnews.jp/rchives/337304。

“risk on”就是要挑战过去历届政府的“不为或不敢为”，而树立一个“敢于决断的安倍政治”形态。

（一）安倍经济学和经济领域的“三支利箭”

安倍经济学（Abenomics）这个词并非新词，它的首次提出是在2006～2007年的第一届安倍内阁期间，当时“安倍经济学”意指区别于小泉“结构改革”的安倍经济政策，它也有所谓的“三支利箭”，但并非现在的“大胆的金融政策”“灵活的财政政策”“促进民间投资的增长战略”，而是“公务员制度改革”“教育制度改革”和“社会保险厅的改革”。①

“安倍经济学”之所以作为现在安倍政权的一个标志性政策被提出，既是基于日本经济振兴的考虑，也是基于确保政权的“安全行驶”的考虑。从经济振兴的视角看，摆脱日本经济的疲软是政权的重要课题。安倍不采用此前惯用的体现了日本人经济观的“景气对策”一词，而改用“安倍经济学”这一概念，就是要用“通胀2%的经济增长”改变日本人“持续多年的通缩心理，在经济心理学（行为经济学）意义上极大地带动了‘景气’中‘气’的部分”，从而“让所有人都能意识到时代的转换”。② 从政权运营的视角看，安倍原本的政治路线以“外交、安保、宪法”为基本点，但考虑到舆论与参议院选举，才将“经济、金融、财政”作为优先的课题。这个路线将是检验要做“经济宰相”的安倍的魄力、胆识和能力的关键问题，希望以此来改变国民此前对安倍的印象，即“不成熟”“不谙世故”“体力、魄力和能力都不足”等。③

经济领域的“三支利箭”中，金融和财政政策一直是历届政府“谨言慎行”的领域，安倍将这些作为突破口引起了日本以及国际上的广泛论争。日本国内形成了通胀派、反通胀派和怀疑派三派。通胀派认为这样的政策将改变日本持续20年的经济疲软状况。这样的政策是“划时代的”，“不但对日本经济来说是正确的，对世界经济来说也是正确的”。④ 20世纪30年代

① 〔日〕大田健吾「アベノミクスの今昔」、『読売新聞』2013年5月7日。

② 〔日〕安部顺一「安倍经济学在100天内引发的“心理转变”」、http://www.nippon.com/cn/in-depth/a02001/。

③ 塩田潮「安倍晋三の器と力量（1、2）」、*PRESIDENT* 2013年3月4日号。

④ 黒田アジア開銀総裁、アベノミクス「適切な政策」、『日本経済新聞』2013年2月11日。

“高桥财政”是“范本”。[①] 反通胀派则认为这不是“安倍经济”而是“安倍风险”,[②]“安倍经济学改变日本的想法太单纯”,更多的是“表决心而非真改革”。[③] 怀疑派则认为现在的“三支利箭”并没有形成一个体系,内容尚不明确,效果很难估计,“短期可能会好转,但可能好景不长”。[④] 国际上对安倍政策的评价则形成两个极端。一个是以美国等国家为代表,认为安倍经济学是“向正确的方向迈出了重要一步”,[⑤] 予以积极和高度的评价。另一个是以韩国和中国为代表,认为安倍的日元贬值政策可能带来“货币战争”。总之,“安倍经济学”无疑是对日本经济下的一剂“猛药”,就连财政大臣麻生太郎也称这是带有“冲击和恐怖”(shock and awe)的政策。[⑥] 不过,这正是安倍希望通过“risk on”战略改变日本的策略的一部分。

(二)安倍政治和政界重组的“三支利箭”

继重振经济的“三支利箭”之后,2013 年安倍基于长期政权的构想的“改变日本政治”的“三支利箭”也日渐清晰,这主要包括:将自卫队改为国防军、修改宪法 96 条和实行道州制度。

主张建立“国防军”是安倍的既定政策,也是自民党的长期主张。放松对日本自卫队的限制,使日本自卫队成为日本正式的“军队”,强化与美国等的联合行动等事实上成为行使自卫权的真实目的。这个问题,在日本和国际上都很敏感。2012 年自民党的宪法改正草案中明确将建立“国防军”、行使集体自卫权作为主要修改内容,主张保持“放弃战争”的条款,但要删除“不保持可战的军力”和“不承认交战规则”的条款。2013 年底准备

---

① 高桥财政政策是由三部分构成的一揽子经济刺激方案:①脱离金本位制并允许日元其后贬值;②财政刺激措施辅以日本央行承销日本国债;③放松货币政策,包括日本央行下调政策利率及扩张基础货币。井手英策「高橋財政の研究:昭和恐慌からの脱出と財政再建への苦闘」、有斐閣、2006。

② 倉都康行「アベノミクス」か「アベリスク」か、2013 年 1 月 7 日。

③ 門司総一郎「安倍政権の「大胆な金融緩和」は本物か?」、『日経ビジネス』2013 年 2 月 6 日。

④ 小峰隆夫「景気上昇は短命に終わる可能性も－アベノミクスの中間評価」、『日経ビジネス』2013 年 4 月 10 日。

⑤ 米専門家「安倍政権の政策 正しい方向」、『NHKニュース』2013 年 1 月 22 日。

⑥ 麻生太郎「アベノミクスとは何か～日本経済再生に向けた日本の取組みと将来の課題」、2013 年 4 月 19 日/米ワシントンDC、CSIS。

出台的日本“新防卫计划大纲”也欲将此作为明确的内容。

宪法96条的修改是安倍明确的主张。安倍继承了其祖父岸信介的“日本国宪法是诸恶之源”的认识，将修宪作为己任。宪法96条的修改是继2007年5月《关于修改日本国宪法的国民投票法》之后，安倍为最终修改宪法所做的另一个铺垫。《国民投票法》降低了选民年龄（从20岁降到18岁），放宽了改正提案提出的条件（众议院100名以上议员和参议院50名以上议员的同意），设定了修改的时间期限（从正式发起至审议需180天），[①] 这都为国民投票赞成修宪铺平了道路。宪法96条的修改则是继此之后对国会审议时条件的修改，即从目前的“众参两院2/3以上多数同意”改为“1/2以上多数”。按照安倍的说法，“60%～70%的国民都主张修改，但只因国会1/3的议员反对就不修改，是很可笑的”。[②] 如果宪法96条修改成功，则意味着修宪又迈出了关键性的一步。因为此前通过的《国民投票法》很可能保证“一半国民的赞成”，这样修宪将成为事实。宪法96条的修改以及与此关联的修宪和修宪进程，已成为日本国内论争的焦点。

实行道州制度的问题，虽不如前两个问题敏感，但也与前两个问题相关。根据近年来自民党关于道州制的议论，其核心是废除目前的都道府县制度，将全国划分为10个左右的道州。2013年1月，安倍要求加快“道州制基本法案”的制定和审议。按照自民党计划，将在2018年正式实施道州制度。道州制改革与行政改革、财政改革、公务员制度改革相关，也与选举制度改革、地方自治制度改革相关，更与战后日本的民主主义、国家改造问题相联系。尽管道州制度更多地从财政、税收和行政效率方面考虑，但随着道州制的实施，日本国家和地方关系将会有一个大的变化。

从以上行使集体自卫权、修改宪法96条和实行道州制度来看，安倍希望进行一个彻底的“摆脱战后体制”的改革，试图通过这样的努力重新确立政治的对立轴，实现政治重组。以上三个问题的核心是修改宪法，而核心背后的真实指向是修改宪法的第9条。而以上三个问题都是历届政府一直议论却不敢“轻举妄动”的问题，安倍将三个问题都摆上议事日程，更体现了其从“risk off”转向“risk on”的特性。

---

① 高见胜利：《国民投票法——被延期的重要问题》，《世界》2007年9月号，第50页。

② 社説「改正の要件2/3の重さを考えよ」、『信濃毎日』2013年5月3日。

（三）安全与安全领域的“三支利箭”

重新思考日本的安全政策，是安倍竞选时提出的明确口号，也是针对目前日本与周边国家关系紧张而对“日本危机”做出的反应。总体上看，安倍在安全上的政策立场非常强硬。2013 年 2 月，他在华盛顿发表的《日本回来了》的讲话中明确指出，“日本必须保持强大，首先是经济强大，同时也要维持国防的强大”。戴维·皮林指出：“富国强兵（1868 年明治维新后日本现代化的强烈诉求），对于安倍来说，这个口号很有震撼力”，“安倍并没有放弃民族主义。他复兴经济的使命来源于同样的动力”。①

安倍上台以来在安全方面的“三支利箭”是：制定新的防卫计划大纲；行使集体自卫权与深化日美合作；建立日本版 NSE（国家安全委员会）。

制定新防卫计划大纲是安倍安全问题上的一支利箭。按照自民党的设想，新防卫计划大纲将对战后日本的“专守防卫”政策做彻底修改，同时还要撤销“中期防卫力量整备计划”等限制性防卫措施。具体包括：自主制定宪法和建立国防军、制定《国家安全保障基本法》、修改国防基本方针及建立高度灵活的防卫力、实施无缝隙领域警备、调查和研究核抑制战略、对敌方基地进行先发制人的攻击等。日本《产经新闻》指出，2013 年出台的防卫大纲“说其是一个罗列了战后所有修改防卫政策方案的集大成的大纲也不为过”。② 打破战后政策的束缚、打破防卫大纲内在的限制框架、打破兵力的均衡部署态势、打破传统的进攻和防御思维，已成为安倍政权下防卫计划大纲修改的一个基本态势。

行使集体自卫权与深化日美合作也是安倍政权一个主要政策。建立国防军，行使集体自卫权，实现日美的相互合作和支援，是日本防卫政策修改的方向。从日本国内状况看，日本维新会、大家党以及民主党都采取了认可和默认的态度。今后“是否应行使集体自卫权”的问题将变成“以何种方式行使”的问题。因此，加快行使集体自卫权的研讨，修改日美防卫合作指针，强化日美防卫分工下的对敌基地的先发制人攻击能力，实施日美共同防

① 〔英〕戴维·皮林：《日本为何突然奋起？》，英国《金融时报》2013 年 5 月 10 日。

② 過度の「抑制」見直し安倍カラー前面に「新防衛大綱」自民案 背景に北への不安、『产经新闻』、http：//sankei. jp. msn. com/politics/news/130423/plc13042308160010 - n1. htm。

卫、共同警备，是安倍具体强化日美合作的措施。这样，日美在地区和全球的军事合作将得到强化，“日本军队”也将成为一个“可战之师”。从这种意义上说，行使集体自卫权问题将引起日本国内、国际的争论。

建立日本国家安全委员会（日本版 NSE）也是安倍的主要政策。按照安倍政权的计划，2013 年 5 月制定设置草案，6 月提交国会，9 月临时国会进行审议、通过，2014 年初正式设立事务局，开始正式运行。根据基本设想，国家安全委员会将以“四大臣会议”（首相、官房长官、外相、防卫相）为常设机构，设立辅佐官，每两周召开一次会议，在审议防卫政策与外交重大事项时维持现在的“九大臣会议”框架，而在讨论其他重要问题时可按照需要召开“六大臣会议”或“七大臣会议”。日本版 NSE 事务局预计约为 100 人，分别按地区和领域设置情报分析机构和负责人，例如东北亚、朝鲜半岛、中东等地区分析机构和反恐、核不扩散、国防战略等领域和功能性分析机构，由此实现首相官邸的集中指挥，打破原有的各部门分散的情报和决策体制。日本版 NSE 的设置与日本国防军的设置、集体自卫权的行使一起，构成了日本安全政策变革的全景。

从以上经济、政治、安全三大领域的“九支利箭”看，安倍政权将冷战后所有有关的政策进行了集合、综合，并将此前所有内阁想改但没能改的问题都列为自己的课题，应该说，一方面体现了他要彻底地对日本进行全方位改造的政策设计，另一方面也体现了他从“risk off”转向“risk on”，使日本彻底摆脱战后传统框架“束缚”的决心。不过，正如有识之士指出的那样，从安倍的认知来看，“将‘宪法’作为‘战后体制’予以否认，将‘战争反省’作为‘自虐史观’予以排斥，安倍的这种国家认知本身，无疑会使对立更加尖锐化”。安倍如果不能超越这种认知误区，那么“安倍自身，将成为安倍政权的最大弱点”。①

三　价值观外交与势力均衡：安倍的巧实力外交

安倍内阁曾被寄希望于成为“摆脱外交危机”的内阁，但安倍上台后

① 柳澤協二「安倍政権の安保政策『最大の弱点』は安倍氏自身」、http://www.fsight.jp/13981。

在历史认识问题、慰安妇问题、修改宪法、参拜靖国神社等问题上的一系列举动不但没有缓解危机，反而加剧了外交危机。综观安倍至今的外交举措，可以说，安倍外交的两大理论支撑，一个是价值观外交，另一个是势力均衡的地缘外交。

价值观外交是在安倍第一次内阁时期提出的，并在麻生内阁时期得以全面展开，而如今重新赋予其战略意义，形成“价值观+实力”的新外交理念。构建民主国家的联合体，构建一个自由与繁荣之弧，是这个外交理念的两个支撑点。安倍强调，“价值观外交的理念不会变化”，不过“价值观外交并非日本亚洲外交的全部”，外交“必须从全球的视野出发，确定其战略”。[①] 也就是说，价值观外交必须结合势力均衡的地缘外交予以重新思考，与第一次安倍内阁（2006~2007年）相比，现阶段价值观外交的“地缘政治色彩非常显著”。[②]

从目前安倍外交的施行看，“价值观+实力”的新外交具有以下几个特征。第一，安倍价值观外交中的“价值观”概念有所变化。安倍强调自由、民主、人权等“普世价值”的重要性，但更强调“战略价值观”的契合性。安倍上台以来，对中东国家、俄罗斯及缅甸的访问并非是基于一般意义的价值观，而是基于这些国家在经济、能源和对中战略上的价值而予以考虑的。第二，地缘政治外交中的“价值观”层次更加清晰。以前日本的“自由与繁荣之弧”外交只是初步勾勒了一个西欧—东欧—东南亚—东北亚的外交轮廓，但重点和支点并不明确。现在的安倍外交更强调日美同盟的基础性、东南亚的支点作用以及日本、美国、澳大利亚、印度联合的保障性。第三，安倍价值观外交的连续性和“修补”性。安倍上台以来访问的俄罗斯、沙特阿拉伯、阿联酋、土耳其、缅甸、蒙古，都是其2006~2007年的任期中没有访问的国家，对这些国家进行访问，一方面在于强调构筑“自由与繁荣之弧”的政策不变，另一方面则在于弥补此前的“缺失”，重新赋予其战略意义。第四，安倍价值观外交中的“经济外交”所占的权重有所提升。尽管价值观和地缘战略因素是外交的支撑，但经济、能源合作成为价值观外交中的一个重要内容。安倍对俄罗斯的访问就是很好的例子，即出于经济利益的考量，不惜在领土立场上做出让步。

---

① 《安倍首相专访》，日本《读卖新闻》2012年12月29日。

② 日本《朝日新闻》2013年1月19日。

四 “跟随”与“对冲”：安倍的“两面下注”策略

安倍外交的三大目标：一是跟从美国，二是遏制中国，三是确立日本“一极”的位置。为“日本松绑”，继而谋求日本的主导地位，是“拉住美国，制衡中国，提升日本”的关键；实行对美“跟随”和对华“对冲”的两手策略，是达到目的的主要手段；在美国与中国间进行灵活的“两面下注”，则是隐含的一种策略。

“拉住美国”，就是针对美国对亚太再平衡战略的重新平衡做出反应，防止美国“撒手不管”或进行“战略再忍耐”。为此，安倍上台后明确奉行“跟随美国”的战略。这包括：第一，访问东南亚，发表“安倍主义”的新政策，效仿希拉里宣称“日本回来了”，将重视东南亚作为拉住美国的筹码；第二，访问美国，承诺参加 TPP 谈判，承诺在驻日美军基地搬迁上予以积极支持，承诺行使集体自卫权强化日美全球合作，以向美国宣誓“日本回来了”；第三，积极地修宪、制定防卫计划大纲、加快行使集体自卫权的研讨步伐，让美国感受到日本的变化；第四，与中国保持适度紧张，访蒙、访俄，派特使去朝鲜，使东亚问题重新升温，以求美国更广泛地参与而不是冷漠地对待。

“制衡中国”，就是开展“挺进中国的后院”外交，利用东南亚作为战略支撑，同俄罗斯、蒙古进行合作，挺进中国关注的朝鲜、缅甸，强化日本的影响。俄罗斯、东南亚是中国的战略伙伴国，朝鲜是中国最为关注的国家，缅甸是中国所谓的“珍珠链”的关键一环，对这些国家外交的大举措被视作遏制中国的“武器”。尤其是美国既重视东南亚，又重视缅甸，更关心朝鲜局势，日本步美国后尘而开展积极的外交，明显带有“拉美制华”的色彩。除此之外，对菲律宾、澳大利亚关系的强化，对韩国的示好，也都有应对中国的考量。

“提升日本”，是安倍外交的最重要目标。中国的崛起、美国重新平衡，使安倍看到了提升日本的契机。“跟随美国”，充当美国的“马前卒”，是提升日本的举措；遏制中国，挺进“中国的后院”，也是提升日本的举措。日本外务省人士指出，“2012 年将是消化迄今久拖未决的悬案，并为 2013 年以后做好准备的一年”，2012 年是“构建亚太新秩序的萌芽之年”，2013 年是建立新秩序与新构架的时期。从安倍外交看，日本就是要重构目前的亚太秩序，并在重构中发挥主导作用。这种秩序的愿景就是所谓的“美国太平世纪”，而日本就是要拉住美国，让“美国取其名，日本取其实”，从而使日本避免沦为“二流国家”，而是成为一个与美国目标一致的“一流强国”，使日本成为亚洲秩序中重要的“一极”。

不过，上述政策能否奏效是一个值得怀疑的问题。日本不可能通过过分地依存于美国和一味地遏制中国而达到强大的目的。因此，“两面下注”事实上成为安倍外交的一个隐含策略。一方面，日本利用“中国问题”“朝鲜问题”拉住美国，为“日本松绑”，同时也有“对冲”美国战略重新平衡的意图，使美国不能对“中国问题”置之不理，或对日实施“越顶外交”；另一方面，从长远看，中国的崛起已成事实，改变对华关系是必然趋势，但目前日本无力单独对抗中国崛起的冲击，需要借助美国的力量。这样，经济上依附中国，安全上依附美国，利用中国和中日关系的紧张为日本大国化铺路，利用美国的对日安全需求为“日本松绑”，从而在长期的战略中确立日本在东亚、中美和地区问题上的地位。除此之外，利用“美国压力”和“中国压力”这两个“外压”，为自民党的“日本改造计划”转嫁危机，构建一个新时代的“55 年体制”，也是安倍将内政与外交相结合，谋求长期执政的一个策略。可以说，这是战后日本式“商业机会主义”外交的升级版。

五 “大日本”与全球角色：安倍战略的理想与现实

总体上看，安倍的政治和外交战略具有“现实的理想主义”色彩。

安倍政治思想的保守性和民族性，使他对日本国家的认知具有内在的矛盾性，且与国民和国外对日本的认知不符，由此会造成极端的对立和民族主义的失控。

安倍政治战略的“risk on”特性，使其“九支利箭”可能成为射杀自己的“致命武器”。这“九支利箭”集合历届政府所不能的“一揽子课题”，将之“集于一身”给人以“无畏风险”的印象，但这种小泉式的“剧场效应”到底能维持多久是一个关键的问题。另外，“九支利箭”能否收到成效关键在于人。安倍在经济领域的“利箭”主要靠“三 A”来支撑，即金融靠安倍、财政靠麻生、增长战略靠甘利明，应该说目前为止三人合作顺利，但从长期看，安倍和麻生的分歧会成为一个重要的变数。与此相比，政界重组的“三支箭”主要靠自民党的团结、公明党的合作以及为新会的支持，从目前的状况看，自民党与公明党、为新会的分歧也日益显现，如何形成一个稳定的政治支架成为7月参议院选举后的重要课题。安全领域的“三支利箭”——防卫省、外务省和内阁府三股势力间的矛盾由来已久，能否在这些问题上达成共识则是成败的关键。从这种意义上说，“九支利箭”的成败回归于“三支利箭”的原始意义，即“人与机构”的合作。

安倍的价值观外交、势力均衡外交和“两面下注”的策略能否收到效果仍是一个问题。从目前的状况看，对俄外交、对朝外交及对中东、缅甸的外交更多地体现了安倍谋求像鸠山一郎访苏、田中角荣访中、小泉访朝那样的“划时代外交”的效果，但事实上效果并不佳。“两面下注”的策略背后隐含的极端民族主义色彩和机会主义动机，成为美国和中国对日本提高警惕的动因。

最后，安倍本人的特性也将成为“九支利箭”成败的关键。2006年风风光光上台，2007年灰头土脸辞职的一幕，至今仍是日本政界对安倍存在疑问的一个重要依据。顺境时，安倍能够贯彻自己的理念，执行自身的政策；逆境时，安倍“能攻但不善守”的弱点则会凸显出来。如果安倍无法保证自民党长期执政，那么现在的九大课题都将成为“烂尾工程”。那时，自民党的执政基础将进一步受到侵蚀，安倍政权之后是麻生政权，麻生将再次失去政权，日本政治仍会持续混乱与动荡。总之，安倍政治与外交更像是“小泉剧场”之后的“安倍剧场”，“剧场政治”凭借的是“人气”而不是“理念”。

The Political and Diplomatic Strategy of the Abe Regime

Zhang Yuguo

Abstract The political and diplomatic strategy of the Abe regime has become the obvious appearance of the Abe ruling, with the “Abenomics”, “Abe Doctrine” and the “Abe talk” which will take in 2015 about the history issue, the

"Abe tint" is becoming heavy. To review and research about the political and diplomatic strategy of the Abe regime, it comes from the origin of political thought Abe to focus on, the conservatism and nationalism, which is more aggressive than the time after the Second World War, more abstract than the time before the Second World War, is the aggressive, abstract, conservative nationalism. The analysis of the Abe's political strategy is the turn from the "Risk off" to "Risk on" in the economy, politics, security dimension of the Abe regime. The smart power appearance of the Abe regime is the value view diplomacy and the balance power, which is the theoretical support of the Abe diplomacy. For the analysis about the three aims of the Abe diplomacy: "first is the following U. S. , second is contain China, third is to establish the position of Japan 'one of the poles'" . The analysis of the strategic idea and reality of Abe shows the politics and the diplomacy as the "Abe Playhouse" after the "Koizumi Playhouse", the "Playhouse Politics " relies on the "popularity" not the "idea" .

Keywords Abe; Japan; Politics and Diplomacy Strategy

论钓鱼岛“国有化”后安倍执政下的日台关系

巴殿君　董弘亮*

【内容提要】自民党安倍晋三第二次执政以来，日本政治右倾化趋势愈加明显，围绕钓鱼岛问题中日两国的矛盾冲突不断升级，日本对中国台湾则采取分化与收买政策，意图破坏两岸关系，希望在钓鱼岛问题上渔利。围绕钓鱼岛问题，日台关系的演变与发展对中日关系与两岸关系带来不可预知的变数，钓鱼岛问题逐渐成为日台关系的关键变量。

【关键词】日本　台湾　钓鱼岛　日台关系

2012 年 9 月 10 日，日本民主党政府强行实施“国有化”钓鱼岛，日本“国有化”钓鱼岛的行为造成了中日关系在 2012 年 9 月的全面恶化。2012 年底，日本国内选举后，民主党政府失去政权，自民党重新执政。安倍晋三作为第二次执政的领导人，组织了自民党内阁，新内阁聚集了战后最多的日本右翼阁僚。具有“右倾化”的安倍政府在钓鱼岛问题上表现得更加强硬。2013 年 12 月 4 日，安倍设立“国家安全保障会议”（NSC），作为统筹外交安保政策的中枢机构，使三军直接听命于政府首脑。下设的“中国・朝鲜部”的主要任务是研究和把握中国与朝鲜的军事动向。其中钓鱼岛问题、

* 巴殿君，吉林大学东北亚研究院教授，博士生导师，吉林大学日本研究所研究员，主要研究方向为中日关系、东北亚地区安全、朝鲜半岛问题；董弘亮，吉林大学东北亚研究院国际政治专业研究生。

朝核问题、日美安保合作问题是主要商讨课题。2013年12月6日，安倍又强行通过了《特定秘密保护法》，强化了由首相官邸主导的钓鱼岛危机管理机制。2013年12月17日通过了《国家安全保障战略》《防卫计划大纲》《中期防卫整备计划》，三份文件明确提出强化西南诸岛最前线的防卫力以应对中国，在钓鱼岛问题上摆出武力对抗中国的姿态。2013年12月26日，安倍参拜靖国神社，表明了其严重倒退的战争观和历史观。2014年1月，日本文部省宣布修订初高中“学习指导要领”解说书，决定自2015年4月起，日本中小学使用的社会类学科教科书将全部将中国的钓鱼岛、韩国的独岛称为“日本的固有领土”。日本不断地歪曲历史事实，意图制造侵夺钓鱼岛主权的事实。

一　日台在钓鱼岛问题上的立场

（一）日本——“固有领土，维护主权，强化治权”

在钓鱼岛问题上，日本一直坚称钓鱼岛是日本的“固有领土”，“维护主权，强化治权”是日本在钓鱼岛问题上的一贯立场。日本政府明确表示，尖阁列岛（即中国的钓鱼岛）是日本的固有领土，不存在争端。日本方面已经开始进行针对中国的相应军事准备。[①] 这表明日本希望通过“维护主权，强化治权”达到长期占有所谓的“固有领土”钓鱼岛的企图。

钓鱼岛自古以来并未在真正的法理与历史意义上属于日本，日本对钓鱼岛的非法侵占是不争的历史事实。明治维新后，日本开始走上对外侵略扩张的道路。日本1879年吞并琉球，1894年中日甲午战争后日方根据《马关条约》侵占台湾和附属岛屿钓鱼岛等。

钓鱼岛事实上是日本在对外侵略扩张中所侵占的中国领土，这种侵略并未获得来自中国人民的认可，也不可能获得国际公理的认同。根据1943年的《开罗宣言》，以及1945年7月的波茨坦会议，中国、美国、英国联合发表《促令日本投降之波茨坦公告》，公告第八条明确指出，“《开罗宣言》之条件必须实施，而日本之主权必将限于本州、北海道、九州、四国及吾人

① 「東アジア情勢と海洋秩序」、日本国際問題研究所、2014、第28頁。

所指定其他小岛之内”，明确指出日本并不拥有钓鱼岛的主权。1943 年 12 月中、美、英三国发表《开罗宣言》。宣言明文规定，日本所窃取于中国之领土，例如东北四省、台湾、澎湖群岛等，归还中国。其他日本以武力或贪欲所攫取之土地，亦务将日本驱逐出境。

冷战开始后，东北亚地区国际局势持续动荡，实际控制钓鱼岛的美国在 1971 年将钓鱼岛的行政管理权“移交”给日本，这种私相授受的行为成为日本非法占有钓鱼岛的基础与前提。所以，日本实际控制钓鱼岛的实质是窃取。偷来的东西，再怎么伪装掩盖，也改变不了它的属性，产权还是人家的。[①] 日本在钓鱼岛争端中的种种做法，即使是将钓鱼岛实现所谓“国有化”，也很难改变日本窃取钓鱼岛的本质。这就是说，尽管日本自认为钓鱼岛是日本领土，但日本的这种想法无法改变钓鱼岛是中国固有领土的事实。

简言之，日本在钓鱼岛争端中的主张与立场，实质是日本非法窃取中国的固有领土，是日本政府和某些政客出于狭隘的民族利己主义对中国的钓鱼岛实施的窃取。日本通过钓鱼岛“国有化”，进一步将窃取转化为合法拥有，表现为日本政府与某些政客的强盗逻辑。

（二）中国台湾——“渔权优先，搁置主权，共同开发”

在台湾当局看来，钓鱼岛是台湾的固有领土。这一点的历史依据在于钓鱼岛在明清时期归宜兰县管辖，根据台湾是中国神圣领土中不可分割的一部分的历史事实，钓鱼岛则必然是中国固有领土的一部分。其理由如下。

（1）从早期历史来看，钓鱼岛及其附属岛屿应为中国领土，而非无主地。

（2）1895 年的《马关条约》把钓鱼岛及其附属岛屿及台湾、澎湖一起割让给日本，在二战时我国（中华民国）废止《马关条约》，钓鱼岛及其附属岛屿应恢复《马关条约》签订前的状态，导致日本取得钓鱼岛及其附属岛屿的领土主权失去法律依据。

（3）美国在二战中军事占领的琉球群岛，包括钓鱼岛及其附属岛屿在

① 《纷争皆因日本“窃”岛而起——论钓鱼岛问题真相》，《人民日报》2012 年 10 月 15 日。

内。但军事占领不影响中国应取得之主权。依据1951年《旧金山和约》的规定，美国对钓鱼岛及其附属岛屿仅行使行政管理，1972年美国结束行政管理，则应将钓鱼台列屿交还中国。

（4）钓鱼岛及其附属岛屿长期以来即由台湾渔民使用。

（5）钓鱼岛及其附属岛屿从地质学上观察，是从中国大陆架上高出海面的八个大小礁岩。地质构造上，台湾、钓鱼岛及其附属岛屿、中国大陆沿岸之各岛屿相似，将东海海底之地形和突然深陷的琉球海沟之地质构造相比较，钓鱼岛及其附属岛屿和台湾的关系远比琉球来得深远。其次，在地理位置上亦与台湾临近，从对马海峡到钓鱼岛及其附属岛屿、赤尾屿南侧经台湾北部沿海及全部台湾海峡，以及广东沿海，都是200米以内的大陆架，这是中国领土的“自然延伸”，而过去琉球人就以琉球群岛与钓鱼岛及其附属岛屿之间的海沟为界，在此地带以东生活，中国人即在此地带以西生活。[①] 因而，在台湾看来，钓鱼岛及其附属岛屿是台湾的一部分。

2012年9月日本实现钓鱼岛“国有化”，台湾当局则提出所谓的“渔权优先，搁置主权，共同开发”的立场。按照台湾当局的解释，台湾当局领导人呼吁，台北、东京、北京应搁置钓鱼岛及其附属岛屿争议，并就开发该区域的资源进行对话。马英九表示，“东海和平倡议并非为单方或两方设计，而是为三方设计”，且“和平解决争议对各方只有好处”，但他也表示“在两方对话有成果之前”，他绝不会开展三方对话。他表示，三方对话目前“并不可行”。[②] 可见，台湾的立场是非常矛盾的。一方面台湾当局希望与日本进行涉及渔权的直接沟通，另一方面则寄希望于中日台的两国三方对话，这两个方面的共同目的是争取台湾当局的主动，但是因日台关系的负面影响而损害了中华民族共同利益，从而造成台湾当局陷入被动的可能。

所谓“渔权优先”是指台湾在应对钓鱼岛争端的对日谈判中将以渔权为首要的关注重点。然而，钓鱼岛附近海域一直是中国福建、台湾渔民的传统渔场，在这一渔场跟日本政府进行“渔权优先”的谈判，岂不是以已有权益同日本进行谈判？因而，所谓“渔权优先”本身与台湾的既得利益也是存在矛盾的。

---

① 《钓鱼岛列屿问题资料汇编》，台湾“中央”图书出版社，1972，第323～324页。

② 《马总统呼吁台日中三方就钓鱼台争议进行对话》，《日本时报》（英文）2013年6月8日。

所谓“搁置主权”的主张与中国中央政府在中日关系正常化过程中邓小平提出的“搁置争议”相似，但钓鱼岛的主权是属于中国的，有历史和现实的证据。而日本实现“国有化”钓鱼岛后，已经将主权争端逐渐激化。这种激化导致“搁置主权”成为很难实现的愿景，这形成了对“搁置主权”的人为障碍。

所谓“共同开发”，则与邓小平在涉及钓鱼岛问题所提出的设想在文字表述上是一样的。但如何进行共同开发在2012年下半年以后的钓鱼岛局势中已经很难实现。

显然，除了所谓的“渔权优先”外，“搁置主权”“共同开发”与中国中央政府处置争端的原则是相似的，但自日本“国有化”钓鱼岛后，“搁置争议”“共同开发”已经不为日本所认可了。在日本政府看来，这是中国的谎言。因而，日本在争端中所采取的“尖阁列岛（即中国的钓鱼岛及其附属岛屿）是日本固有领土”的政策是中国中央政府和台湾当局所难以认同的。安倍晋三政府已经拒绝了马英九所提出的这三项主张，这就使得台湾的主张难以成为现实。

二　日台关系的现状与影响

日本“国有化”钓鱼岛，尽管日台关系在表面上处于“平稳”状态，但其内在的影响已经逐渐深入日台关系的更深层次。在未来日台关系发展中，实现“国有化”后的钓鱼岛所带来的各种问题将成为日台关系发展的关键性障碍。安倍通过《日台渔业协定》的签署，虽在一定程度上缓和了日台关系，但并未能够彻底解决钓鱼岛争端。更为重要的是，这种共识未能解决中日台两国三方的渔权争议。

日本“国有化”钓鱼岛，对日台关系的发展带来冲击，其可能因争端激化而出现变动，尤其是日台之间的“准同盟”合作将会受到影响。同时，这也导致美日台关系三方合作受到削弱，从而影响到美日台三方关系的整体发展趋势。

1.“钓鱼岛主权”之争破坏日台“准同盟”合作

在日台双方看来，通过冷战后的长时段观察，日本对台湾事务的干涉、日台关系的发展都是一个持续的过程。首先，日本利用1996年台海危机扩大了日美同盟的战略目标，从防卫日本转向日本周边地区，甚至将台湾纳入日美安保的目标；随后，日本利用“9·11”事件“借船出海”；近年，借用美国“重返亚太”政策等，日本不断扩大其在东亚地区的存在与影响，通过上述阶段的发展，日台合作得到了强化。

日台之间存在着在军事安全层面的“准同盟”合作。比如，台湾在军事演习中邀请日本前自卫官进行观摩。台湾和日本都使用来自美国的指挥情报系统 C^4ISR、相同或者相似的武器装备等，因而，在战时台湾与日本之间能够进行相应的数据交换、情报沟通等。

可以说，在海峡两岸关系、中日关系发展的同时，日台关系也维持着“准同盟”合作。2012 年 9 月日本“国有化”钓鱼岛后，日台之间的“准合作”受到了影响，诸如出现台湾“外交部”对日本所宣称的“尖阁列岛（即钓鱼岛及其附属岛屿）是日本固有领土”提出强烈抗议，认为“这是无益于地区安定的说法”。①

日本“国有化”钓鱼岛后，造成对日台相互关系的损害，表现为：第一，台湾当局出动了舰船、飞机巡视钓鱼岛附近水域，损害了日台关系在东海地区的合作；第二，日台之间虽未持续直接对抗，但这种有限的对抗直接损害了日台相互的合作与互信。

2. 美日台三方关系受到削弱

自 20 世纪末以来，在太平洋地区，美日台出于各自的需要形成了三方的协作关系。20 世纪末到 21 世纪初，台湾民进党“执政”的台湾当局出于实现“台独”的考虑，主张同中国大陆进行对抗；美日两国则出于遏制中国的考虑，开始不断强化美日两国在日本周边地区的合作，并将台海地区纳入日本周边地区范畴，形成了美日台的三方合作。这种合作将牵涉美日台三方在区域监控、情报交流、技术支持、后勤补给等方面的合作。显然，日本在对华关系中的“涉台问题”已经介入很深。

2012 年 9 月，日本“国有化”钓鱼岛损害了日台关系，日台之间在安全与其他方面的合作都受到了不同程度的影响。日本与台湾的裂痕不断扩大，美日台三方协作出现动荡。

---

① 外務省の尖閣動画に対し、台湾・外交部が「地域の安定に無益」、『产经新闻』2013 年 12 月 13 日。

日本“国有化”钓鱼岛，明显是为了对付中国台湾和中国大陆，[①] 致使日台在现实中的合作很难开展。尽管日台双方互有需要，但都要考虑双方内部民众的反应。无视日本对钓鱼岛的吞食，台湾当局将失去台湾民意的支持。

3. “渔业协定”签订缓和了日台相互关系的紧张

2013 年 4 月，日台达成所谓“渔业协定”，协定规定划设北纬 27 度以南、日本先岛诸岛以北的“协议适用海域”，在此区域可以自由作业，不受日本公务船干扰。[②] “渔业协定”的签订暂时缓解了双方的紧张关系。

“渔业协定”使日本公务船在钓鱼岛附近海域不能随便抓扣中国台湾地区的渔船，为台湾渔业生产提供了相关的保证。而这种保证能够为台湾与日本紧张的相互关系的改善营造一种良好的氛围。

日本政府在钓鱼岛问题上难以让步。出于日台关系发展的整体考虑，“渔业协定”的签署成为日台双方改善关系的重要契机。

需要特别强调与关注的是，即使“渔业协定”签署，中国台湾渔船仍不得进入钓鱼岛周边 12 海里进行作业。[③] 这为未来日台相互关系带来了隐患。实际上，“渔业协定”的签署并未涉及钓鱼岛的主权归属，并未能够从根本上解决日台双方在钓鱼岛问题上的争议。相反，“渔业协定”的签署可能会为台湾在钓鱼岛争端中的主动带来困难。

台湾在钓鱼岛周边 12 海里的渔权并未得到保障。长远来讲，日台未来对钓鱼岛及其附属岛屿进行油气、矿产资源开发时必然要面临更多的争议。

三　日台关系发展的趋势

日本“国有化”钓鱼岛后，日台关系虽出现短暂的紧张，但日台关系整体上并未出现突变性的变化，未来日台关系的发展将呈现出渐变的趋势，其中较为明显的是，在日台关系的政治走向与安全格局中出现渐变。这虽不

① 李理：《钓鱼岛的国有化　日本新防卫大纲之深意》，《海峡评论》2011 年第 241 期。

② 《台日签渔业协议　台方：会取缔入钓岛水域大陆渔船》，《环球时报》2013 年 4 月 11 日。

③ 《台日签渔权协定　台渔民仍不可进入钓鱼岛 12 海里》，凤凰网，http：//news. ifeng. com/mainland/special/diaoyudaozhengduan/content－3/detail_ 2013_ 04/10/24075209_ 0. shtml？_ from_ ralated。

至于造成日台关系的剧烈动荡，但可能因钓鱼岛争端的零和博弈性质而造成相互关系的逐渐变化。

1. 从“现状维持”到“分化对立”的政治走向

日台关系的“准同盟”协作因日本“国有化”钓鱼岛而受到影响，日台关系将逐渐由“现状维持”转向“分化对立”的政治走向。“现状维持”是指日台关系在20世纪90年代后期至21世纪初的“准同盟”的现状关系。而这种“现状维持”构成了日台合作的现实。日台“准同盟”合作既是日本借机遏制中国，也是“台独”势力借机谋求台湾“独立”的一种非机制性合作。日本“国有化”钓鱼岛后，日本与“台独”势力的合作问题受到牵制。“台独”势力一旦倒向日本，就可能面临“出卖台湾”的罪名。因为台湾当局对钓鱼岛主权问题的主张与“台独”势力并不一致，“台独”势力若在钓鱼岛主权问题上倾向于日本，则将使这一势力失信于并自绝于台湾人民与中华民族，成为中华民族的罪人。

“分化对立”的含义中，“分化”主要在于面临着因日本“国有化”钓鱼岛而造成的日台关系的分化。这种分化将造成日台在东海、西太平洋地区的合作分裂。“对立”主要在于日台双方虽然都存在改善双方关系的意愿，但领土问题的对立将阻碍日台关系的进一步发展。这种“分化对立”将造成包括美国、日本、韩国、中国台湾地区在内的政治合作出现变数。日本和台湾当局都因日本“国有化”钓鱼岛而面临分化的困境：因钓鱼岛争端，日台难以进行政治层面的合作。

政治合作的分化，无助于日台关系的持续发展。因而，日本在对台政策中可能很难争取到台湾当局的支持。日本“国有化”钓鱼岛意味着未来钓鱼岛争端将出现中日台两国三方的参与，即使美国进行协调，也可能难以满足日本对钓鱼岛主权争端的基本要求。

2. 由“有限合作”到“强化戒备”的安全格局

日台关系在安全层面因日本“国有化”钓鱼岛而造成双方从“有限合作”转向“强化戒备”。21世纪初，日台之间存在着关于情报交换等领域的合作，但由于日本“国有化”钓鱼岛，日台之间的安全合作面临着难以为继的局面。

日本“国有化”钓鱼岛后，中国和日本在钓鱼岛附近海域与空中都曾出现过对峙与相互驱离的情况，而台湾与日本在附近海域的对峙也标志着日台安全合作转向对立。这种“强化戒备”的局面将会持续下去。自2012年9月日本“国有化”钓鱼岛后，日台关系恶化。为此，台湾加大军备扩张与升级。2013年9月，台湾当局从美国获得P－3C型反潜巡逻机，到2015年，台湾将总共装备12架此种类型的飞机，这将使台湾反潜范围扩展到现有的10倍。[①] 而装备有P－3C型反潜巡逻机的台湾海空军可以为保钓行动提供支持。同样，日本自卫队装备有100架此种类型的飞机，这种类型的飞机不仅仅用于日常的巡逻，日本自卫队还会时常动用这些飞机进行海洋巡视，比如监控中国与台湾当局的海军情况。随着日台双方加大军备扩张，钓鱼岛的争端一旦升级，将很可能出现日台对抗加剧的趋势。

未来日台关系的安全格局将可能因日本“国有化”钓鱼岛所带来的争端升级而逐步陷入困境，从而造成日台关系的紧张，而“强化戒备”的升级也将随着争端的持续而导致日台之间在安全、政治与其他交流层面出现危机。

四　结语

日本“国有化”钓鱼岛后，日台关系在经贸、民间交流领域不会出现大的波动，但在政治与安全领域仍将面临严峻的局面。针对上述日台关系的变化，大陆应当做出以下应对。

第一，大陆应当联合台湾共同应对钓鱼岛争端，比如实现钓鱼岛周边海域的巡航的相互合作。大陆需开展更为全面与深入的对台合作。在对台合作中，大陆需要与台湾当局进行必要的协商。在双方协商的基础上，推进大陆与台湾在保钓中的合作，双方需要达成在钓鱼岛周边海域和空域的默契。具体来说，需要中央政府的外交部门、涉台部门、海洋部门、国防部门在自身通力协作的基础上，与台湾当局进行合作。

第二，大陆需要在事关钓鱼岛争端中争取台湾岛内各种政治势力的支

① 《台湾军方已购美制P－3C反潜机 下一步优先购潜艇》，人民网，http://military.people.com.cn/n/2013/1104/c1011－23425510.html，访问日期：2013年11月4日。

持，包括国民党、亲民党、民进党和台联党等政治党派与团体，如渔业团体。这需要统战部门在协调对台关系中发挥更为积极的作用，尤其是促进两岸的党际交往，同时关注台湾渔民团体等利益集团的现实需求。

第三，大陆需要继续争取台湾人民的支持与台湾媒体在钓鱼岛问题上的认可。钓鱼岛是中国固有领土的一部分，也是中华民族的土地。保卫钓鱼岛是中华民族所有成员的义务与责任，应争取更多的台湾人民与媒体支持以中华民族的名义保卫钓鱼岛。

第四，避免钓鱼岛问题成为日本借机干涉中国内政的工具。2006 年，安倍晋三第一次作为首相入主内阁时提出了中日战略互惠关系，安倍晋三第二次作为首相入主内阁后，战略互惠关系已经陷入了困境。而这种困境的出现是日本政府一手造成的。在钓鱼岛争端的演变中，存在日本借助岛争干涉中国内政的可能。一旦钓鱼岛争端成为日本借以干涉中国内政的工具，那么这将成为未来中日关系的重要症结。具体说来，这需要中国外交部门进行对日外交攻势。对此，有必要增强对日外交压力，迫使日本在外交领域做出实质性的让步。

第五，避免日本借钓鱼岛争端与美国进行联合，借钓鱼岛争端压制中国的和平发展。中美关系是决定东亚乃至亚太地区稳定的至关重要的因素。中国需要将中美关系作为积极而非消极因素加以发挥利用。目前，日本希望借钓鱼岛争端强化日美安保合作，借此遏制中国的和平发展。如果日本借助钓鱼岛争端进一步促进日美在海洋领域的协作，这将为中国的和平发展制造障碍。因此，加强中美新型大国关系的建设至关重要。

第六，做好对钓鱼岛争端的军事准备，时刻关注钓鱼岛争端及中日关系未来发展方向。中国需要关注日本的相关举措。中国政府应当在国防或者军事安全领域做出必要的努力与姿态，防止日本进一步在钓鱼岛附近地区制造事端。因此，做好对钓鱼岛争端的军事准备是必要的。具体而言，应当加强在涉及钓鱼岛战略方向的军力建设，加强中国在东海地区的海空军与战略导弹部队的建设。

The Japan-Taiwan Relation Under Abe's Ruling After the Diaoyu Islands "Nationalization"

Ba Dianjun　Dong Hongliang

Abstract　Since Abe in the Liberal Democratic Party got in power the second time, Japanese political rightist trend is more obvious, around the escalating conflict between China and Japan in the Diaoyu Islands issue, Japan has adopted the differentiation and the buying policy towards Taiwan, Japan's intent is to undermine the cross-strait relation and hopes to benefit from it on the Diaoyu Islands issue. Around the Diaoyu Islands issue, the evolution and development of the Japan-Taiwan relation brings the unpredictable variable to the Sino-Japan relation and the cross-strait relation, the Diaoyu Islands issue has become the key variable in the Japan-Taiwan relation gradually.

Keywords　Japan; Taiwan; Diaoyu Islands; Japan-Taiwan Relation

日美同盟与美国重返亚洲战略

张景全*

【内容提要】随着美国重返亚洲战略的展开以及同盟自身的演化，日美同盟出现松绑日本、调整基地、扩边扩容等具体的变化，日美同盟在美国重返亚洲战略中承担着基石功能、最重要的中介功能、最重要的平衡功能及最重要的牵引功能。在美国重返亚洲战略的牵引下，日美同盟由双重遏制中日向单一遏制中国转化；同盟视野存在突进东海及南海的趋势，严重威胁中国的海洋战略；美国亚太同盟战略由重北轻南向南北并重转化，南北对接趋势显现，中国东域战略空间进一步紧张。

【关键词】日美同盟　重返亚洲　调整　作用　影响　对策

美国重返亚洲战略正在逐渐清晰，作为美国霸权之翼的同盟亦不断推进。“就传统而言，美国的影响力是通过双边和多边同盟加以实施的。”① 2011 年，美国国务卿希拉里·克林顿（Hillary Clinton）于火奴鲁鲁发表《美国的太平洋世纪》，提出了美国六项关键性的行动路线，其中第一条便是强化双边同盟，并提出了更新同盟的三个原则，即“为了应对变动的世

* 张景全，吉林大学东北亚研究院教授，博士生导师，吉林大学日本研究所研究员，主要研究方向为东北亚地区安全、日美同盟。

① Elizabeth Sherwood-Randall, *Alliances and American National Security*, Carlisle, PA: Strategic Studies Institute , U. S. Army War College, 2006, p. iii.

界，美国将按照三个指针更新同盟。第一，我们正在努力确保同盟的核心目标获得人民的政治支持。第二，我们想使盟国更具灵活和更具适应性，以使同盟继续产出成效。第三，我们确保我们的集体防卫能力和通信基础设施在操作上和物质上能够对一系列国家和非国家行为者的挑衅起到威慑作用”。①

作为美国亚太战略的支柱，日美同盟也随之出现了调整。我们需要注意的是，日美同盟的调整基于两种逻辑，其一是同盟自身演化的逻辑；其二是美国亚太战略调整的逻辑。同盟是国际关系中的一种常态，其运行有自身的逻辑，包括同盟随着同盟参与者力量对比、同盟所处环境等诸多因素的变化而进行的调整。然而，2010 年以来，在美国重返亚洲这一战略背景下，日美同盟出现了一系列具体的调整，其功能及对中国产生的影响值得持续跟踪和关注。

一　日美同盟的调整

随着美国重返亚洲战略的展开，日美同盟出现了松绑日本、调整基地、扩边及扩容等变化。

同盟首先是一种军事组织，在面临共同的安全威胁时，同盟参与者承诺采取共同的军事行动。然而，体制上的两个问题限制了日美同盟的军事行动：一是放弃国家拥有交战权的日本宪法第九条；二是禁止日本对美国之外的所有国家进行武器出口、研发和生产的日本的武器出口三原则。两者降低了日美同盟展开合作的广度和深度，从而对日美同盟的可信性和有效性构成了威胁。然而，伴随渐次展开的美国重返亚洲战略，日本的武器出口三原则出现了松动迹象。

2011 年 12 月，作为世界第六大军费开支国的日本决定购买 42 架 F－35 战斗机。同年 12 月 27 日，日本内阁安全委员会表示同意放松武器出口禁令，以使日本参与对其他国家的武器出口、研发和生产，并为人道主义援助提供军事装备。该禁令的解除为日本与其他国家共同进行武器出口、研发和

① Hillary Rodham Clinton, “America's Pacific Century”, http://www.state.gov/secretary/rm/2011/11/176999.htm, November 10, 2011.

生产打开了大门。美国大使馆发表声明称，“关于日本（武器出口）三原则的新标准将对日本支持同盟提供新的机遇并且符合日本对国际出口控制机制（export-control regimes）的承诺”。[①] 同时，随着日美在弹道导弹防御系统上合作的加深，以及美国需要日本进一步发挥在亚太地区的军事遏制功能，为构建中的欧洲反导系统做出贡献，2011 年，美国国防部敦促日本对其武器出口三原则制定一个例外，以允许美国向欧洲出售在日本研发的导弹拦截装置。[②]

无疑，日本武器出口三原则的松动深受美国重返亚洲战略以及日本大国意愿提升、国内财政状况压力、日本军工集团利益的推动。但不管怎样，武器出口三原则出现松动，作为次级盟国的日本得以部分松绑，使它作为更为积极的一方参与到同盟行动之中，从而使日美同盟更好地服务于美国的重返亚洲战略。

随着次级盟国日本的逐渐松绑，同盟向更加灵活和有效的方向发展，冲绳驻日美军基地也继续进行调整。2012 年 2 月 8 日，美日双方就冲绳基地问题经过会谈后发表《美日关于防卫态势的联合声明》，[③]但并未就该问题达成实质性协议。同年 2 月 27 日、28 日，美日资深外交及防务官员在东京就冲绳基地的搬迁问题举行了第二轮高级别会议。4 月 26 日，日美安全磋商委员会就驻冲绳美军基地搬迁问题达成协议。目前，基地调整的一般情况如下。

基地调整原则：实现地理分布更合理、作战更灵活和政治上更可持续的部队结构。基地调整的建制及人数情况：2006 年，美日同意转移冲绳约 18000 名美国海军陆战队中的约 8000 名至关岛。截至 2012 年 4 月，美日就 9000 名美国海军陆战队士兵从冲绳岛移驻关岛、澳大利亚和夏威夷达成协议，其中 5000 名迁移至关岛。提出“绿色同盟”概念，将在基地引进再生能源技术、考虑资源因素合理使用美军设施。

---

① Chester Dawson, “Japan Lifts Decades Long Ban on Export of Weapons”, *The Wall Street Journal*, December 28, 2011.

② Chester Dawson, “Japan Lifts Decades Long Ban on Export of Weapons”, *The Wall Street Journal*, December 28, 2011.

③ “United States-Japan Joint Statement on Defense Posture”, http://www.state.gov/r/pa/prs/ps/2012/02/183542.htm, February 8, 2012.

基地设施调整情况：在冲绳（Okinawa）及施瓦布营（Camp Schwab）所在的边野古崎（Henoko-saki）地区及邻近海域建设普天间（Futenma）替代设施，归还嘉手纳（Kadena）以南的基地，此外，优先考虑福斯特军营（Camp Foster）与肯色军营（Camp Kinser）的归还。扩大在冲绳以外的重新部署及训练，德之岛（Tokunoshima）、日本本土的自卫队基地、关岛及北马里亚纳群岛（the Northern Mariana Islands）都是考虑对象。

日美同盟在武器出口三原则上逐渐松绑日本，在驻日美军基地部署向分布合理、作战灵活及可持续性方向努力的同时，近年来，日美同盟进行了显著的扩边和扩容。扩边指的是在强化双边同盟的同时推进美日韩三边同盟的构建趋势；扩容指的是在强化同盟传统军事内涵的同时，为同盟注入新的、非传统安全内容。

扩边的表现是，强化双边，谋划三边。后者呈现出美日韩、美日印及美日澳等三边互动图谱。其中，以美日韩三边互动尤为引人注目。

2010 年 7 月，日本自卫队官员首次参观了美韩军事演习。同年 12 月，韩国第一次派观察员参加了美日举行的利剑军事演习。2010 年 12 月 6 日，美日韩举行了三国外长会议。同年 12 月 9 日，美国参谋长联席会议主席、海军上将迈克·马伦（Mike Mullen）在东京与日本防卫相北泽俊美会谈，强调三国参与联合军事训练的重要性。2011 年 12 月 14～15 日，韩国外交事务与国家安全研究所（IFANS）、美国和平研究所（The United States Institute of Peace）、日本国际政策研究所（The Institute for International Policy Studies）在美国举行第 6 届东北亚三边对话（Trilateral Dialogue in Northeast Asia）。2012 年 1 月 17 日，美日韩在华盛顿举行三边对话，三方就包括近期缅甸的发展、多边合作及朝鲜半岛情况等地区及全球问题的相互利益交换了意见。克林顿国务卿表示，“这些讨论反映了美日韩之间紧密的合作，以及我们在亚太及全球的共同观念与利益”。根据三方议程，2012 年底将举行三边会议的部长级对话。[①] 2012 年 6 月，美日韩在香格里拉安全会议期间发表联合声明，就朝鲜问题及地区安全问题交换意见，表达“三边合作对地区和平与稳定的重要性”，三国“还决定在未来香格里拉对话期间举行国防部

① “U. S. -Japan-Republic of Korea Trilateral Meeting in Washington”, http://www. state. gov/r/pa/prs/ps/2012/01/180995. htm, January 17, 2012.

长三边会谈”。[①]

近年来，美国在亚太地区谋求依靠双边同盟拉动三边互动的意图日益显现，其中，日美同盟扮演着轴心角色。2011 年 7 月，美日澳举行三边海上联合军演。同年 12 月，首次美日印三边会议在华盛顿举行。2012 年 6 月，美日韩举行第一次三边军事演习。可见，以日美同盟为轴心，美日澳、美日印、美日韩渐次展开三边互动。

日美同盟在呈现扩边趋势的同时打造 TPP，拓展人道主义领域协调，启动网络安全合作，日美同盟积极扩容。一直以来，日美同盟以其鲜明的军事色彩诞生并成长在东北亚区域，以其强烈的军事辐射力向亚太甚至全球拓展。然而，2010～2012 年，同盟在强化军事色彩的同时开始积极拓展同盟内涵。

2011 年 11 月 11 日，野田佳彦宣布日本加入“跨太平洋伙伴关系”（TPP）谈判。日美的 GDP 占参加 TPP 谈判各国 GDP 的 90% 以上，美日同盟的重要性以及美日同盟的经济内涵均得以彰显。以东日本大地震及美国重返亚洲战略为契机，日美积极展开人道主义领域合作，并以“人道主义”为名积极干涉他国事务。随着网络安全的重要性日渐凸显，日美同盟开始涉足网络安全领域的合作。近年来，美日不断渲染来自网络的威胁，并且把网络安全的威胁来源指向中国，开始有意打造美日同盟的网络安全合作。2011 年 7 月，美国制定了网络战略，并提出加强与盟国的政策协商。美国总统奥巴马宣布，10 月为美国国家网络安全意识月。同年 9 月 16 日，美日两国政府举行了首次加强网络攻击对策的外交和防卫当局政策协商会议。

二　日美同盟在美国重返亚洲战略中的作用

日美同盟的调整既是同盟自身演化的结果，也是美国重返亚洲战略调整的结果，鉴于当下美国重返亚洲战略甚嚣尘上，日美同盟在其中所起的作用值得深入探讨。

其一，日美同盟在美国重返亚洲战略中将继续发挥基石功能。美日是世

① “Joint Statement of the U. S. -Republic of Korea and Japan Meeting at Shangri-La”, http: //www. defense. gov/releases/release. aspx? releaseid = 15336, June 2, 2012.

界第一大和第三大经济体，经济合力可观；日美同盟运行60余载，双方投入了巨额人力、物力和财力，军事联合时间长，程度深，军事合力可圈可点；日美同盟视野从地区向全球拓展，利益契合区域依然很大。对美国而言，日美同盟是仅次于北约的最为重要和最为成熟的同盟，日美同盟与北约共同形成了制约欧亚大陆的双柄。因此，日美同盟在美国重返亚洲战略中将继续扮演基石功能。正如美国副国务卿威廉·伯恩斯（William J. Burns）所说，“毫无疑问，我们与日本的条约联盟是我们战略转向亚太地区的支点。我们联盟力量的一个表现，是它迎接新的和正在出现的挑战的巨大适应力”。①

其二，日美同盟在美国重返亚洲战略中发挥着最重要的中介功能。日美同盟的中介功能体现在投送、防卫等方面。投送指的是美国以驻日美军基地为中继，向亚太各个地区投送军力。防卫指的是美国以驻日美军基地为中转，向日本及其他盟友提供保护。简·冯·托尔（Jan van Tol）等人在所谓的“空海一体战”（Air Sea Battle）中高度重视日本所具有的战略纵深及防御能力，“为了保持美国力量投送行动在西太平洋战区，尤其是在东北亚次区域的生存能力，美国将需要日本一定程度的积极支持。日本在其北部和东部地区拥有战略纵深，例如，琉球岛链（the Ryukyus island chain）的地理位置将被证明极有益于反潜作战行动”。没有盟友日本的支持，“空海一体战观念的执行能力将更加困难”，“成功防御台湾或韩国将成为问题”。②

其三，日美同盟在美国重返亚洲战略中发挥着最重要的平衡功能。一个基本的事实是，亚太区域的力量结构对比正在发生巨大的变化，新兴国家方兴未艾，传统强国乏善可陈。一个基本的挑战是，力量的转移带来深刻的冲击，在一定程度上，美国重返亚洲战略即是这种冲击的一个结果。面对挑战，美国需要同盟合力。日美同盟凭借其经济、军事合力成为美国平衡亚太新兴国家力量的最重要的同盟。2012年美国公布的国防战略指针宣布，“美国军队将继续对全球安全做出贡献，我们对亚太地区的再平衡（rebalance）

---

① William J. Burns, “Remarks at the University of Tokyo”, http://www.state.gov/s/d/2011/176266.htm, October 27, 2011.

② Jan van Tol, “Air Sea Battle: A Point-of-Departure Operational Concept”, Washington, DC: Center for Strategic and Budgetary Assessments, 2010, p.14.

是必要的。我们与亚洲盟友和核心伙伴的关系对未来地区的稳定与发展是至关重要的。我们将继续重视我们的现有同盟，这些同盟为亚太地区的安全提供了根基”。①

其四，日美同盟在美国重返亚洲战略中发挥着最重要的牵引和辐射功能。美国在亚太缔造了美日、美韩、美澳、美泰、美菲5个双边同盟，美国在日本的基地最多、驻军最多、获得的财政支持最多，日美同盟成为5个双边同盟体系中最为核心的同盟，牵一盟而动整体，美国通过日美同盟发挥着无可替代的牵引和辐射功能。

目前，美国正在积极推动日本发挥辐射功能，谋求“同盟 + X”模式。在亚太缺失如北约一样的多边同盟体系的情况下，美国力图运行“同盟 + X”模式，实现同盟体系的结构拓展以及同盟的力量倍增。2011年7月15日，美国参谋长联席会议主席迈克·穆勒（Mike Mullen）在访问日本时表示，作为强化美日同盟的一个部分，日本与美国必须拓展在地区的多边关系。“没有一个国家可以单独解决今天的所有挑战”，“通过多元的倡议与合作会在多样的富含智慧的馈赠中寻找到更大的力量”。他认为，最近日本在促进与韩国、澳大利亚的双边关系上的努力是一个很好的例子，日本与韩国及其他国家通过双边关系可以拓展出更多的常规与防御能力。“美国在太平洋有持久的利益，我们计划扩展并深化我们持久的安全承诺。”“但正因如此，我们也希望看到其他国家拓展和深化与它们邻国的合作。”②

三　对中国的影响及对策

随着美国重返亚洲战略的展开，以及同盟自身的演化，日美同盟出现松绑日本、调整基地、扩边及扩容等具体的变化，日美同盟在美国重返亚洲战略中承担着基石功能、最重要的中介功能、最重要的平衡功能、最重要的牵引功能，这给中国的战略环境带来了巨大的影响。

① “Sustaining U. S. Global Leadership: Priorities for 21st Century Defense”, http://www. defense. gov/news/Defense_ Strategic_ Guidance. pdf, January 5, 2012.

② Lisa Daniel Mullen, “U. S. -Japan Alliance Serves as Model for Others”, http://www. defense. gov/news/newsarticle. aspx? id = 64691, July 15, 2011.

其一，在美国重返亚洲战略的牵引下，日美同盟由双重遏制中日向单一遏制中国转化。美国长期的战略是遏制欧亚大陆出现挑战美国地位的力量，其重要的遏制工具便是同盟。在亚太地区，日美同盟一直是美国该地区战略的基石，在重返战略中发挥着核心的遏制功能。一般而言，传统上认为日美同盟存在着遏制中国与遏制日本的双重功能。但随着中、美、日力量的此消彼长，随着地区及全球力量结构的深刻转变，尤其是考虑到日本武器出口三原则的松动，美国更加积极地鼓励日本发挥作用。这些现实正在反映着此种趋势：日美同盟的双重遏制功能向单一遏制功能转化，由同时遏制中日向单独遏制中国转化。

其二，在美国重返亚洲战略的背景下，日美同盟的同盟视野存在突进东海及南海的趋势，严重威胁中国的海洋战略。同盟视野是指同盟所要追求的以军事、安全为主的关切范围，它是同盟的实质内涵和逻辑支撑之一，同盟视野重合程度及其变动，直接影响着同盟的运行与存续。继日美同盟将同盟视野向台海转移后，如今存在日美将同盟视野西移南动趋势。“最近东亚事态的发展对美日同盟构成挑战。航行自由已经成为继从黄海到南中国海领土争端之后该地区核心的地缘政治议题。”日本使馆官员武熊秋叶（Takeo Akiba）表示，“中国已经成为经济巨人并仍在迅速成长，现在，当我们观察南中国海和东中国海时，中国在海洋正变得更加积极与自信。因此，对日本和美国而言，应对中国崛起是美日同盟工作的一部分”。①

目前，在美国同盟政策的牵引下，尾随美国“重返”的脚步，日美同盟在发挥“同盟 + X”模式的横向拓展功能的同时，正在发挥纵向拓展功能，向南突进。其表现是，日本正在加深与东南亚的接触。日本防卫省在防卫政策局内增设“能力构建支援室”，负责向东南亚国家提供军事技术援助。在 2011 年 7 月举行的美日澳三国联合军事演习中，日本海军第一次出现在南海文莱海域。9 月 27 日，日本野田佳彦首相和菲律宾总统会谈，随后发表一项包含在南海问题上加强合作的联合声明。10 月 24 日，野田又在

① The Brookings Institution, “The U. S. -Japan Alliance and Evolving Challenges in East Asia: Freedom of Navigation and North Korea”, http://www.brookings.edu/events/2010/1215_us_japan.aspx, December 15, 2010.

官邸会见越南国防部长。2012 年 4 月，日本与湄公河流域五国通过了《日本—湄公河流域合作东京战略 2012》。6 月，日本自卫队首次参加美菲“肩并肩”军演。同月，日本外相与到访的菲律宾外相就两国在海上安全保障领域展开合作达成共识。

其三，随着美国重返亚洲战略及日美同盟的持续变化，美国在亚太的同盟战略由重北轻南向南北并重转化，南北对接趋势显现，中国东域战略空间进一步紧张。冷战结束以来，亚太北部的日美同盟以及韩美同盟不断强化，与之相比，亚太南部的美澳、美菲、美泰同盟则略显逊色，美国亚太同盟战略存在倚重北盟的态势。然而，随着美国重返亚洲战略的展开，美澳、美菲、美泰同盟得以逐步强化，加之驻冲绳美军部分迁往关岛、澳大利亚、夏威夷等地，日美同盟视野西移南动，美国亚太同盟战略逐渐呈现出南北并重、南北对接的趋势。从东北亚到东南亚，中国的东部区域战略空间被逐渐对接的同盟体系所压制。

鉴于美国重返亚洲战略之下日美同盟的具体调整、功能变化及对中国产生的巨大影响，我国应从如下几个方面进行思考。

其一，日美同盟跟随美国重返亚洲战略作出调整，日本会借机修改宪法，因此要高度关注日本宪法的走势。这是基于如下判断，即同盟基地的调整与次级盟国日本武器出口三原则的松动之间存在联动趋势，从而对日本宪法的松动构成影响。

肯尼斯·博尔丁（Kenneth Boulding）根据“力量损失变化曲线”（Loss of Strength Gradient）提出，在军事行动中，距离本土进行打击的目标越远，打击国的军事力量就会越小。但是，损失力量可以通过使用前沿部署得以改善。[①] 在盟友领土内设置的军事基地为持续的补给提供了可能，从而使保持投送能力及打击力度成为可能。因而，同盟政策是克服“力量损失变化曲线”的最好办法。大作坂口（Daisaku Sakaguchi）认为，尽管技术在进步，但即使是美国也不能完全克服距离这一障碍。如图 1 所示，美国的军事力量会随着距离其本土的距离延伸而降低，但是，如果在冲绳建立驻日美军基地则可以把美国的军事力量从 O 提升到 O′。如果从冲绳后撤部分驻日美军至

① Kenneth E. Boulding, *Conflict and Defense: A General Theory*, New York: Harper and Brothers, 1962, p. 262.

关岛，就需要通过诸如增加关岛军力或提高军事技术将美国的军事力量从 G 提升到 G′，这样才能保持在冲绳驻军的同等打击力量。[1]

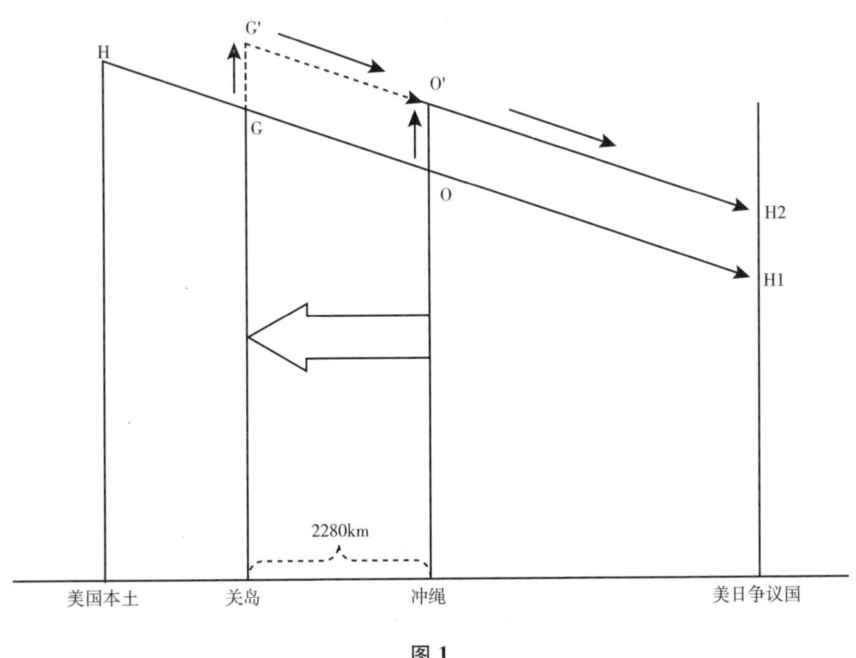

图 1

但现实是，驻日美军正在进行调整。2012 年，美国国防部公布的国防战略指针《维持美国全球领导地位：21 世纪美国国防的优先任务》提出，美国在面临“反介入”情况下继续保持力量投送能力。[2] 这就意味着，为了适应美国的战略调整，在调整基地的情况下继续发挥同盟的打击力量，一方面，日美同盟会提升日本的军事力量和军事科技；另一方面，日本会因担心随着驻日美军数量的减少其安全受到威胁而主动提升军力。日美同盟框架的驱动和日本主动的诉求都将提升日本的军事力量和科技力量，会导致日本出口武器三原则进一步松动，最终动摇日本宪法第九条。

---

① Daisaku Sakaguchi, “Distance and Military Operations: Theoretical Background toward Strengthening the Defense of Offshore Islands”, *NIDS Journal of Defense and Security*, No. 12, December 2011, p. 97.

② Daisaku Sakaguchi, “Distance and Military Operations: Theoretical Background toward Strengthening the Defense of Offshore Islands”, p. 97.

日本宪法是美国在二战后“授予”日本的，日本宪法第九条得以存在的条件是：一个具有有限军力的日本，一个宣布保护日本的美国，一份只与美国进行军事技术及军事工业合作的武器出口禁令，其中，后者往往是容易被忽略的实质性要件。军事技术及军事工业决定了一个国家的军力，一个具有很强军事技术能力与广泛军事工业合作伙伴的国家是否愿意继续放弃国家交战权，值得商榷；一个坚决展开军事调整，在同盟国及本国内同步进行军力削减的国家，是否能够维持保护承诺，在盟友看来同样值得商榷。因此，对日美同盟而言，武器出口禁令是约束日本军力发展的安全阀，更是从法制、军事及技术层面维护日本宪法第九条的安全阀。如今我们看到，随着驻日美军调整路线图的展开，日本武器出口随即动摇，维持日本宪法第九条存在的安全阀正在被拔除。

其二，以利益多元化应对威胁多元化，寻找利益契合，为重新排列组合中美日三边关系做出积极努力。

一方面，寻找并建立中国与日美同盟的利益契合点。无论在美国重返亚洲战略中对日美同盟与中国的关系做何种修辞处理，不可否认，日美同盟一直视中国为同盟针对对象。然而，随着威胁来源的多元化，同盟作为应对威胁的工具，其功能也在多元化。从应对传统威胁到应对非传统威胁，从应对主权国家及其集团到应对灾害、恐怖主义等，同盟功能的图谱也在日益丰富，日美同盟在美国重返亚洲战略之下的扩容充分说明了这一点。因此，随着美国重返亚洲战略的推进，我国应因势利导，积极参与到应对多元威胁的努力之中，在此过程中寻找和调试多元的共同利益，以多元的利益应对多元的威胁，发散和释放日美同盟的对抗性功能。

另一方面，我们还应看到，随着美国更深入地介入地区事务，不仅中美的利益契合与冲突会更加显现，同盟参与双方日本和美国的利益契合与冲突也会更加显现。中美日三边关系会因出于多元的利益、面对多元的威胁，出现新的利益契合与冲突的排列和组合。

其三，积极利用美国的重返亚洲战略，在重返中消散和弱化日美同盟。对美国重返亚洲战略及日美同盟的调整，应采取由消极应对到积极利用的策略，以稳定发展与自信发展应对之。

面对日益拥挤的太平洋，面对日益喧嚣的亚太，中国不仅应稳定发展，更要自信发展，这是基于对美国重返亚洲战略背景下日美同盟走势终将会相对弱化的判断。

早在2010年，迈克尔·阿瑟林（Michael Auslin）便提出，“如同日本一样，美国的海军和空军都面临着将来更加紧张的预算和更加多的需求。尽管美国仍将是在东亚最强大的力量，但美国在未来的岁月会更加依赖它的盟友，来承担和分享更大的防御负担”。[①] 美国依靠在亚太的美日、美韩、美澳、美菲、美泰等同盟高调回归，以重返之名，行围堵之实；借军事之尸，还经济之魂；呈进攻之形，现防守之势。随着时间的推移，我们既将看到一个霸权国家美国“回归”为普通国家，也将看到一个战败国家日本“回归”为普通国家。

无论美日对日美同盟在重返亚洲战略中的功能做何种强调，一系列不争的事实正在侵蚀该同盟的功能：同盟是美国重返亚洲战略的六项路径之一，日本的经济地位被中国替代，日本频繁内政变化，日韩互动增强，美澳同盟、美菲同盟、美泰同盟强化，地区经济一体化不断推进，美日与亚洲经济一体化程度加深。这些事实将缓慢但坚定地消弭日美同盟所扮演的传统功能，日美同盟将逐渐出现相对弱化的趋势。

（该文发表于《国际问题研究》2012年第5期）

Japan-U. S. Alliance and American Return to Asia Strategy

Zhang Jingquan

Abstract Japan-U. S. Alliance is changing from aspects of loosening of Japan, adjustment of bases, expanding laterals and expanding contents with the unfolding of American return to Asia strategy and the evolution of alliance itself. Japan-U. S. Alliance not only plays the function of cornerstone, but also the function of vital media, balance and traction. Under the leading of American return to Asia strategy, the function of Japan-U. S. Alliance is changing from dual

① Michael Auslin, "Japan's Posture Against Chinese Posturing", http: //www. aei. org/article/102932, December 22, 2010.

containment China and Japan to single containment China. Japan-U. S. Alliance view is demonstrating a trend of entering into East and South Sea, and it is threatening China's sea strategy. Mean while, American strategy on Asia-Pacific alliance is changing from emphasizing on the North and omitting the South to equalizing both the North and South, the trend of joint between the North and South is appearing, and it is leading more crisis in China's east strategy space.

Keywords Japan-U. S. Alliance; Return to Asia; Adjustment; Function; Impact; Response Policy

安倍政权的日澳“准同盟”关系走向

高科　陈祖丰*

【内容提要】日本和澳大利亚都是亚太地区的重要国家，也是美国在这一地区的重要盟友，日澳关系的发展对于亚太地区的安全环境具有重要意义。日澳之间的双边关系经历了由间接盟友到敌人再到“准同盟”的发展历程。这一“准同盟”关系有着基于多边框架、功能上共同应对非传统安全、广泛的认同等特点。随着美国“重返亚太”战略的提出，以及亚太安全形势的变化和安倍晋三本人的大国抱负等因素，日澳之间的“准同盟”关系发生了一定程度的新变化，出现了在功能上深化和在空间上扩大化的发展趋势。即便如此，受到中国、美国等多方面因素的制约，日本和澳大利亚之间是否会形成真正意义上的军事同盟目前来看仍然是未知数。

【关键词】日本　澳大利亚　准同盟　安全关系　外交政策　深化合作

一　安倍主义与日澳关系

（一）安倍政权的外交关系构想

安倍晋三出生于一个政治世家，其外祖父岸信介曾于 1957 年 2 月 25 日

* 高科，吉林大学东北亚研究院国际政治研究所教授，吉林大学日本研究所研究员，主要研究方向为日本政治；陈祖丰，吉林大学东北亚研究院国际政治所国际政治专业研究生。

至1960年7月16日担任日本首相，其父安倍晋太郎曾于1982年11月27日至1986年7月22日担任日本外务大臣，可以说安倍晋三在政治观点上受到二人的影响，尤其是外祖父岸信介的影响颇深，他本人也丝毫不避讳这一点，承认“我的政治DNA更多地继承了岸信介的遗传”。[①]

岸信介是二战的甲级战犯之一，也是日本保守势力的一分子。在组阁之初，岸信介就“把战后日本保守政治体制的总设计师吉田茂提出的日美联盟路线看作日本谋求发展的唯一途径，主张在此框架下解决日美对等化等外交课题”。[②] 而同样的政治思想为安倍晋三所继承。在安倍担任首相一职之前，自民党前副总裁山崎拓就对安倍做了这样的评语：“重视压力的安倍认为，没有军事力量作为背景，压力就很难生效……安倍有可能通过修改宪法来实现可以行使的军事力量。”[③] 后来事实果真沿着山崎拓所言的方向发展。在2007年1月26日的施政演说中，安倍阐述了其施政目标，即“要使日本成为21世纪国际社会中新模范国家”，“为此，不能停留在战后废墟上开始的、先辈们所构筑的、辉煌的战后日本成功模式上”，并明确指出“由宪法所配的行政体系、教育、经济、雇佣、国家与地方的关系及外交·安全保障等的诸多基本框架，已经明显跟不上21世纪时代的大变化”。“为世界和平与稳定做更大贡献，我认为有必要再次构筑与时代相符的、为安全保障的法律基础。”[④] 而在外交方面，外相麻生太郎则进一步阐释其外交方针是在日美同盟、国际协调及重视亚洲邻国这三根支柱以外打造第四根支柱，即打造“自由与繁荣之弧（自由与繁荣的彩虹）”，所谓“自由与繁荣之弧”，按照麻生自己的话说，指的是“位于欧亚大陆外圈形成弧形的地带，分布着沿自由、民主主义的道路前进的国家，或现在将要起步走这样道路的诸多国家”。在这个范围内，日本要“以民主主义、基本人权、市场经济以及法律的支配这些普遍的价值作为基础，希望把这儿建成富裕、稳定的地区”，在实施上“要与具有共同价值观和志向的美国、澳大利亚、印度、英法德等

---

① 《从岸信介到安倍晋三一脉相承》，新华网，http：//news. xinhuanet. com/world/2013 - 02/28/c_ 124396949_ 2. htm。

② 翟新：《战后日本政经分离对华政策——以岸信介内阁为例》，《史学集刊》2008年第2期。

③ 《安倍是典型的民族主义者——专访资深议员、自民党前副总裁山崎拓》，《中国新闻周刊》2006年9月25日。

④ 《在第166次国会上安倍内阁总理大臣的施政演说》，http：//www. cn. emb-japan. go. jp/fpolicy/seisaku070126 - 2. htm。

欧洲各国、联合国及国际各机构携手推进这项事业”。[①]

然而，在就职一年后，安倍由于健康问题不得已辞去了内阁总理大臣职务，而自民党也在之后失去了执政党的地位，日本迎来了民主党执政的时代。由于缺乏执政经验、应对“3·11”大地震不力等多方面因素，民主党并没有保住自己执政党的宝座，于2012年12月众议院选举中失去了执政权，自民党再次成为执政党，安倍晋三本人也再次当选首相。而这一次，安倍并没有大张旗鼓地宣传其外交理念，而是悄悄于2012年12月27日在捷克的《世界报业辛迪加》上刊发了题为《亚洲民主安全之钻》的署名文章，指出他期望“澳大利亚、印度、日本以及美国的夏威夷形成一个钻石形，来保障从印度洋到西太平洋区域的公海”。[②] 2013年2月22日，安倍在美国的战略与国际研究中心（CSIS）发表演讲，阐述了自己的三项任务，包括日本要成为印太地区的规则制定者，日本要成为全球公共领域的捍卫者，日本要与美国、韩国、澳大利亚等区域内的民主国家更紧密地合作，并宣称日本“永不会成为二流国家”。在演讲最后安倍高调宣称，“日本回来了”。[③]

由此可见，安倍2007年和2013年的外交思想是一脉相传的，兼具有区域大国思想、价值观外交两方面的内容。

1. 大国意识

关于国家定位，一直是战后日本人争论不休的问题，而在层出不穷的思想中，小泽一郎曾经提出过的“普通国家论”在日本政坛的影响颇深。所谓“普通国家”，指的是日本要修改宪法和防务策略，做与国力相称的“国际贡献”，能像世界其他国家一样不受国内法律和国内外舆论干扰，独自行使自己的政治安全政策。一言以蔽之，就是要改变“不能对外发挥军事作用”的现状。[④] 具体到每位首相，实现这一目标的手段都不一样。如前所述，安倍在他的演说中毫不避讳这一点，无论是2007年提出的“要使日本

① 《在第166届国会上麻生外相的外交演讲》，http://www.cn.emb-japan.go.jp/fpolicy/seisaku070126－1.htm。

② Shinzo Abe, “Asia's Democratic Security Diamond”, http://www.project-syndicate.org/commentary/a-strategic-alliance-for-japan-and-india-by-shinzo-abe, 2012－12－27。

③ Japan is Back By Shinzo Abe, Prime Minister of Japan 22, February, 2013 at CSIS, http://www.mofa.go.jp/announce/pm/abe/us_20130222en.html.

④ 金熙德：《“普通国家化”：日本政治与外交行为方式演变趋势的全面审视》，《东疆学刊》2006年第1期。

成为21世纪国际社会中新模范国家”、2012年提出的“要恢复‘拥有骄傲的日本’”，还是在各种场合中不断提及的“为世界贡献更大的力量”，无不透露着其普通国家乃至政治大国的抱负，因此，修改日本和平宪法就成了安倍最重要的政治目标。

2. 价值观外交

价值观外交是安倍内阁外交的核心内容，在其第二任期内体现得尤为明显。所谓“价值观”，指的是“民主、自由、人权、法治和市场经济”。2013年1月安倍访问东南亚三国期间，提出了其外交的五项原则。第一，日本要与东盟国家共同创造并扩大自由、民主、基本人权等普遍价值观。第二，由法律而非力量支配的自由、开放的海洋是公共财产，日本愿与东盟国家全力维护海洋权益和航行自由。欢迎美国重视亚洲的政策。第三，积极推进日本与东盟国家的经贸合作，促进投资，推动日本经济复苏，并与东盟各国共同繁荣。第四，与东盟各国共同发展并维护亚洲多样的文化和传统。第五，进一步促进日本与东盟各国年轻人之间的交流。[①] 在对缅甸方面，2013年1月，麻生太郎重启了500亿日元的日元贷款。此次，包括无偿资金援助在内，将增加400亿~500亿日元贷款。这也是日本时隔26年首次向缅甸提供日元贷款。3月，日本政府向缅甸赠款2.15亿美元，主要用于缅甸部分少数民族地区的基础设施建设、社会公益事业和人道主义援助项目，同时向缅甸提供日本政府开发援助贷款5.37亿美元，主要用于仰光迪洛瓦经济特区开发和电力发展项目。5月24日，安倍对缅甸进行了访问，表示将向缅甸提供规模达910亿日元的政府开发援助并免除其约2000亿日元的对日债务。支持缅甸经济建设的背后，是“支持缅甸的民主化进程，进而推行共同的价值观来争取缅甸，对抗中国”。[②] 甚至在面对与韩国的岛屿争端时，安倍也坚持价值观至上的原则，称“韩国是重要邻国，拥有自由和民主主义等共同的普遍价值观。愿（与韩国总统）直接会面交流”。[③]

---

① 《安倍发外交五原则结束东盟行 被指突出军事色彩》，环球网，http://world.huanqiu.com/exclusive/2013-01/3535627.html，2013-1-9。

② 《安倍晋三访问缅甸加强日缅关系 欲形成“对华包围圈”》，海疆在线，http://www.haijiangzx.com/2013/world_0526/97074.html，2013-5-26。

③ 《安倍称愿与朴槿惠举行首脑会谈 直接会面交流》，中国新闻网，http://www.chinadaily.com.cn/hqgj/jryw/2013-06-27/content_9430988.html，2013-6-27。

（二）日澳关系历史回顾：从二战时的敌对到“建设性伙伴”

澳大利亚和日本“准同盟”关系的达成并非一帆风顺，而是在二战之后发生了根本性变化，不仅由敌人变成了“朋友”，还进而变成了“伙伴”。有学者概括这一过程是双方“由敌对转向和平共处，由和平共处发展到友好合作，再由友好合作关系上升到建设性伙伴关系”。[①]

日本与澳大利亚在第二次世界大战中处于敌对状态，由于地理位置的重要性，两国互把对方视为具有重要战略意义的地区。澳大利亚在参战之时曾认为自己的存在有着三层意义，其中包括“能够协助把日军赶出太平洋占领地区”。随着战事的发展，澳大利亚和新西兰于 1944 年缔结《澳新协定》，旨在“为了使澳大利亚获得免遭日本侵占的永久安全”。[②] 1945 年 8 月 14 日，时任美国总统杜鲁门发出《一般命令第 1 号》，指出“婆罗州、英属新几内亚等地的日本军队应向澳大利亚陆军最高司令官投降”。[③] 1945 年 12 月，作为执行《波茨坦公告》决策机构的“远东委员会”设立，澳大利亚作为其 11 个成员国中的一员，名义上对日本进行了占领。

战后初期，美国对日本进行了民主化改造。在此期间，澳大利亚对日本采取的是强硬的外交政策，提出了包括严惩战犯、解除日本武装等多方面的制裁措施。但随着冷战的开始，美国实行了对以苏联为首的共产主义阵营的遏制战略，日本成为自由民主国家的“桥头堡”。美国为了防止日本倒向苏联，改变了对日政策，开始实行以“道奇路线”为代表的经济支援，意味着美国对日进行了单方面的媾和。美国政策的转变引发了澳大利亚方面的不满，澳大利亚称其为“被肢解的媾和政策”（piece-meal peace policy），认为“日本的复兴并没有不会再行侵略的安全保障”，但是“被肢解的媾和政策”的实施也为同样属于自由民主国家的日澳关系带来了改善的契机。1951 年 9 月 8 日《对日和约》（又称《旧金山和约》）的签订，最终使得日本与澳大利亚之间的敌对关系结束，双方实现了“软和平”。同年 9 月 1 日签订的《澳新美安全条约》与 9 月 8 日签订的《美日安全保障条约》，使得日本和澳

① 汪诗明：《论日澳“建设性伙伴关系”的形成》，《日本学刊》2007 年第 2 期。

② 〔澳〕曼宁·克拉克：《澳大利亚简史》，广东人民出版社，1973，第 409 页。

③ 〔日〕信夫清三郎：《日本外交史》，商务印书馆，1980，第 708 页。

大利亚都正式成为“美国精心构筑的遏制共产主义战略的重要盟友”。

在日澳关系发展历程中，有三份文件的签署最具代表性，起到了标志性作用。

第一份文件是1957年7月6日签署的《日澳商业协定》，这份文件是战后日澳两国签订的第一份双边文件。在此之前，在双方的经贸关系中，“澳大利亚仍坚持像《凡尔赛和约》对待德国一样，只接受片面优惠制度”。[①]可见，当时的澳大利亚仍视日本为一个需要承担战争责任的战败国，双方的政治关系也由于历史上的敌对而进展有限。但日本经济在战后的快速发展、日澳经济结构长期存在的互补性使得双方意识到经贸合作的重要性。《日澳商业协定》中规定了“日本给予澳大利亚的出口商品与其他国家同等的关税待遇，在进口许可证发放和外汇管制方面不再对澳采取歧视政策”，这意味着双方关系在经贸领域首先取得了共识，为日后“建设性伙伴关系”与“准同盟”关系的形成奠定了基础。

随着“日澳政策”的废除与双方交流的深入，日澳关系的发展进入了新阶段。1976年日澳双方签署《友好合作基本条约》是其显著标志。条约规定了日澳两国之间永久和平与友好的原则，确立了双方促进两国间以及两国国民间的了解，发展在互相关心的基础上来扩大和加强两国的合作关系。具体包括：在互利互信的基础上加强和发展经济、贸易以及通商领域的合作；加强包括能源在内的矿物贸易和开发方面的合作；互相给予对方国民在入境、逗留、居住旅行、离境以及进行职业活动方面公平而同等的待遇，其待遇不得在对方国民和第三国国民间有所歧视等。该条约的签订“为两国在80年代环太平洋合作的紧密协作奠定了基础”。[②]

20世纪90年代，苏联解体，冷战结束，国际环境发生了翻天覆地的变化，日澳关系也迎来了新的内涵。1995年日澳《联合声明》的签署是其标志性事件。该声明有着如下规定：“作为亚太地区的伙伴国，两国政府决心同这一地区的其他国家一道，促进地区繁荣，缓和紧张局势，推动政治合作。无论是单独还是以伙伴协作的方式，两国都将在实现这些目标的过程中发挥重要作用。日本政府对澳大利亚在本地区创造未来的决定表示欢迎，并

① 宋成有、李寒梅：《战后日本外交史（1945～1994）》，世界知识出版社，1995，第484页。
② 汪诗明：《20世纪澳大利亚外交史》，北京大学出版社，2003，第181页。

且重申澳大利亚是地区事务中一个不可缺少的伙伴。”[①] 这一宣言的签署标志着日澳“建设性伙伴关系”的形成。在此之后，1996 年 2 月，日澳举行首次“政治与军事对话”会议，并将其定为年度磋商机制；1997 年 4 月，日本和澳大利亚建立了年度总理会晤机制，从此，两国的合作沿着全面深化的道路高速前行。

（三）日澳“准同盟”关系的形成

美国东部时间 2001 年 9 月 11 日，两架被劫持的民航客机冲撞了位于美国纽约的世界贸易中心双塔，造成约 3000 人（绝大多数是平民）死亡，这就是举世震惊的“9・11”事件。“9・11”事件的发生，使世界蒙上了一层恐怖主义的阴云。在当日，基于《太平洋安全保障条约》（ANZUS），澳大利亚宣布军队进入待命状态，随时准备投入战争，而日本也在同年 10 月通过了《反恐特别措施法》，为日本向海外派兵提供了法律依据。2002 年 5 月，时任日本首相小泉纯一郎与澳大利亚总理霍华德签署了《澳大利亚与日本的建设性伙伴关系》联合声明，声明指出：双方首脑认识到了反恐战争对国际团结的重要性并承认互相对此做出的贡献，同时双方首脑重申了他们支持阿富汗战争的承诺；霍华德总理重申将对日本申请联合国安理会常任理事国席位做出强大的支持；澳方承认日本在东帝汶地区对联合国维和部队做出的贡献等。[②]

2002 年 10 月 12 日，印度尼西亚巴厘岛发生恐怖袭击事件，造成超过 200 名受害者遇难，其中包括 90 名澳大利亚公民与 20 名日本公民。共同威胁使得日澳走得更近。2003 年 7 月霍华德访日期间，双方发表了《日澳国际反恐联合声明》，声明指出，“基于‘日澳建设性伙伴关系’的精神，双方要在应对恐怖主义威胁方面深化协商、合作、协调”，具体体现于行动计划中，主要包括加强情报交换、出入境管理、交通安全、反恐融资、网络安全与关键性基础设施保护、生化及放射性物质安全等多方面的合作。[③] 小泉纯一郎首相在

① 保罗・基廷：《牵手亚太——我的总理生涯》，转引自汪诗明《论日澳“建设性伙伴关系”的形成》，世界知识出版社，2002，第 65 页。

② “Joint Press Statement by Prime Minister John Howard and Prime Minister Junichiro Koizumi”, http://www.mofa.go.jp/region/asia-paci/pmv0204/joint.html.

③ “Australia-Japan Joint Statement on Cooperation to Combat International Terrorism”, http://www.mofa.go.jp/region/asia-paci/australia/pmv0307/terrorism.html.

2003 年 10 月 10 日给霍华德总理的信件中指出，“日本视反恐战争为自身的安全问题，并会继续联合国际社会为此做出积极的贡献”。[①]

2006 年适逢日澳《友好合作基本条约》签署30周年，在这一年的3月18日，日本外相麻生太郎和澳大利亚外长亚历山大·唐纳发布了《建设全面战略合作伙伴关系联合声明》，指出双方在维护国际和区域安全（包括东帝汶、阿富汗和伊朗），以及共同反恐、共同应对2004 年海啸、共同应对禽流感的合作方面取得了“令人骄傲的成就”，并认为这种关系应该予以发展。[②]

2007 年 3 月 13 日，日本首相安倍晋三与澳大利亚总理霍华德发布了《日澳安全合作联合声明》，这份文件紧跟 2006 年《建设全面战略合作伙伴关系联合声明》的精神，认为双方共同分享了安全利益、相互尊重与信任，以及深厚的友谊，并基于此继续发展战略伙伴关系，不仅强调双方要继续维护各自在亚太地区的利益，还要继续应对恐怖主义的威胁。值得一提的是，该份声明还指出双方应该通力协作，努力以和平的方式解决朝鲜半岛问题，包括核武器的发展、弹道导弹的使用以及包括绑架事件在内的人权问题。该声明还指出了几项实践措施，包括制订具体的行动计划，举行年度外长与防长定期会晤机制（2 +2 机制）。[③] 这份文件的签署，是日本二战后第一次与美国以外的国家签订安保条约，标志着日澳“准同盟”关系（也有学者概括为“安保关系”）的正式形成。

二　日澳“准同盟”关系的特点

（一）基于多边框架下的双边关系

美国在冷战期间为了遏制苏联共产主义的威胁，对苏联实行了著名的遏制战略。在这样的历史背景下，拉拢日本和澳大利亚就成为美国的一项战略

① “Prime Minister Koizumi Sends Message to Australian Prime Minister John Howard on the Occasion of the First Anniversary of the Bali Terrorist Bombing”, http://www.mofa.go.jp/region/asia-paci/australia/message0310.html.

② “Joing Statement Building a Comprehensive Strategic Relationship”, http://www.mofa.go.jp/region/asia-paci/australia/joint0603.html.

③ “Japan-Australia Joint Declaration on Security Cooperation”, http://www.mofa.go.jp/region/asia-paci/australia/joint0703.html.

需求。1951年2月14日，时任美国国务卿杜勒斯提出“由澳、新、美、菲、日五个国家签订类似于北约组织的多边联盟体系”，[①] 然而在当时，澳、新由于历史原因仍然视日本为现实存在的威胁，因而强烈反对日本加入这个联盟，美国不得不退而求其次，分别与澳、新、菲、日签署了安保条约。日本方面，由于遭受战争破坏严重并且被美军占领，急需安全与经济复兴，“时任外相吉田茂认为通过对美结盟，日本可以获取所期望的本国领土安全的同时，得以利用本来应该用于军备的财力物力，发展经济和提高国民生活”，因而选择了与美国结盟，事实也证明，“日本通过与美国的结盟，不仅把安全交给了美国，自己全力发展经济，而且日本利用日美同盟获得了三个区域的资源与市场”。[②]对澳大利亚来说，在20世纪为了自身国家安全以及应对“来自亚洲的安全威胁”，澳大利亚构筑了从地区防务战略到前沿防御战略的战略体系，但由于自身是个地广人稀的国家，实力不强，因此“澳大利亚的安全很大程度上建立在与英联邦及美利坚合众国的紧密合作之上”。[③] 共同的战略利益让美、日、澳三方走到了一起，而日澳也因各自与美国达成了军事同盟而成为间接的盟友。例如伊拉克战争期间，日澳双方就在穆萨纳省的军事行动中采取了卓有成效的行动。日澳双方正是在2006年的美日澳三方战略对话上达成了“全面战略合作伙伴关系”。而在《日澳安全合作联合声明》中，双方也规定要加强“三边框架下的双边合作”。

2011年，时任美国国务卿希拉里·克林顿发表了著名的《美国的太平洋世纪》演讲，并在其中提出了深化地区同盟的三项核心原则，具体包括：“首先，我们必须在我们联盟的核心目标上保持政治共识；其次，我们必须确保我们的联盟具有灵活性和适应能力，以便成功应对新的挑战和把握新的机遇；第三，我们必须保证我们联盟的防御能力和通信基础设施能够切实阻遏各种各样的国家和非国家实体的挑衅”。而在日本与澳大利亚的问题上，希拉里也强调“与日本的联盟是该地区和平与稳定的基石，它表明奥巴马政府如何贯彻这些原则。从航行自由到开放市场和公平竞争，我们对稳定的地区秩序和清晰的通行规则怀有共同的愿景”。对于澳大利亚方面，希拉里

① 王帆：《试论澳新美同盟的历史演变》，《国际论坛》2005年第2期。

② 张景全：《日本对美结盟的经济原因分析》，《现代日本经济》2007年第6期。

③ 侯敏跃：《论战后澳大利亚亚太外交战略的演变》，《华东师范大学学报》（哲学社会科学版）1997年第1期。

也说道："我们也在扩大与澳大利亚的联盟，把我们的关系从一种太平洋伙伴关系扩展到跨越印度洋和太平洋的伙伴关系，实际上，这已是全球性的伙伴关系了。"① 从此，美国开始实行"重返亚太"的战略，将自身的政治、经济、战略资源更多地向亚太方面倾斜。例如在中日钓鱼岛争端中，美国宣称《日美安保条约》第五条适用于钓鱼岛地区，在澳大利亚达尔文港轮流驻军等。美国实行重返亚太战略，有意识地加强与日本和澳大利亚之间的双边关系及三边关系，不可避免地会增加日澳双方合作的机会，并为日澳双方合作起到了搭建平台的作用。

（二）共同应对非传统安全

同盟在人类历史上一直存在于大国博弈之中，在这里笔者无意涉足完善"同盟是什么"这一复杂的命题，只是从同盟的对抗性这一角度出发，审视日澳之间的"准同盟"关系。摩根索就曾做过这样的论断："一个典型的联盟一定是针对某一特定国家或者特定国家集团的……假如敌人无法确定的话，任何同盟条约都是行不通的。"② 沃尔弗斯说过："结盟带来的最显著的好处是，一旦需要，一国可以指望获得盟国的军事援助，并可以在冲突到来之前便给敌人以威慑；不利之处则主要在于，一国有义务在一场冲突中援助其盟国，即使严格地从本国立场来看，该国并不应该介入这场冲突。"③ 那么我们可以看到，日澳两国之间虽然缔结了安全条约，但是双方在条约和实践中并没有一个共同的"特定国家或者特定国家集团"可以作为敌人来看待。而同样，在同盟义务方面，日澳之间也并没有对"一方受到攻击另一方应予以援助"这一方面进行规定。因此，从严格意义上来说，日澳之间的关系也仅仅是"准同盟"，而非正式意义上的军事同盟。

在功能上，日澳双方安全合作实践中非传统安全内容占的比例比较大。非传统安全的概念是相对于传统安全的定义提出的，所谓"非传统安全"关注的领域，学术界说法不一，莫衷一是。在这里笔者采取的是这样的说

---

① Hillary Clinton, "America's Pacific Century", http://www.foreignpolicy.com/articles/2011/10/11/americas_ pacific_ century.

② 〔美〕汉斯·摩根索：《国家间政治》，北京大学出版社，2006，第220页。

③ Wolfers, "Alliances"，转引自于铁军《国际政治中的同盟理论：进展与争论》，《欧洲》1999年第5期。

法，即非传统安全可以概括为以下五个领域：“一是人类为了可持续发展而产生的安全问题，包括环境安全、资源利用、全球生态问题以及传染性疾病的控制和预防；二是人类社会活动中个体国家或者个体社会失控失序而对国际秩序、地区安全乃至国际稳定所造成的威胁，包括经济安全、社会安全、人权、难民等问题；第三类是跨国界的有组织犯罪，如贩卖人口、毒品走私等；第四类是非国家行为体对现有国际秩序的挑战和冲击，最典型的是国际恐怖主义；第五类是由于科技发展以及全球化所产生的安全脆弱性问题，例如网络安全、信息安全以及基因工程安全。”①

非传统安全合作主要体现在双方对“反恐”问题的重视。如前所述，应对恐怖主义的威胁不仅仅是拉近双方关系的原因，更是其一个重要的特点。除此之外，在灾害救援方面，双方也不约而同地承担了更多的责任。例如，在 2004 年印度洋大海啸的救援上，双方都开展了大力度的救援行动。日本在 2005 年 1 月派出了 950 名自卫队成员参与班达亚齐省的救援，这是日本“在第二次世界大战结束以来最大规模的海外军事行动”，② 而澳大利亚也已承诺在未来 5 年内向此次受到海啸袭击的国家提供 10 亿美元的援助和贷款。这将是澳大利亚迄今为止提供的最大一笔海外单项援助。③ 在信息安全方面双方也决定开展进一步的合作等。

综上所述，虽然“联盟的传统价值在反恐等非传统安全问题上找到了新的契合点”，④ 但仅仅因为日澳之间应对非传统安全所做的合作便将其视为“军事同盟”，并强调其对抗色彩，恐怕并不公允。

（三）广泛的认同

从地图上看，日本和澳大利亚有着诸多的共同特点。第一，前者由列岛构成，是一个典型的岛国，而后者虽然号称“大陆”，但是四面环海，仍然具有岛国性质。第二，二者皆位于太平洋西部地区，前者位于太平洋的西

① 朱锋：《“非传统安全”解析》，《中国社会科学》2004 年第 4 期。

② 《日本自卫队在班达亚齐达到 950 人》，新华网，http：//news. xinhuanet. com/photo/2005 - 01/28/content_ 2520915. htm，2005 - 1 - 28。

③ 《澳大利亚将启动对印尼海啸灾区重建阶段援助》，新华网，http：//news. xinhuanet. com/world/2005 - 01/17/content_ 2471476. htm，2005 - 1 - 17。

④ 王帆：《试论澳新美同盟的历史演变》，《国际论坛》2005 年第 2 期。

北，后者位于太平洋的西南，且都与欧亚大陆保持了适中的距离。因此，几乎所有的地缘政治学家都把日澳两国归为一类国家，例如麦金德的“外新月地带”、斯皮克曼的“滨外”等。作为海洋国家，双方都会维护共同海域的自由航行与安全，并且双方都对陆地国家存有戒心。在这样的情况下，就意味着双方在地缘方面有着近似的身份认同。

在文化方面，日本在福泽谕吉提出“脱亚入欧”的观点后，关于日本到底是一个“亚洲国家”还是一个“欧洲国家”的争论就一直不休。并且，随着近几年亚太地区经济的高速发展，日本也有人提出要“脱欧入亚”。一个现实的情况是，日本是亚洲少有的发达国家，根据国际货币基金组织的统计，日本的人均 GDP 排名世界第十二、亚洲第一。而在美国的民主改造过后，日本也接受了西方的“普世价值”（如前所述，安倍政府甚至将价值观作为其外交工作中一个重要的因素），即民主、自由、市场开放、尊重人权等。同时，在人口老龄化、少子化甚至产业空洞化等方面，日本面临着和西方诸发达国家类似的问题。而在文化方面，日本的文化则是脱胎于中国的儒家文化，美国学者塞缪尔·亨廷顿在他的《文明的冲突与世界秩序的重建》一书中虽然将日本文明单独列了出来，与中华文明、印度文明、西方文明等并列，但是他也承认，日本文明是“中国文明的后代”。[①] 而澳大利亚，其自身就是一个以白种人为主的讲英语的国家，并且也是由西方移民的后裔建立，“本来就是西方社会”，历史上也实行过“白澳政策”，强调自己的这一身份。然而现实的情况是，在地缘上，澳大利亚距离他的西方伙伴远而离亚洲近；在贸易上，澳大利亚无法倚重西方伙伴；在安全上，因缺乏认同感而感到孤立，因此不得不加强与亚洲的联系。例如在贸易上，澳大利亚 2011 年的双边贸易伙伴排名分别为中国、日本、美国、韩国及新加坡；在出口市场上，中国、日本、韩国、印度、美国分列前五，总共占据了澳大利亚 51.5% 的出口额；在进口市场上，中国、美国、日本、新加坡、德国分列前五，总共占据了其 48.5% 的进口额。[②] 亚洲市场对于澳大利亚的发展和繁荣具有举足轻重的作用。由此可见，日本和澳大利亚都挣扎于自己的身份认同，在是属于“东方”还是属于“西方”上徘徊，同病相怜的境况也使得

① 〔美〕塞缪尔·亨廷顿：《文明的冲突与世界秩序的重建》，新华出版社，1998，第 29 页。

② 澳大利亚政府网站数据，http：//www. dfat. gov. au/tradematters/。

双方之间的认同更为明显。

回顾两国的外交史，日本在20世纪缔结了三个重要的联盟：日英同盟、日德同盟和日美同盟，并借助同盟的力量两次兴起，从一个地区内部的岛国成长为国际上的大国。而澳大利亚方面，其在20世纪中期以前处在英帝国时期，是英帝国的一部分，实行的是完全的“跟随”外交。而在20世纪后期，澳大利亚与美国结盟，并在其中获得了重要的安全利益和经济利益。也就是说，实行同盟政策在两国崛起发展的历史中皆具有重要的作用。因此，两国也会更倾向于通过同盟的手段来解决问题。同时，虽然两国曾经在二战中作为对手出现，但也应看到，双方也有着作为英、美两国间接盟友的经历，这种“间接盟友”身份的认同也不可忽视。

三　日澳“准同盟”关系的发展与前景

（一）深化军事结盟倾向

在日澳“准同盟”关系确立初期，其实施的内容主要以应对非传统安全为主，这符合当时的国际形势。然而随着中国的崛起和国际形势的变化，日本和澳大利亚双方的“准同盟”关系也发生了变化，由过去的应对非传统安全向应对传统安全方面转变，而针对的对象毫无疑问就是中国。

近几年美、日、澳三方的联合军演也证明了这一点。美日澳的联合军演始于2007年，然而从2011年的演习开始，例行演习便出现了新的“内容”，例如2011年的军演选在文莱附近的海域，距离中国南海海域非常近，在时间上也与中菲南海争端临近；2012年的军演是美国建立亚洲反导系统之后的首次军演，有评论称此次军演“其目的就是为了建立一种使用武力和反导系统的机制”。亚洲反导系统的建立，不论其表面目的为何，都会对我国的海上力量起到遏制作用。美日澳三方还预计于2014年秋季首次在日本国内举行演习，备受关注的“鱼鹰”运输机将会参与此次演习。

在双方的物资援助方面，2013年1月31日，日澳签署的《物资劳务相互提供决定》（ACSA）正式生效。该决定声明，日澳双方之间在公共训练、参与国际维和、人道主义救援、大规模灾害应对等方面的共同问题处理上，可以相互提供食物、水、运输、燃料、医务用品等方面的基础物资（不包括武器和弹药）。[①] 2013 年 12 月 7 日，日本自卫队应澳方请求，补给舰“十和田”在菲律宾附近海域向运送物资的澳大利亚登陆舰“托布鲁克”号实施了供油。在双方的情报安全方面，2012 年 5 月 17 日，日澳双方签署情报安全协定，该协定为两国共享军事机密和反恐情报提供了法律依据。2013 年 3 月 22 日，日澳双方完成了国内必要的程序，该协定正式生效。[②] 这些文件的签署，不仅加强了日澳双方之间的安全合作，也对美日澳三方的安保合作起到了促进作用。

在澳大利亚新一届阿博特政府的表态上，我们也能看到澳大利亚态度的转变。2013 年 10 月 15 日，澳大利亚外长茱莉·毕晓普访日，在双方的外长会议上，毕晓普不仅提出“日本是澳大利亚在亚洲最好的伙伴”，还在谈到安倍晋三提出行使集体自卫权的问题时表示：“支持安倍首相的方针，希望日本发挥更大的作用。”2013 年 11 月 23 日，中国宣布设立东海防空识别区（ADIZ），澳大利亚也是头一批站出来表示反对的国家。新任总理阿博特也曾经用“盟友”（ally）一词形容日澳之间的关系。

（二）扩大化的同盟伙伴

日澳之间不仅深化了军事同盟的倾向，在空间上也在拓展自己的活动范围，例如双方几乎同时将眼光转移到了印度洋地区，争取与正在向东看的印度加强合作。印度处在印度洋的中心位置，也是印度洋沿岸地区最为重要的大国。作为“金砖国家”的一员，印度的经济军事实力发展十分迅猛，正逐渐成为一个有着全球影响力的大国。在国家战略方面，印度 1991 年实行了东向战略，加强自己与东盟国家的经济联系，随后“东向”发展为“东进”，开始“介入安全军事等‘高级政治’领域”，[③] 在空间上也将“东”的概念拓展到“东亚和南太平洋地区……包括澳大利亚、中国和东亚的广阔地域”。这为日本和澳大利亚接近印度提供了条件。

日本和印度的合作由来已久，双方早在 2000 年 8 月即决定建立“全面

---

① “Entry into Force of the Japan-Australia Acquisition and Cross-Servicing Agreement（ACSA）”, http://www.mofa.go.jp/announce/announce/2013/1/0131_01.html.

② “Entry into Force of the Japan-Australia Information Security Agreement（ISA）”, http://www.mofa.go.jp/press/release/press6e_000011.html.

③ 张立：《印度东向战略：进展、影响及应对》，《南亚研究季刊》2012 年第 1 期。

伙伴关系”，2006 年发展为“全面战略伙伴关系”；2009 年，双方建立“2 +2”（副外长 + 副防长）对话机制，并于 2010 年 7 月 6 日正式实施；2011 年，印度国防部长安东尼在访问东京期间达成协议，印度和日本同意定期举行双边海军演习，例如第一场双边海军演习于 2012 年 1 月在日本附近海域进行；2014 年 1 月 28 日，印度决定向日本购买至少 15 架 US –2 军用飞机。值得一提的是，这是日本可能冲破“武器出口三原则”的第一份订单。由此可见，日本方面正逐渐加深与印度在军事防务安全领域的合作。

澳大利亚方面也与印度签订了一系列双边合作条约，如 2003 年的《反恐协定》、2006 年的《防务合作备忘录》、2007 年的《防务信息安排》、2008 年的《情报机构对话协定》等。2012 年 8 月 9 日，澳大利亚国防部长史密斯表示，“国际战略形势向印度洋与太平洋地区转移……人们对印度的崛起还在低估”，这是澳大利亚政府方面首次提出“印太”这一概念。[①] 澳大利亚并非“印太”一词的发明者，却是“印太”概念最积极的阐释者和倡导者。[②] 体现在澳大利亚 2013 年的《国防白皮书》中，把“印度崛起为一个全球大国（global power）”与“中国持续崛起为一个全球大国”和“东亚的经济与战略比重增加”并列，认为这三点是“印度洋地区发展为重要的战略地区的关键性因素”，并指出“这些趋势将会把印太地区塑造为一个整体的战略弧线”。[③] 2013 年 6 月 5 日，印澳双方达成一致意见，计划于 2015 年展开联合海上军演。甚至在核能问题上，澳大利亚也打破了不向未签署《核不扩散条约》的国家出口铀矿等核原料的原则，逐渐解除对印度的铀出口禁令。

（三）日澳“准同盟”关系的发展前景

从日本和澳大利亚之间“准同盟”关系的发展我们可以看到，双方的合作无论是在深度还是广度上都有了显著的提高。那么，日澳之间到底会不会成为真正意义上的军事盟友？这不仅是日澳两国之间的事情，其影响会覆盖整个地区，它会引起地区内国家甚至整个世界的关注。目前，日澳两国虽

---

① 《英媒：澳大利亚防长首次提出印太概念》，《参考消息》，http：//mil. cankaoxiaoxi. com/2012/0812/77037. shtml，2012 –8 –12。

② 赵青海：《“印太”概念及其对中国的含义》，《现代国际关系》2013 年第 7 期。

③ 《2013 澳大利亚国防白皮书》，第 2 页。

然存在着诸多的认同和结盟的趋势，但是双方是否会把“准同盟”发展为全面的、多边的军事同盟，其前景恐怕并不明朗。

针对美国因素，虽然短期内美国促进加深了美日澳三边军事合作以及日澳双边关系，就日美同盟而言，美国也鼓励日本在同盟中更多地发挥作用，但是过于强大的日澳同盟恐怕并不是美国希望看到的。我们应该看到，日澳之间“在安全防务领域的合作是双方在经贸领域合作带来的自然结果，是双边战略互信的一种反映”，双方防务关系的深化很有可能带来政治经贸关系的全方位升级，一个强大的日澳轴心势必会削弱日本和澳大利亚两国对于美国在安全、经济方面的需求，进而可能会弱化美国在亚太地区的影响力，也会引发一系列的现实问题。事实上，美国在2012年调整其在亚太的军事力量部署时，澳大利亚国防部长史密斯就表示，“在澳大利亚建设外国军事基地将损害澳大利亚的主权”。[①] 由此不难看出，一旦日本对美国的安全需求减弱，那么美军驻冲绳基地相关的一系列问题将会变得更加尖锐，对日美关系也会产生一定的消极影响。

在对中国方面，日澳两国的关注点也不尽相同。如果安倍政府能够长期执政，那么右倾化的日本视中国为现实的、明确的威胁和战略对手这一点就会继续下去。这是由多方面的因素决定的，如中日历史问题、中日争夺东北亚地区的主导权、中国的GDP超越日本致使日本产生焦虑等，并且随着2012年钓鱼岛事件的发酵，中日之间的“政冷经热”关系正在逐步走向“政冷经冷”，连接中日的贸易纽带也受到了消极影响。日本把中国的崛起与朝鲜的军事能力增加相提并论，针对中国的意图极其露骨。[②] 澳大利亚和中国之间没有历史认知问题，并没有爆发过全面冲突，在面对中国崛起时也并没有日本那么焦虑、紧迫。澳大利亚对中国的态度相对而言更为平和一些。在发表于2013年的《国防白皮书》中，澳大利亚称“欢迎中国的崛起”，并指出，中国国防能力的提升和军队的现代化是“经济增长的必然及合理的结果”。[③] 但是我们不应该对中澳关系过于乐观，澳大利亚战略政治研究所（ASPI）的一份题为《中国的新梦想》的报告在肯定了中澳经贸关

① 《澳大利亚防长再次拒绝美在澳建军事基地》，中国广播网，http：//news. cnr. cn/gjxw/yw/201208/t20120807_ 510505218. html。

② 日本驻华大使馆网站，http：//www. cn. emb-japan. go. jp/fpolicy/nss_ c. pdf。

③ 《2013澳大利亚国防白皮书》，第11页。

系的积极性的同时指出，中澳两国“无法回避中国更加侵略性的外交政策”，并指出一旦美国从亚太退出，澳大利亚将面对中国这样一个“潜在的危险霸权国”。[1] 当然，这并不是一个十分现实的情况，因为撤出东亚地区目前来看并不符合美国的利益，但是这也反映出澳大利亚对中国的态度更多地体现为一种防范、担忧的心理。相对于中国而言，澳大利亚更担心与印度尼西亚和巴布亚新几内亚的潜在威胁，但是澳大利亚学者休·怀特认为，在应对这两个国家“并非不可能的冲突时，日本是否会冒着付出其与印尼的关系的危险而对澳援助？答案显而易见（是不）”。[2]

而在深化与印度的关系上，情况也并不如日澳期望的那么顺利。印度作为一个有着大国抱负的国家，并不一定会参与“亚太小北约”的构建。从本质上来说，印度和中国虽然存在冲突，但冲突多集中在陆地领域，这一点与日澳间对于中国的担忧并不一致。在地理上，印度位于马六甲海峡的“上游”，其对“航行自由”的需求性也要远远小于日澳两国，况且，印度“力图掌握印度洋的绝对制海权，控制印度洋上的主要咽喉要道”[3] 的观点反而不利于日澳所宣称的“航行自由”。同时，印度与中国在海上的冲突更多地体现在争夺东南亚地区的影响力上，并非是直接的、现实的威胁。而印度历来奉行的是多边等距离的外交政策——无论是“不结盟”还是“多结盟”，都是出于实用主义的角度。因此，日澳之间争取印度加入多边同盟的做法短期内并不具有现实意义。

在日澳两国之间我们也应该看到，虽然双方都习惯于同盟并实践着同盟，但无论是过去与英国的同盟还是现在与美国的同盟，都是一种非对称性的同盟关系，两国也都在这种同盟关系中处于从属国的地位。因此，在习惯了同盟从属国的日澳两国之间，如果形成真正意义上的同盟，将会呈现为怎样的模式，双方之间的权力划分将呈现为怎样的层级，也是未知且不明朗的。我们在应对日澳“准同盟”关系时，不可低估其针对我国的意图，尤

① David Hale, “China's New Dream”, https://www.aspi.org.au/publications/chinas-new-dream-how-will-australia-and-the-world-cope-with-the-re-emergence-of-china-as-a-great-power/SR64_China-_Hale.pdf.

② Hugh White, “Right Now, We Don't Need an Alliance With Japan”, http://www.smh.com.au/action/printArticle?id=3879559, November 12, 2012.

③ 徐善品：《澳大利亚与印度在印度洋上的合作与冲突》，《南亚研究季刊》2013 年第 3 期。

其是澳大利亚对我国的敌意。如果我们在处理这一关系时过于激进，很有可能会在战略上陷入被动，使我国的外部安全环境更趋恶化。反之，如果我国处理得当，在中日澳三国之间形成某种政治、经济甚至安全上的良性互动，形成某种机制化的合作，那么日澳之间的“准同盟”关系就不会成为我国新的外部威胁。

The Trend of Japan-Australia “Quasi-Alliance” in Abe Regime

Gao Ke Chen Zufeng

Abstract Japan and Australia are both important states in the Asia-Pacific region, but also the important U. S. allies in the region, the development of relations between Japan and Australia has important significance for the Asia-Pacific security environment. Japan-Australia bilateral relations experienced from indirect ally to enemy, and then to “quasi-alliance” . The “quasi-alliance” has some characteristics, including: based on multilateral framework, jointly deal with non-traditional security features, and widely recognized. With the United States' return to Asia strategy put forward, the change of Asia-Pacific security environment, and the ambition of Shinzo Abe, the “quasi-alliance” between Japan and Australia changes to a certain extent. There has been some development trends such as deepening of function and expansion of space. Even so, constrained by China, the United States, and some other factors, if the current situation will form a military alliance in the true sense of the word between Japan and Australia, is still unknown.

Keywords Japan; Australia; Quasi-Alliance; Security Relationship; Deepen Cooperation

2013年安倍访俄对日俄关系的影响

崔志宏　万冬梅*

【内容提要】日本和俄罗斯是东北亚地区的两个大国，但长期以来，日俄两国一直存在着领土争议，迄今为止仍未缔结和平条约，严重阻碍了两国关系的发展。2012年12月，安倍晋三第二次当选日本首相，并于2013年4月28~30日正式访问俄罗斯，成为近十年来首次造访俄罗斯的日本首相。安倍此次访俄对日俄关系发展的意义是积极的，从目前来看，这种意义更多地体现在日俄两国的经贸关系发展上。但由于各种复杂的原因及国际形势的变化，安倍访俄对两国政治关系的改善乃至和平条约的签订影响不大。

【关键词】安倍再次执政　访俄　改善关系　难点　日俄关系

一　安倍访俄前的日俄关系

日本和俄罗斯是东北亚地区的两个大国，两国关系是东北亚大国关系格局中的重要组成部分，是影响东北亚地区稳定与安全的重要因素。但长期以来，日俄两国一直存在着领土争议，迄今为止仍未缔结和平条约，严重阻碍

* 崔志宏，博士，吉林大学东北亚研究院国际政治所副教授，吉林大学日本研究所研究员，主要研究方向为俄罗斯政治制度与外交、日俄关系；万冬梅，博士，吉林大学外国语学院俄语系副教授，主要研究方向为俄罗斯文学文化。

了两国关系的发展。

在现实状态中，俄罗斯实际掌控着齿舞、色丹、择捉和国后四岛，俄罗斯统称它们为南千岛群岛，而日本则称之为北方四岛或北方领土。在日俄两国的外交交涉中，日本一直希望以1855年日俄签订的《双边贸易边界条约》（即《下田条约》）为依据，要求归还北方四岛，并提出归还上述四个岛屿是同俄签订和平条约的条件。俄罗斯的态度则是按照二战的结果，四个岛屿并入苏联版图，俄罗斯对其拥有无可置疑的主权，且存在相应的国际法文件。因此，从1991年底苏联解体后直到2010年，俄日虽然一直希望改善两国关系，并签订和平条约，两国元首和政府间也曾有过多次接触和会谈，但由于日本解决领土问题为先的态度，两国的尝试与努力并没有取得实际效果，双方的关系发展长期处于冷淡状态。

这种僵持态势直到2010年才被打破，2010年11月和2012年7月，曾经担任过俄罗斯总统并现任俄总理职务的梅德韦杰夫先后两次登上国后岛，成为首位正式视察与日本存在争议的领土的俄罗斯元首级政要。这一举动引发了日本政府的强烈抗议，并采取了一系列激烈的对抗行动，日俄关系随之呈现出紧张与对抗的态势。

二　2013年安倍访俄及一系列后续活动

（一）安倍访俄的背景与契机

2013年安倍访俄前日俄两国都面对着复杂艰难的国际环境。由于一些日本右翼政客对首相及政要参拜靖国神社，日本军国主义的侵略历史及“慰安妇”等问题拒不认错，日本遭到了中国、韩国以及东南亚国家的尖锐批评；在国际上，由于在钓鱼岛的归属问题上同中国产生了尖锐的矛盾冲突，日本在亚太地区处于被孤立的境地。俄罗斯则由于反对北约在欧洲部署反导系统，以及反对欧美国家对其国内政治（如杜马选举、总统选举及人权等问题）的干涉，同美国产生了激烈的对抗，同欧洲国家的关系也日渐冷淡，俄罗斯希望以能源外交为手段介入东北亚乃至亚太地区事务，巩固并继续加强自己在亚太地区的地位和影响力。因此，日俄两国都需要在外交上另辟蹊径，避免处于外交上的孤立状态。

2012 年俄罗斯和日本的政治权力更迭为两国的关系改善提供了一个很好的契机。2012 年 3 月，普京以较高的得票率再次当选俄罗斯总统，同年 12 月，安倍晋三同样二次被选为日本首相。于是，两位无论是在本国国内还是在国际上都拥有巨大影响力的政治人物上台伊始，即开始寻求新的外交出路。普京在保持对欧美的强硬外交姿态的同时，加强了同亚太国家的联系与合作。而安倍在外交上显现出灵活的姿态，上台伊始便频频出访，并向俄罗斯发出改善关系的信号，希望重新启动与俄罗斯签署和平协议的谈判。2013 年 2 月，安倍委派前首相森喜朗以特使身份访问俄罗斯，向普京转交了安倍的亲笔信，为安倍访俄铺路搭桥。

此外，俄罗斯自身发展的需要同样为日俄关系的改善创造了机会，换言之，同日本发展关系符合普京的国家发展思路。在经历了 20 世纪 90 年代的重点发展之后，俄罗斯西部地区的资源已近枯竭，俄开始有意识地将发展重心转向资源丰富的东部地区，确定了俄远东与西伯利亚发展规划，并将其提升为国家战略。同时，俄罗斯希望将远东地区的经济发展纳入飞速发展的亚太经济轨道中，从而带动俄国家经济整体发展水平的提升。2013 年 10 月，在第 21 次亚太经合组织领导人峰会上，俄罗斯总统普京在发言中指出，“目前，我们将大部分天然气出口到欧洲国家，与此同时，我们也清楚地看到，能源在保障亚太地区经济快速发展中所起的作用越来越大。我们了解在这方面俄罗斯应当承担的责任，因此我们打算扩大与亚洲伙伴在能源领域的协作”。[①] 在峰会召开前夕，俄罗斯外长拉夫罗夫也曾撰写文章称，“俄罗斯扩大在亚太地区的存在是俄西伯利亚和远东地区经济社会发展的前提条件。作为亚太地区不可分割的有机组成部分，俄罗斯不断扩大着在该地区的存在，这对于俄罗斯来说具有十分重要的意义。加大对该地区事务的参与是保障俄罗斯快速发展，促进俄罗斯西伯利亚和远东地区经济社会发展的重要的前提条件。俄罗斯绝对迫切需要一个强大、稳定、安全和繁荣的亚太地区。俄罗斯加强在东部地区的工作，发展与该地区国家的双边关系，参加该地区的国际组织，这些都是俄罗斯外交政策的优先发展方向”。[②]

① Путин рассказал о планах энергетического сотрудничества с Азией，http：//pronedra. ru/energy/2013/10/07/putin-ates/.

② ЛаровС. В. , К миру，стабильности и устойчивому экономическому развитию в Азиатско-тихоокеанском регионе，МИД，http：//www. mid. ru/bdomp/brp _ 4. nsf/2fee282eb6df40e643256999005e6e8c/5f3b945c0f67adf844257bfb002574f0！OpenDocument.

普京和拉夫罗夫的表态清晰且明确地反映出了21世纪初期俄罗斯的国家战略和外交战略的发展方向，因此，适时地接过安倍递出的橄榄枝，同日本改善关系，加强同日本的经济合作符合俄罗斯的国家发展需要。

（二）安倍访俄的具体成果及一系列后续活动

2013年4月28～30日，日本首相安倍晋三正式访问俄罗斯，并成为近十年来首次造访俄罗斯的日本首相。4月29日，俄总统普京与安倍在莫斯科举行了会晤。在会谈中，俄日两国在涉及两国关系发展的众多领域达成了一致，并且共同签署了18份文件。其中，15份文件属于经贸类协议，涵盖了制造业、能源、贸易、投资等领域，表明了双方在经济合作上的潜力。此次陪同安倍访俄的还有一支由120余人组成的商务代表团，其中包括日立、东芝、奥林巴斯、住友重工、三菱和三井等公司的多名高管。而俄罗斯对安倍到访也非常重视，在安倍访俄期间，俄方拨出5亿美元，日本国际投资银行也拨出5亿美元，这些资金共同用于俄日企业的投资。俄直接投资基金会总经理德米特里耶夫指出，“双方共同投资10亿美元是为了吸引更多的数十亿美元，包括来自日本企业的资金，将向俄远东及其他地区投资”。应该说，在日俄两国政府的指导下，双方的经贸往来与能源合作在未来几年里将得到大幅度提升。

除了在经贸方面取得了较大的进展，日俄两国首脑和政府在会晤中还表现出了改善两国政治关系的愿望。日俄双方在首脑会谈结束后签署了有关发展日俄伙伴关系的联合声明，希望通过谈判消除现有分歧，在现有文件和协议的基础上推动和平协议的谈判进程，力争签署和平协议。在安倍结束访俄后，日俄两国还就领土问题进行过一些接触，但都没有取得突破性的进展。2013年6月20日，俄副外长莫尔古洛夫在圣彼得堡会见日本外务副大臣松山政司时提出，在俄罗斯管辖之下，由俄日共同开发南千岛群岛。根据俄方的信息，日本拒绝接受这一建议，“因为接受就意味着承认俄罗斯对争议岛屿拥有主权”，松山认为，应先推进领土谈判，然后再谈共同开发。俄日双方拟定于2013年8月底在莫斯科重启副部长级领土问题谈判。但是在2013年8月举行的两国副外长级会谈由于双方在争议领土问题上互不让步，所以谈判并没有取得任何进展。

尽管在缔结和平协议的谈判中没有达成一致，但在安倍访俄后，日俄两国扩大了在各个领域的交流，其中包括能源、经贸、农林渔业等领域的合作，以及文化交流等。日俄领导人还将 2014 年命名为两个国家的“武术交流年”。2014 年 2 月，在美国等西方国家领导人抵制俄罗斯索契冬奥会的情况下，安倍成为少数出席索契冬奥会开幕式的西方阵营领导人之一。在参加索契冬奥会期间，安倍与普京进行了自 2012 年 12 月以来的第五次面对面会晤，普京同意在 2014 年秋访问日本。

三　安倍访俄对日俄关系的影响

从所取得的成果看，安倍访俄对日俄关系发展的意义是积极的，因为这毕竟是继小泉纯一郎在 2003 年正式访俄后整整十年间日本首相首次造访俄罗斯。当然，从安倍此次访俄所取得的突破，以及两国政府有关部门在访俄之后的一系列后续接触和活动来看，同时还要考虑到不断变化的国际关系，安倍访俄的成果与影响更多地体现在日俄两国的经贸关系发展上。

在经贸关系上，安倍主动访俄对于推动日俄之间的经贸联系和加强能源往来具有一定的积极意义。当然，这种合作的前提是必须符合两国的实际发展需求。第一，日俄在经济发展中的需求方面存在互补性。在俄罗斯，对远东、后贝加尔与西伯利亚等地区的开发已经上升为俄罗斯的国家战略，急需发展资金。但是，近年来由于俄罗斯经济发展的速度放缓，俄联邦中央缺乏针对这种发展的资金保障能力，因此就需要外资的投入。同日本建立良好的经贸关系，不仅能够为俄罗斯增加更多的收入，同时也可以提升俄罗斯在国际市场上的竞争力。而作为资源匮乏型国家，日本对俄罗斯资源的需求是迫切的。日本石油的自给率不到 1%，只能依赖进口。近年来，尽管日本出台了相关政策，降低经济与社会对油气资源的依赖，加强对油气资源的储备，积极寻找油气资源的替代品，但短期内，日本对石油和天然气的依赖度还是会维持在一个很高的水平线上。因此，安倍访俄时不仅希望与俄方签署天然气合约，同时希望俄罗斯允许其参与东西伯利亚气田与符拉迪沃斯托克天然气枢纽管道的连接建设。目前，日本还积极参与并推进“萨哈林－1 号”和“萨哈林－2 号”两个油气合作开发项目。

第二，日本加强同俄罗斯的能源合作，不仅可以解决日本在工业发展和社会需求方面的资源匮乏问题，同时也符合俄罗斯探求能源输出渠道多元化的思路。近些年来，俄罗斯在能源输出方面面临的阻碍越来越多，俄罗斯能源安全也面临着新的危机。尤其是北美出现的“页岩气革命”，在中国探明了储量巨大的页岩气，俄罗斯的长期能源合作伙伴——欧洲国家由于价格等问题正在积极寻找俄能源产品的替代品，俄罗斯和乌克兰在能源过境问题上存在着尖锐的矛盾等情况的出现，迫使俄罗斯展开积极的能源外交政策，以期实现能源输出渠道的多元化，摆脱能源出口对欧洲国家的依赖。

第三，日俄两国的经贸发展潜力巨大。作为东北亚地区的两个大国，日俄两国的经贸往来是有限的。据统计，俄罗斯在日本的贸易伙伴中仅居第15位，分量有限。对日本而言，安倍也试图通过与俄罗斯达成贸易谈判以降低其在解决领土争端时的成本，并能够对谈判施加更多压力。

第四，俄罗斯加强同日本的经贸合作有利于降低俄远东市场对中国资本的过分依赖。在现阶段，尽管中俄两国的战略合作伙伴关系已经达到一个前所未有的高度，并在继续稳定地发展着，但在俄罗斯尤其是远东地区，“中国威胁论”依然有一定的市场。有俄罗斯学者指出，俄罗斯远东的产业有30%～35%被中国资本控制，有必要在食品等战略领域对中国的投资实行限制，同时积极吸引其他亚太国家加入到远东市场的竞争中。

在政治关系上，安倍此次访俄在一定程度上有助于推动日俄关系走出低谷，但在短时间内两国的政治关系不会发生实质性的改变。这主要是因为，第一，领土问题依旧是阻碍日俄关系改善的关键因素。安倍此次访俄的一个重要目的就是与俄协商签署和平协议，但前提依然是要先解决领土争议问题。梅德韦杰夫担任总统时，曾经拒绝与日本谈判“四岛”的归属问题，因为他一直坚持“四岛”不存在主权争议。普京再次当选俄总统后，同意了安倍政府就缔结和平协议以及“四岛”问题进行对话的建议。从梅德韦杰夫的坚决拒绝到普京同意对话，日本原以为俄罗斯的态度会有所缓和松动。但俄罗斯的媒体普遍认为，这不过是俄罗斯希望与日本改善关系的一个姿态，俄更希望与日本在经贸及能源领域扩大合作。当然也有另一种猜测，普京为了同日本缓和关系可能做出让步。这种“让步的极限可能”是依照《日苏共同宣言》归还齿舞、色丹两岛的规定，即“还两岛、留两岛”。1956年，日本曾与苏联签署一份《日苏共同宣言》，其中写明“两国缔结和平条约后齿舞、色丹两岛归还日本”。2013年3月，普京在与部分外国媒体会面时曾用柔道中的“平局”术语描述日俄领土问题的最终解决。[①] 单就面积而言，齿舞诸岛和色丹岛面积的总和仅大致相当于国后岛的 1/4 和择捉岛的 1/9。至于国后与择捉这两个在两国历史外交文件中没有被标注的岛屿，普京不太可能做出让步。并且，在二战结束后，日本与苏联以及后来的俄罗斯也没有签署任何和平条约。由此，俄罗斯的一些专家学者并不看好和平协议的前景。俄科学院远东所日本问题专家基斯塔诺夫表示，“双方仍持完全不同的立场，日本想要南千岛群岛的四个岛屿，俄罗斯不会接受这个方案”。[②]

此外，俄罗斯的媒体一致认为，目前在领土问题上日本没有向俄罗斯施压的手段，俄罗斯占据了主动权。俄总统普京能与安倍探讨领土问题对日本来说已是个胜利。因此，在领土问题上俄罗斯是不会轻易让步的。2013 年 2 月 5 日，俄罗斯东部军区在南千岛群岛的多个岛屿及水域举行大规模多兵种联合军演也显示了其捍卫岛屿的决心。

第二，日俄国内的选举政治决定了两国在争议领土问题上坚持己见，互不让步，这进一步决定了两国政治关系改善的前景不容乐观。对日本来说，安倍希望同俄罗斯改善关系的目的是显而易见的。在安倍上台前后，由于日本政要频繁参拜靖国神社，否认“慰安妇”问题及对邻国的侵略，在一定程度上使日本外交在亚太地区陷入了孤立。而此次安倍访俄不仅有助于日本摆脱外交上的孤立，并且安倍此行如能够改善处于僵持中的日俄关系及推动领土谈判，则无疑会增加自己在国内的政治得分。同时，在俄罗斯国内，放弃对南千岛群岛的合法拥有权意味着必然会遭到政治反对派的抨击以及民族爱国主义者的反对，二次上台且国内政治威望已远不及第一次执政时的普京是不会轻易这么做的。

第三，复杂多变的国际形势也成为阻碍日俄两国改善关系、签署和平协议的阻碍。近年来，由于伊朗核问题、叙利亚问题，以及北约在欧洲部署反导系统等问题的爆发，俄罗斯与美国之间产生了激烈的对抗。尤其是 2014 年 3 月，在俄罗斯的支持下，克里米亚和塞瓦斯托波尔公然脱离乌克兰，加入俄罗斯联邦。对此，美国采取了各种制裁手段，其中包括取消俄“八国

① Путин согласился на диалог с Японией о Курильских островах, 29 апреля 2013, http://news.mail.ru/politics/12938444/.

② Южные Курилы: Владеет ими тот, кто владеет, 30.04.2013, http://www.pravda.ru/world/asia/fareast/30-04-2013/1154417-kyrily-0/.

集团”成员国的资格、制裁俄高级军官、对俄罗斯实行经济制裁等。在这种情况下，作为美国盟友的日本无法坐视不理，只能跟着美国的口径谴责和制裁俄罗斯。2014 年 3 月 18 日，日本外相岸田文雄在记者会上公布了日本政府的对俄制裁措施，包括暂停放宽签证发放条件的谈判，暂不与俄方启动与投资及太空开发有关的三项协定的谈判。这是日本首次因乌克兰局势对俄实施制裁。虽然日本与欧美保持了一致步调，但制裁俄罗斯的措施并不严厉。然而，不管怎么说，俄罗斯眼下与美国等西方国家陷入对立，将不可避免地对安倍努力营建的日俄关系造成负面影响。至于普京答应的于 2014 年秋访问日本一事是否会受到影响，目前还无法预测。

总体而言，2013 年安倍上台后访俄的举动对拉近日俄两国首脑的关系、改善日俄关系的进程具有重要的积极意义，尤其体现在两国经济关系的改善上。目前，日俄两国首脑已经意识到应先发展双方的经贸及能源合作，以此来带动两国政治关系的改善，这在日俄两国的关系交往史上是一个重大的改变。但必须指出的是，在日本国内舆论和选民的监督下，日俄两国在签署和平协议的谈判中日本仍坚持以解决领土争议问题为前提，而俄罗斯同样不会轻易妥协。因此，日俄政治关系的改善以及和平协议的签订必然会是一个漫长的过程，短期内两国的政治关系不会因安倍的积极姿态而产生实质性的改变。

The Influence of Abe's Visit to Russia in 2013 on Russo-Japanese Relations

Cui Zhihong　Wan Dongmei

Abstract　Japan and Russia are two powers in Northeast Asia, but for a long time, Japan and Russia have territorial disputes exist between the two countries and so far not even a peace treaty is concluded, which seriously hindered the development of relations between the two countries. In December 2012 Shinzo Abe was elected Japanese prime minister for the second time, and paid official visit to Russia from April 28 to April 30 in 2013, making him the first Japanese prime minister visiting Russia in nearly a decade. Abe's visit to Russia is meaningful in terms of the development of relations with Russia. For now, it is more reflected in the development of economic and trade relations between the two countries. But affected by all kinds of complicated causes as well as changes of international situation, Abe's visit to Russia had little influence on the improvement of the political relations with Russia and the signing of the treaty of peace.

Keywords Abe's Coming to Power Again; Visit to Russia; Relations' Improvement; Difficult Point; Russian-Japanese Relations

试析俄罗斯东部开发开放战略对俄日关系的影响

徐　博*

【内容提要】东部开发开放战略是新一届普京政府的重要国家发展战略。其战略制定的根据是远东地区社会和经济长期发展缓慢的现实，以及俄罗斯在东部面临的地缘政治的威胁。其战略的构想是以能源合作为基础，注重发挥俄罗斯横跨欧亚大陆的地缘优势，加强高科技方面的合作，促进俄罗斯和亚太地区的合作交流，完成俄罗斯东部地区的繁荣和发展。

日本作为亚洲经济最为发达的国家，其对亚太地区整体地缘经济格局有着难以替代的重要影响力。因此，建立与俄日之间稳定积极的关系是新时期俄罗斯东方战略的最重要方面之一。在这一战略的影响下，俄日关系逐渐升温并出现了一系列新变化，其突出体现为双方的政治关系迅速改善，经贸、能源合作进一步发展。在日本与中韩等国关系处于僵局的今天，俄罗斯被日本视为其改善外交环境，推进本国经济发展的重要合作伙伴。

【关键词】俄罗斯　日本　远东开发

俄罗斯地处欧亚大陆，其 2/3 的领土在地理上属于亚洲，这一地缘政治现实决定了俄罗斯东部地区，尤其是远东和贝加尔地区在整个俄罗斯国家安

* 徐博，法学博士，吉林大学东北亚研究院国际政治研究所讲师，吉林大学日本研究所研究员，主要研究方向为俄罗斯政治与外交政策、日俄关系。

全和战略中占据着十分重要的地位，它的繁荣和发展是俄罗斯重新成为世界大国的关键性战略支撑。

2010 年 1 月 20 日，俄罗斯政府正式批准了《俄罗斯联邦远东及贝加尔地区 2025 年前发展战略》，这标志着在东部地区实施开发开放已经成为俄罗斯最重要的国家战略之一。2012 年俄罗斯在符拉迪沃斯托克举办了亚太经合组织领导人峰会，这进一步为远东及贝加尔地区的发展提供了难得的机遇。在普京重新当选俄罗斯总统后，俄罗斯新一届联邦政府设立了远东发展部，首次将一个地区的发展上升到联邦政府的优先政策方向。俄罗斯的这一战略无疑将对加强亚太地区经济一体化进程，巩固俄罗斯与亚太国家关系，乃至整个东北亚及亚太地区的地缘政治形势都产生重要的影响。日本作为亚太地区重要的地区大国，其在经济发展上处于领先地位，且拥有强大的资金和技术优势，如何有效开展与日本的合作是俄罗斯东部开发开放战略的重要方面，也是俄罗斯东部开发开放战略能否成功的关键性因素。

一　俄罗斯制定东部开发开放战略的背景分析

俄罗斯制定远东和贝加尔地区开发开放战略的原因是多方面的，但其主要根据的是东部地区社会和经济长期发展缓慢的现实，以及俄罗斯在东部面临的地缘政治威胁。

冷战结束 20 多年来，俄罗斯在这一地区一直面临着巨大的风险与机遇并存的态势。这突出表现在俄罗斯在地缘经济战略规划中长期存在诸多矛盾：一方面俄罗斯希望在冷战结束之后加速发展社会经济相对落后的西伯利亚和远东地区，从而为其重新崛起提供经济上的支撑，但另一方面，鉴于远东地区与中日韩等邻国的经济发展水平差距一直在不断扩大，俄罗斯不希望经济联系的增强加剧远东地区某些联邦主体的分离倾向。同时，俄罗斯既希望积极融入亚太地区快速发展的地区经济一体化进程中，又不愿意在本身经济并不发达的情况下沦为地区经济结构中的“资源附庸国”和“受国际资本剥削者”。此外，俄罗斯既希望通过自身在某些技术领域，尤其是军工领域较为发达的科技来增加其在总体经济合作方面对亚太国家的吸引力，又担心军工领域“技术和人才外流”会威胁俄罗斯军事工业在未来的发展前景乃至本国的国家安全。

第一，从国内层面来看，俄罗斯在这一地区面临着诸多现实性的威胁，其中很多已经逐渐成为破坏俄罗斯地缘安全的重要负面影响因素，首先是远东和贝加尔地区的生产力水平低下导致社会经济发展缓慢。这突出体现在这一地区的运输能力和劳动生产率相当低，“只相当于日本的1/4，澳大利亚的1/5，美国的1/6”，同时由于地区经济结构十分依赖能源出口，导致与能源出口相关的寄生企业严重膨胀，经济发展的内生动力明显不足，很多地区的财政依靠联邦政府的补贴。俄罗斯在远东和贝加尔地区面临的另一个现实威胁是人口问题。尽管远东和贝加尔地区几乎占俄罗斯领土总面积的一半，但这一地区的人口仅为俄罗斯全国人口总数的7.8%，平均每平方千米1.4人。[①] 同时，很多远东地区的俄罗斯人纷纷向经济较为发达的欧洲地区迁移，从苏联解体至今，俄远东联邦区的居民减少了1/4。随着亚太其他国家人口的不断增长和远东地区移民压力的增加，这一不均衡态势在多年来一直有着继续发展的趋势。俄罗斯很多学者认为，如果这一趋势继续下去，必然会加速远东一些联邦主体的离心倾向，其结果将演变成俄罗斯国家的巨大地缘政治灾难。

第二，从地区层面来看，亚太地区经济在冷战之后一直处在快速发展之中，同时，亚太地区的一体化进程也在不断加快。自20世纪90年代以来，以亚太经合组织（APEC）和东盟为重要多边合作平台的一体化进程比之前大大加快。“东盟+中日韩”（10+3）、“东盟+中日韩印澳新”（10+6）等多边对话合作机制的建立为亚太地区经济的进一步发展提供了新的动力。同时，随着亚太地区经济的快速发展，俄罗斯与亚太国家的经济联系在苏联解体之后得到了前所未有的加强。1999～2006年，俄罗斯与亚太国家的贸易额年均增长率达到21%，远远超过俄罗斯与其他地区的贸易增长率。到2006年，俄罗斯与亚太国家的贸易额占到了俄罗斯总体对外贸易额的40%。而在苏联时期，这一指标仅为10%，在苏联解体初期，俄罗斯与亚太国家的贸易额也未能超过俄罗斯对外贸易总额的20%。俄罗斯与亚太国家在冷战后经济联系的迅速增强迫使俄罗斯政府必须加快制定相应的经济战略。俄罗斯外交及国防政策委员会在2008年提出，俄罗斯面临的迫切任务是要制

① 徐博、刘清才：《俄罗斯东部地区开发开放战略评析》，《现代国际关系》2010年第10期。

定“大亚洲战略”，把俄罗斯的国内目标和亚太因素的发展机制有机地联合起来，从而“寻找产生有利于俄罗斯影响的机制”。

第三，从国际层面来看，自冷战结束以来，尽管俄罗斯的国家经济实力以及综合实力出现了极大的衰退，甚至一度面临“沦为二流国家”的危险，但俄罗斯始终认为自己应当是一个世界大国，而非地区大国，应当在未来多极化世界中成为有着重要影响的一极。这一观念自20世纪90年代中期以来就从未发生过改变，在普京政府时期则更是得到了极大的强化。梅德韦杰夫总统在2009年11月12日发表的《国情咨文》中明确提出将实现俄罗斯经济现代化作为国家发展的目标，同时他还提出要发展“创新型经济”，完成生产领域的技术改造和更新。俄罗斯政府提出这一战略的主要出发点就是根据其自身在国际体系中的地位认知，致力于加速发展本国经济以恢复其世界大国的地位。然而，一个落后和封闭的东部地区对俄罗斯未来的发展是极大的阻碍。如果俄罗斯不能在发展本国经济的过程中实现亚洲领土的繁荣和发展，那么其实现国家经济现代化从而成为世界大国的最终目标将不可能顺利实现。因此俄罗斯需要在冷战后新的亚太地区经济环境中制定有利于恢复俄罗斯世界大国地位的地缘经济战略。

从俄罗斯在亚太地缘经济结构中所处的位置来看，俄罗斯具有很多得天独厚的优势，这也成为俄罗斯融入亚太地缘经济发展进程的基础性因素。第一，资源优势。这包括能源和自然资源。俄罗斯亚洲领土的能源储量占到了俄罗斯总体能源储量的70%以上，而俄罗斯面对的是一个能源需求日益增长的亚太地区。由于亚太地区众多国家能源相对匮乏，对于自然资源的进口具有很强的依赖性，而俄罗斯则可以通过地理上的相邻性，通过开展能源和资源合作的手段来影响亚太地区的经济发展进程。第二，俄罗斯连接欧亚大陆的地缘优势。这使得俄罗斯成为连接东西方经济的最重要桥梁。俄罗斯境内的西伯利亚大铁路一直是东西方贸易往来的大动脉。然而由于俄罗斯国内交通基础设施落后，运输能力有限的问题一直抑制着俄罗斯发挥这一地缘上的优势。如果俄罗斯能够有效发挥这一优势，则不仅可以真正融入地区经济的一体化进程，同时对于加强俄罗斯在整个国际贸易体系中的地位也会十分有利。第三则是俄罗斯的科技优势，尤其是在军事工业方面的优势。与亚太国家的军事贸易合作是俄罗斯开展亚太地缘经济战略的重要手段，这不仅有利于俄罗斯开拓在亚太地区科技领域的市场，同时也可以形成俄罗斯与亚太国家较为稳固的经济联系，这无疑成为在俄罗斯本国经济环境吸引力有限的情况下迅速拓展与亚太地区国家经贸合作的重要途径。

应该说，俄罗斯在参与亚太地区经济发展进程方面仍然具有很大的拓展空间，俄罗斯在能源、环境、科技方面的某些优势具有使其成为亚太地缘经济支柱国家的可能。但俄罗斯在这一方面的经济政策一直未能有效地帮助其巩固在亚太地区经济结构中的地位，究其原因就是，俄罗斯仍然担心自己经济相对落后的东部边疆与经济较为发达的邻国一体化进程过快所带来的离心倾向会成为未来国家地缘安全的隐患。然而随着冷战结束之后亚太地区经济持续不断的稳定增长，以及 21 世纪以来俄罗斯国家经济实力的增强，俄罗斯政府正在有步骤地逐渐调整这一政策。正如卡拉甘诺夫所说，“继续将诸如人口威胁或对东西伯利亚和远东地区‘经济占领’当作主要威胁，忽视东亚发展的基本趋势”将成为未来俄罗斯在亚太所要面临的主要风险之一。①

二　俄罗斯东部开发开放战略的政策构想分析

俄罗斯远东及贝加尔地区开发开放战略是俄罗斯国家整体发展战略的重要组成部分，它的最终目标是推动东部地区繁荣与发展，巩固俄罗斯在东方的地缘政治优势，实现俄罗斯国家的“现代化”。而其基本的政策构想是：以能源合作为基础，注重发挥俄罗斯横跨欧亚大陆的地缘优势，加强高科技方面的合作，促进俄罗斯和亚太地区国家的合作交流。

第一，开展与亚太地区国家的能源合作是实施远东及贝加尔地区开发开放战略的基础。由于近几年来经济持续高速发展，亚太地区对能源的需求不断增加。亚太地区的主要国家如中国、日本、印度、韩国等都是能源进口大国，而俄罗斯远东及贝加尔地区的石油、天然气、矿产资源、林木资源的储量十分丰富，且地理上毗邻亚太地区，具有价格和运输成本的优势，对亚太地区国家具有很强的吸引力，这是双方开展合作的可靠基础。梅德韦杰夫总统就曾明确表示，“作为世界上最大的石油天然气供应国之一，俄罗斯将努

---

① 俄罗斯外交与国防政策委员会：《未来十年俄罗斯的周围世界》，万成才译，新华出版社，2008，第 107 页。

力促进在亚太地区建立一个能源保障体系”。[①] 同时，俄罗斯可以利用向亚太地区输出能源参与到亚太地区一体化进程中，提升自己在亚太地区的影响力和话语权，维护其在亚太地区的利益。

中国是俄罗斯开展与亚太地区国家的能源合作中的主要合作伙伴，双方早在 2009 年 2 月 17 日就签署了开展长期原油贸易的协议。根据协议，俄罗斯将在未来 20 年内每年向中国输出 1500 万吨原油，中国则将向俄罗斯石油公司和俄罗斯国家石油管道运输公司分别提供 150 亿美元和 100 亿美元的贷款。[②] 2010 年 6 月，胡锦涛访问俄罗斯期间又与梅德韦杰夫总统签署了一系列有关天然气、煤炭领域的合作备忘录，并就推进中俄在石油、电力等领域的合作达成了一致。

除与中国进行合作外，俄罗斯还十分注重在亚太地区创造能源出口多元化的有利条件，以更好地维护俄罗斯的能源安全和国家利益。2009 年 2 月，俄罗斯和日本两国首脑签署文件，共同投资萨哈林的液化天然气工厂，同年，普京总理访问日本期间俄日两国签署了原子能合作协议，规定日本“可从俄进口核电站所需的铀燃料，与俄方共同开采铀矿，确保铀燃料的稳定供应，而俄罗斯则可从日本输入核能发电的技术和设备”。[③] 2009 年 12 月 18 日，普京出席俄罗斯“东西伯利亚—太平洋”石油管道一期工程的投入使用仪式，这一石油管道将拓展俄罗斯在亚太地区能源出口的对象，扩大其在亚太地区的能源市场。[④] 此外，面向亚太地区的最大天然气运输工程之一“萨哈林 -2 号”也正在兴建之中。

在普京第三次当选为俄罗斯总统之后，俄罗斯的能源战略出现了进一步向亚太地区倾斜的态势。随着美国“页岩气革命”的成功，美国完成了天然气的自给，并开始向欧洲出口天然气。俄罗斯输送往欧洲方面的天然气价格开始出现波动。另外，尽管俄欧之间有着完善的天然气管网建设，但多年

---

① 《梅德韦杰夫谈亚太地区巩固动态平等伙伴关系问题》，http：//www. russia. org. cn/chn/?SID = 134&ID = 1569。

② 《中俄贷款换石油协议将推进双方能源合作》，http：//news. xinhuanet. com/fortune/2009 - 02/18/content_ 10843464. htm。

③ Медведев примет участие в открытии завод СПГ на Сахалине и побеседует с примьером Японии, http：//dv. rian. ru/economy/20090218/81740486. html .

④ Путин сделал дорогой подарок России, http：//www. bfm. ru/articles/2009/12/28/putin-sdelal-podarok-rossii-za – 14 – mlrd. html.

来欧洲的天然气市场已经出现饱和，同时随着欧洲不断寻找新的能源伙伴，俄罗斯在这一地区的能源出口空间开始受到挤压，由此俄罗斯政府逐渐认识到向亚太地区出口天然气是其能源战略未来开展的重要方面。此外，2014年初以来不断升级的乌克兰危机也使得俄欧关系受到严重挫折。随着欧美国家宣布将俄罗斯“逐出”八国集团以及乌克兰宣布停止采购俄罗斯天然气，俄欧能源合作的稳定性进一步受到影响。在这一背景下，俄罗斯政府必然逐步加快对亚太地区的能源出口，包括俄中、俄日之间的能源合作有望获得进一步发展。

第二，俄罗斯注重发挥其横跨欧亚大陆的地缘优势，计划建设中国—欧亚运输走廊，加快交通运输的建设，充分发挥俄罗斯欧亚路桥的功能。

俄罗斯在地理上具有横跨欧亚大陆的优势。俄罗斯国内的欧亚主义学者十分重视俄罗斯的这一优势，一直强调要发挥这一地理优势，将俄罗斯建设为连接欧亚两大洲的桥梁，然而长久以来俄罗斯一直未能很好地发挥这一地理优势来促进本国东部地区的发展。

远东和贝加尔地区地域辽阔，但这一地区的交通运输状况始终处于比较落后的状态，很多交通基础设施的建设进展缓慢。在空运方面，这一地区可以利用的机场十分有限，同时缺乏与亚太国家的直通航班，与国外的航空业也缺乏有效互动；同时，作为这一地区交通运输的主要工具，铁路运输的基础设施落后导致了运输能力的下降。[①] 这不仅影响了这一地区的经济发展水平，也使得俄罗斯横跨欧亚的地理优势受到很大的制约。俄罗斯在《俄罗斯联邦远东及贝加尔地区2025年前发展战略》中着重提出要充分改善俄罗斯东部地区的交通运输状况，提高运输效率，并将其列为完成远东及贝加尔地区发展的重要基础性保障。

亚太地区的中国、日本等国都是出口大国，俄罗斯改善交通运输系统有利于俄罗斯更加积极地参与亚太地区一体化进程，充分发挥其欧亚路桥的功能。俄罗斯政府计划加大对航空、铁路和公路的基础设施建设的投入，包括使用现代导航技术为运输业服务，建设现代的航空枢纽，加强铁路运输能力，建立现代运输网络，提高运输的安全和质量等具体

① страгетия социально-экономического развития дальнего востока и Байкальского района на период до 2025 года，http：//www. government. ru/gov/results/9049/.

措施。[①] 同时俄罗斯注重加强与亚太国家开展这方面的合作，包括在与中国等国达成地区合作协议时将加强口岸地区基础设施建设作为重要的合作内容。

从另一个方面来讲，俄罗斯地缘经济战略中加快欧亚路桥建设的另一个重要意义在于能够加强俄罗斯与欧亚各国在经济交流方面的联系。俄罗斯以往的东部地区开发战略之所以未能完成，除了联邦政府资金、政策支持有限，东部地区自身社会经济发展存在缺陷等问题之外，十分重要的一点就是缺乏与相关亚太地区国家的交流和合作。在经济全球化和地区一体化日益深入的今天，俄罗斯远东地区的开发如果不能与相邻亚太地区国家实现良性互动，其战略目标的达成将会十分困难。

亚太地区近年来经济发展十分迅速，正逐渐成为推动世界经济发展的重要力量。2008 年以来的金融危机更凸显了亚太地区经济快速发展对于提振全球经济的重要性。俄罗斯远东地区的开发和发展更不可能独立于亚太地区经济发展大潮之外。俄罗斯政府在谈到远东地区的发展战略时也明确提出："发展俄罗斯与毗邻国家边境地区的经济、文化和人文交流，确保俄罗斯最大限度地参与亚太地区一体化进程。"[②]

第三，加强高科技方面的合作被俄罗斯视为这次开发开放战略中的重点合作领域和新的经济增长点。

俄罗斯远东地区长久以来一直面临着经济增长过多依赖于能源出口、在产品附加值较高的高科技领域缺乏显著成果等问题。因此俄罗斯把开发开放战略实施的重点之一放在了开展高科技领域开发与合作上。

俄罗斯远东地区具有较好的科技基础和科技人才培养机制，俄罗斯远东地区的能源开采技术和航空航天技术在亚太地区看来仍具有一定的先进性。俄罗斯力图以此为突破口，加快在科技领域的发展，包括在冶金、船舶、飞机技术等领域与其他国家开展合作，而不是像以往"简单地将石油由一国运到另一国"。[③] 俄罗斯总理普京在 2010 年 9 月 7 日会见"瓦尔代"国际辩

① страгетия социально-экономического развития дальнего востока и Байкальского района на период до 2025 года，http：//www. government. ru/gov/results/9049/.

② страгетия социально-экономического развития дальнего востока и Байкальского района на период до 2025 года，http：//www. government. ru/gov/results/9049/.

③ Стенографический отчёт о совещании по социально-экономическому развитию Дальнего Востока исотрудничеству со странами Азиатско-Тихоокеанского региона，http：//www. kremlin. ru/transcripts/8234.

论俱乐部成员时也表示，除原料基地外，俄罗斯可在东西伯利亚和远东地区发展高技术制造业，如飞机和船舶制造等，并希望就此与日韩等国展开合作。[①] 同时，俄罗斯准备利用与亚太地区国家达成的协议，如和中国政府达成的《中国东北地区与俄罗斯远东及西伯利亚地区合作规划纲要》以及和日本达成的原子能合作协议等政府间协议，积极引进其他国家的先进技术，包括生物技术、医药技术、环保技术、农业技术等。[②]

俄罗斯东部开发开放战略的最终目标是要实现俄罗斯东部地区的经济发展，为俄罗斯在21世纪的国家复兴提供新的增长点和增长动力。由于俄罗斯东西部发展存在严重的不均衡性，西部地区的经济水平远远高于东部地区，而东部地区则面对着发展日益迅速的亚太地区，因此可以说，俄罗斯未来能否实现真正意义上的“崛起”，实现东西平衡的战略，主要取决于东部地区的发展水平和速度。因此从这个意义上讲，俄罗斯东部开发开放战略是俄罗斯整体地缘经济战略的重要组成部分，也是俄罗斯对东方外交的核心要素。其构想能否实现对于俄罗斯亚太地缘战略的成功与否具有不可替代的作用。

三 俄罗斯东部开发开放战略影响下的俄日关系互动

东部地区开发是新一届俄罗斯政府的重要战略目标。俄日在俄罗斯东部地区的经济合作对两国具有重要的战略意义，是两国共同的利益所在。第一，这一地区蕴藏着丰富的资源，开发潜力巨大。通过与俄罗斯合作开发东部地区，获取石油、天然气等能源，既能满足日本经济发展对能源的需求，又能摆脱对中东石油的过度依赖，扩大外交回旋余地，改善国际战略地位；同时，借助自身地缘和资金、技术的优势，打入并进占俄罗斯远东地区这一尚未充分开发、潜力巨大的市场，促进日本经济从萧条走向回升。日本是世界上最大的投资国，资金、技术方面具有优势。俄罗斯需要日本的经济援

① 《普京：远东可优先发展飞机和船舶制造业》，http：//khabarovsk. mofcom. gov. cn/aarticle/jmxw/201008/20100807108635. htm。

② Стенографический отчёт о совещании по социально-экономическому развитию дальнего востока иструдничеству со странами Азиатско-Тихоокеанского региона, http：//www. kremlin. ru/transcripts/8234.

助，进行国内的经济改革；日本在能源开发利用上具有技术实力。俄罗斯的能源和市场与日本的资金和技术具有经济合作互补性，在俄远东地区的合作可以实现两国的经济利益。第二，日本是俄罗斯的东部邻国，俄远东地区的落后和不发达是不稳定因素，危及日本的安定。在东北亚地区，俄日两国致力于维护地区安全和稳定，尤其在朝鲜半岛的稳定问题上两国有着共同的安全利益。第三，俄远东地区的巨大开发潜力吸引了越来越多的国家参与经济合作，包括欧洲国家、美国、中国等，其中中、俄、日三国的合作最为引人注目，通过经济合作加强同亚太地区特别是新兴国家的关系，符合俄日两国融入新的经济增长空间，参与亚太经济一体化进程的预期。

因此，从 2012 年开始，在俄罗斯深入加快推动东部地区开发开放的背景下，俄日关系的互动出现了诸多新的变化。这主要体现在以下三个方面。

第一，双方的政治关系有了明显的改善。领土问题一直是影响俄日关系的最根本问题，这也导致了双方关系的长期停滞不前。俄罗斯的东部开发开放战略为这一问题的解决提供了新的契机。与此同时，日本首相安倍晋三在上台后所推行的旨在使日本经济走出低谷的“安倍经济学”使得日元大幅贬值，导致日本能源进口成本上升，为此，日本也需要从俄罗斯获得稳定、廉价的能源供应。这也为俄日政治关系的改善提供了动力。当然，俄日关系改善还有一个难以忽视的重要原因，那就是日本安倍晋三政府的“右倾化”趋势极为明显，在历史、领土等一系列问题上，日本与东北亚乃至亚太邻国龃龉不断，而俄罗斯则在此时被安倍政府视为改善周边外交环境的重要突破口。

2013 年 4 月安倍晋三首相访问莫斯科，这是近十年来日本首相首次访问俄罗斯。安倍晋三称其此次访俄的目的有三个：“一是同普京总统建立个人之间的信任关系，二是与俄罗斯开展全方位合作，三是寻找解决俄日领土争端的合理解决方案。”在俄日首脑会谈期间，普京和安倍晋三一致同意克服双方在领土问题上存在的分歧，以相互可以接受的最终解决方案签订和平条约，授权两国外长制订相应方案来加快谈判进程。会后两国领导人发表了联合声明，进一步强调了改善两国政治关系的意愿。但同时，在联合声明中，双方并没有提供解决领土问题的具体和可操作的方案。而安倍晋三首相承认俄日领土谈判在近期一直处于“停滞不前的状态”，普京总统也提出领土问题对双方“至关重要”，因此不应当期待“明天就彻底解决问题……毕竟这个问题在长达67～68年的时间内都没能彻底解决”。双方的这一态度表明，尽管当前俄日都有加快领土谈判，缔结和平条约的意愿和想法，但由于领土问题的复杂性以及双方可以让步的空间有限，因此近期全面彻底地解决这一问题仍然难以实现。尽管如此，俄日双方能够在新政府上台后恢复领土问题谈判就已经是“此次会面的重要成果”。

更加需要注意的是，安倍晋三此次访俄带来了由百余名日本企业家组成的商务代表团，希望加强与俄罗斯在环境、建筑、医疗、农业等方面的合作。这充分表明了经贸合作在俄日两国关系中起到的重要推动作用。安倍晋三此行与俄罗斯签署的9份政府间合作协议，涉及经济、文化、科技等各个领域。而在安倍访俄签署的18份文件中，15份是涉及经济领域的协议，涵盖交通运输、能源、金融、投资银行、保险等领域。这表明俄日两国都在试图克服领土问题给双边关系带来的不利影响，在推动其他领域合作的基础上建立互信，最终给领土问题的解决带来新的思路和路径。而日本首相秘书处顾问伊藤友彦则认为“访问取得了极大的成果……为两国长期关系的发展注入了新的动力”。

2013年11月，俄日成功举行了外长和防长的“2＋2”会谈，此前日本仅与澳大利亚和美国举行过类似的会晤。这标志着俄日关系进入了一个新的发展阶段。尽管俄日关系无法与日澳、日美关系相提并论，但此次会晤仍然为俄日在各领域的合作与建立互信奠定了基础。2014年初，安倍晋三作为日本首相出席了在俄罗斯举行的索契冬奥会开幕式。在西方国家对此次冬奥会普遍抵制的情况下，安倍此次出席更加凸显了其对俄日关系的重视。

第二，俄日的经贸关系取得进一步发展。2012年两国的双边贸易额达到320亿美元，为进入21世纪以来最高，日本公司对俄罗斯的直接投资达到了110亿美元，也为历史最高水平。俄日的经贸联系进一步紧密。在俄罗斯的东部开发开放战略中，加强与亚太地区国家在高科技领域的合作是重点领域，也被俄罗斯视为改变自身经济发展结构的重要手段。日本作为具有发达科技水平和较高创新能力的发达国家，这方面对于俄罗斯的吸引力无疑是显著的。在近年来与日本的合作中，俄罗斯也更加重视两国在高科技产业、信息与通信技术方面的合作，包括成立了俄罗斯与日本的经济现代化咨询委员会，并通过委员会吸引日本企业投资俄罗斯政府大力营建的斯科尔斯科沃创新中心。同时，俄罗斯也吸引日本高科技企业到俄罗斯投资，帮助松下等日本企业在俄罗斯建厂、生产。

从日本对俄罗斯投资的地域来看，日本企业的在俄投资目前主要集中于“莫斯科—圣彼得堡”经济圈和远东地区。其中“莫斯科—圣彼得堡”经济圈是俄罗斯国内经济最为发达、市场最为成熟的地带，这一地区的投资风险相对较小，但远东地区无疑是未来日本对俄投资的重点区域。这一方面是由于远东地区毗邻日本海，有着天然的地缘优势，便于日本企业投资，日本在这一地区投资的企业也主要集中于濒临日本海的萨哈林州、哈巴罗夫斯克边疆区以及滨海边疆区。从另一方面来说，由于俄罗斯在2010年后加快了远东开发的步伐，2012年在符拉迪沃斯托克召开的亚太经合组织峰会更是为这一地区的发展提供了契机。俄罗斯远东地区的投资环境在未来有望得到进一步改善，有利于进一步吸引日本企业的投资。2012年，马自达公司在符拉迪沃斯托克建立了汽车生产厂，2013年2月，滨海边疆区的索勒尔斯—布萨企业批量生产丰田汽车。除了汽车生产之外，俄罗斯也在吸引其他日本公司在俄开展汽车配件的生产，普利司通与三井物产在乌里扬诺夫斯克州建立了生产汽车外胎工厂，2012年3月，“横滨橡胶”在利佩茨克建厂生产汽车轮胎。此外，“三菱电机”“朝日玻璃”等多家日本汽车配件公司均开始在俄罗斯投资建厂生产汽车配件。

值得注意的是，在2014年初克里米亚“入俄”问题发生之后，尽管日本也参与了西方国家制裁俄罗斯的行动，冻结了俄日的投资谈判，但其制裁意愿明显不足，而俄日投资论坛却未受影响如期举行。俄罗斯商界主席列皮克指出，这表明俄日两国的商人对相互合作的兴趣“从未像今天这样高”。

第三，俄日能源合作是目前俄罗斯在东部地区开发开放过程中对日合作的关键方面。这主要是因为日本与俄罗斯的能源合作项目主要集中在远东—西伯利亚地区，包括萨哈林油气项目和东西伯利亚—太平洋输油管道建设项目。① 俄罗斯在远东地区萨哈林岛的合作项目是外国石油公司进入最早、投资额最大、最先按产量分成协议进行开发的重大项目。可以说，“萨哈林－1号”和“萨哈林－2号”项目是普京政府时期俄日能源合作的最主要成果，其中日本在“萨哈林－1号”占有30%的份额，在“萨哈林－2号”占有22.5%的份额。

① 李勇慧：《中国和平发展进程中的中日俄关系》，《俄罗斯中亚东欧研究》2007年第4期。

同时，俄罗斯作为世界能源出口大国，积极拓宽世界能源市场，日本是世界上主要能源消费国，其也在调整能源安全战略，实现能源出口多元化，俄日的这种在能源合作上的互补性使得双方在能源合作领域有着不断扩展的空间，尤其是在2011年东日本大地震之后，随着日本对核能应用的限制，其对能源进口的需求有进一步增加的趋势，俄罗斯也在针对这一情况不断调整其对日能源战略。早在2011年3月末，时任俄罗斯副总理的伊戈尔·谢钦就向日方提出了全面能源合作建议，包括增加对日本石油、液化天然气、煤炭等资源的供应，同时邀请日方参与建设伊尔库茨克州的凝析气田等。几年来，俄罗斯的这一提议正在逐步变为现实。

2011年4月，俄罗斯天然气工业公司与包括日本“丸红”公司在内的多个财团签署了在符拉迪沃斯托克建立液化天然气工厂的备忘录，这一协议在2012年亚太经合组织峰会期间得到了枝野幸男和俄罗斯能源部部长亚历山大诺瓦克的批准。该工厂的生产能力达到10万~15万吨。2010年6月，伊尔库茨克石油公司与日本“丸红”公司签署了引进日本高效节能技术，在伊尔库茨克共同开发石油天然气项目的备忘录。2012年10月，俄罗斯天然气工业公司决定在雅库特地区开发油气田，并建立“雅库特—哈巴罗夫斯克—符拉迪沃斯托克”天然气管道，该天然气管道计划于2017年底向日本输送天然气。除了传统的石油和天然气领域的合作之外，俄日在能源方面的合作还集中于电力以及核能领域。2012年4月，俄罗斯公司与日本日立公司签署了为期5年的科学技术合作协议，计划共同提高俄罗斯和日本电网的能源使用效率，在建设和运营方面提出创新性的解决方案。2012年6月，日本的川崎重工与俄罗斯东方公司签署合作谅解备忘录，计划在2015年前向俄罗斯提供30台由川崎重工生产的燃气涡轮机。

应当说，在俄罗斯亚太政策不断加强，东部地区开发持续推进的背景下，日本对于俄罗斯的重要性是不言而喻的。一方面，在后金融危机时代，俄罗斯经济复兴速度缓慢，2011年俄罗斯的GDP增长率为4.3%，2012年仅为3.4%，2013年更是只有1.4%。这对于身为新兴市场国家的俄罗斯来说是十分不利的，同时也影响着普京总统在竞选时做出的一系列改善民生承诺的实现。因此，俄罗斯希望通过开发远东地区来为其带来经济提升的新增长点，而日本作为远东地区的经济发达国家可以在这一过程中发挥重要作用，同时，日本对俄罗斯能源需求的增强也为这一合作提供了更好的舞台。

另一方面，俄罗斯经济合作多元化的趋势正在进一步增强，尽管中国始终是俄罗斯在东部地区首要的合作伙伴，但如何在能源、经济合作方面减少对中国的依赖也一直是俄罗斯政府考虑的重要问题，而日本则一直被认为是可以改善俄罗斯在经济发展中对中国合作依赖的最重要候选伙伴之一。此外，尽管在2014年乌克兰危机发生之后日本参与了西方国家对俄罗斯的制裁行动，但这并不能改变俄日关系在俄罗斯东部开发开放战略的促进下进一步改善的趋势。尤其是在日本与中国、韩国的关系难以出现迅速好转的今天，日本更是将俄罗斯视为其改善外交环境，推进本国经济发展的重要合作伙伴。

参考文献

[1] 顾志红：《事实与真相——俄罗斯地缘政治与外交》，长春出版社，2010。

[2] 郑羽、蒋明君等：《普京八年：俄罗斯复兴之路》，经济管理出版社，2008。

[3] 冯绍雷、相蓝欣等：《俄罗斯与大国及周边关系》，上海人民出版社，2005。

[4] 吴恩远、郑羽等：《俄罗斯东欧中亚国家发展报告2010》，社会科学文献出版社，2010。

[5] 许志新：《俄罗斯的亚太政策》，《当代亚太》2005年第2期。

[6] 宋魁：《俄罗斯亚太战略走向及其对策》，《俄罗斯中亚东欧市场》2004年第12期。

[7] 王郦久：《俄罗斯的亚太战略新调整与中俄亚太安全合作》，《俄罗斯学刊》2011年第2期。

[8] 邢广程：《俄罗斯亚太战略和政策的新变化》，《国际问题研究》2012年第5期。

[9] 程春华：《美国“重返”亚太与俄罗斯的应对》，《南京政治学院学报》2012年第2期。

[10] 郭金峰：《普京当选总统与俄罗斯亚太战略调整》，《亚非纵横》2012年第5期。

[11] 季志业：《俄罗斯的东北亚政策》，《东北亚论坛》2013年第1期。

[12] 徐博、刘清才：《俄罗斯东部地区开发开放战略评析》，《现代国际关系》2010年第10期。

[13] АЛЕКСАНДР ИВАНОВ, Азиатско-тихоокеанский регион и Россия: Новая роль в глобольном развитии, Международная жизнь, 2010 (8).

[14] МИХАИЛ НИКОЛАЕВ, АТР и национальная безопасность России, Международная жизнь, 2010 (4).

[15] КАНАЕВ Е, КУРИЛКО А, Юго-восточная азия в условиях мирового

финансово-экономического кризиса, Мировая экономика и международные отношения, 2010 (2) .
[16] ГЛЕБ ИВАШЕНЦОВ, Азиатский вектор Российской энергетики, Международная жизнь, 2010 (3) .
[17] ГЛЕБ ИВАНШЕНЦОВ, Корейская проблема и безопасность в Северо-восточной Азии, Международная жизнь, 2010 (6) .
[18] ДМИТРИЙ МЕДВЕЕВ, Российская дипломатия защита национальных интересов и содействие комплексной модерзации страны, Международная жизнь, 2010 (8) .
[19] КОРЖУБАЕВ А. О, стратегии взаимодействия России со странами АТР в нефтегазовой сфере, Проблемы Дальнего Востока, 2010 (2) .
[20] A. P. Tsyganov, *Russia's Foreign Policy*, Lanham: Rowman & Littlefield Publishers, 2010.
[21] Kanet Robert, *Russian Foreign Policy in the 21st Century*, New York: Palgrave Macmillan, 2011.
[22] Mankoff Jeffrey, *The Russian Economic Crisis*, New York: Council on Foreign Relations, 2010.
[23] Mankoff Jeffrey, *Russian Foreign Policy: The Return of Great Power Politics*, New York: Rowan & Littlefield Publishers, 2012.
[24] S. B. Cohen, *Geopolitics: The Geography of International Relations*, Lanham: Rowman & Littlefield Publishers, 2009.

An Analysis to the Impact of Russian's Eastern Territory Opening-Development Strategy on Russian-Japanese Relations

Xu Bo

Abstract The Eastern Territory Opening-Development Strategy is an important National Strategy of new Putin's government. The strategy is based on the Far East to develop the social and economic reality of the slow long-term development, and Russia in the east face of geopolitical threats. The strategic vision is based on energy cooperation, to pay attention to Russia across Eurasia, geography, and strengthen the high-tech cooperation, Russia and Asia-Pacific region to promote cooperation and exchange, to complete Russia's prosperity and development of the eastern region. Japan as the most developed country in Asia, has the unique impact on geo-economic landscape in Asia-Pacific Region. Thus, establishment of stable Russian-Japanese Relationship is one of the most important aspects of Russian's Oriental Strategy in new era. Under the influence of the Strategy, a series of new changes have occurred in Russian-Japanese Relationship, such as rapid improvement in political relations, trade, and energy cooperation. As Sino-Japanese and Korean-Japanese Relations at an impasse today, Russia is also considered as an important partner for improvement of Diplomatic environment and economic development for Japanese government.

Keywords Russia; Japan; Far Eastern Development

历　史

论安倍晋三的历史观

郭冬梅　赵秋萍[*]

【内容提要】安倍晋三的历史观在他执政后有所凸显。随着日本右翼势力更加猖獗，安倍政权在钓鱼岛争端等中日关系的现实问题与慰安妇问题、参拜靖国神社、侵略战争责任等历史认识问题上所采取的强硬举措，使日本的亚洲外交陷入困境。针对安倍历史观的审视与批判，开展必要的研究与关注是分析日本所面临困境的现实与趋势的基本出发点。

【关键词】安倍晋三　历史观　日本

2012 年 12 月，时隔 5 年多后，安倍晋三再次问鼎日本首相宝座。安倍的两次上台都面临着中日关系的危机局面。前者是因小泉首相参拜靖国神社而导致的“政冷经热”，后者则是因野田佳彦的钓鱼岛“国有化”举措导致的“政冷经冷”。但在日本右翼势力更加猖獗的背景下，再次上台的安倍已经无意改变日本的亚洲外交困局，而是围绕钓鱼岛问题对中国采取更加强硬的姿态。而在慰安妇、参拜靖国神社、侵略战争责任等历史认识问题上，安倍则频频抛出伤害被日本侵略国家人民感情的言论和行为。安倍错误的历史观受到日本国内和国际的广泛批判。那么，安倍的历史观究竟如何？其形成的原因是什么？笔者认为有必要对这一问题进行深入、系统的探讨。

---

* 郭冬梅，东北师范大学日本研究所副教授，历史学博士，吉林大学日本研究所特约研究员，主要研究方向为日本历史；赵秋萍，东北师范大学日本研究所，历史学硕士。

一　安倍晋三的政途路线

安倍晋三生于1954年9月21日，祖籍是“首相产地”（安倍是第八位）山口县。其可谓出身政治世家。祖父是安倍宽，被称为“昭和的吉田松阴”，因反对东条英机而闻名政界，组建“日本进步党”声动政坛。外公岸信介被冠以“昭和妖怪”之称，为日本前首相。外叔公佐藤荣作是岸信介的亲兄弟，战后连任三届首相，任内长期以日美关系为中心，对中国采取敌对态度，破坏中日交往。父亲安倍晋太郎为中曾根康弘内阁的外相，在任外务大臣时提出“创造性外交”的新理念，使日本的国际地位得到较大提升。其母亲安倍洋子是岸信介的长女，被日本政界称为“日本政治活证人”，从岸信介到安倍晋太郎再到安倍晋三，她都曾参与过他们的政选演讲。

自出生就拥有的强大政治背景成为安倍参政的有利资源。1979年留学镀金回国的安倍进入日本神户钢铁公司工作，后来在父亲的劝说下辞去工作，于1982年担任时任外务大臣的父亲的秘书，从此安倍便踏上了政治之路。

从最初跟随父亲遍访二十多个国家，参与外交事务，积累政治经验，到后来借助其家族声名，在政坛大佬福田赳夫、竹下登、森喜朗和小泉纯一郎等的提携之下，安倍可谓扶摇直上，于2006年成为自民党第21届总裁和第90届内阁首相，是自民党历史上最年轻的总裁，也是日本历史上首位战后出生的首相。

新上台的年轻首相在万众瞩目之下开始处理小泉时代遗留的内政外交问题。对外一改小泉“重美轻亚”的路线，力求摆脱“亚洲孤儿”的困境。他上任不久便实行所谓的“闪电”外交，访问中韩两国。对内提出所谓的“美丽的国家”的目标。但是由于其不顾反对的强制性做法加上内阁频频曝出的丑闻，安倍的支持率迅速下降，从当选时的71%跌到30%，不得不于一年之后下台，并成为推倒自民党政权这个“多米诺骨牌”的第一块。

在此后，日本首相基本处于一年一任的状态。直至2012年，当野田佳彦内阁以钓鱼岛“国有化”为噱头，大搞投机政治为参选作势之时，安倍晋三再次出击，以294席的绝对多数议席获胜，成为日本第96届首相，重新夺回自民党执政大权。

二　安倍晋三的历史观

许多海外媒体对安倍有一针见血的评价。例如，美国的《新闻周刊》称他为“让邻国担忧的人物”；《时代》称他为“危险的国家主义者”；美联社称他为“民族主义者”；英国《泰晤士报》称他为“民族主义者”；法国《费加罗报》说他是“鹰派的总裁”。[①] 结合安倍自从政以来关于历史问题的一些言论与行为，特别是在诸如历史教科书、参拜靖国神社、慰安妇、天皇制等一系列关乎亚洲邻国感情和人类正义的历史认识问题上，安倍的表现的确没有辱没这些称号。

（一）历史教科书问题

20 世纪 80 年代，随着教科书等问题的发展，中日双方在历史问题方面的矛盾不断加剧。此后的“宫泽谈话”“邻国条款”“河野谈话”“村山谈话”等都表达了一个相对较好的态度，缓和了矛盾。

对此安倍却提出强烈不满，他的目的是清理日本战后普遍存在的“自虐史观”。1997 年 2 月，他与中川昭一成立“探讨日本未来与历史教育新生议员联盟”，并长期担任事务局长。会长为中川昭一，干事长为平沼赳夫。该联盟主要由自民党中当选五次以下的议员组成，其目的是删除日本历史教科书中关于“慰安妇”问题的内容。

在 1998 年的《新生议员联盟活动报告》中，安倍指出：“通过 10 次以上的学习会，我们搞清了我国的历史教育中所存在的问题是多么严重，也就是搞清了在慰安妇问题上受到了多大的歪曲，以及至今在日本外交中存在的谢罪体制是如何招致了今日的种种问题。”[②] 他认为教科书中关于慰安妇的内容受到了河野洋平官房长官讲话的影响，而这一讲话是错误并且证据不足的。教科书的审查制度存在漏洞，并且受到民众派“日教组”的干涉。

1999 年，该联盟围攻了主持教科书审查的文部省教科书课长及出版教科书的社长，并且要求河野洋平撤销自己的谈话，后又联合右派议员于 2001 年

---

① 王珂、王智新：《安倍晋三传》，中央编译出版社，2007，第 120 页。

② 王珂、王智新：《安倍晋三传》，第 126 页。

成立“历史教科书问题探讨超党派议员联盟”，要求日本文部省从教科书审定标准中撤销“对战争的记述不能伤害邻近诸国”的规定，在教科书中对南京大屠杀“两论并提”，包括右翼学者所主张的“南京大屠杀伪造论”等。

2004 年，“探讨日本未来与历史教育新生议员联盟”改名为“探讨日本未来与历史教育议员联盟”。2005 年，时任会长中山成彬公然声称，“日本在当时根本就没有‘随军慰安妇’这个词”，把“慰安妇”等字眼从历史教科书中删除是“好事”。[①] 2005 年 12 月，就“慰安妇”问题设立专门委员会，要求政府修改“河野谈话”，同月就“南京大屠杀”设立专门委员会，其宗旨是设法消除外界对南京大屠杀的“误解”。

2007 年，慰安妇问题再起波澜，3 月 14 日，联盟决定对慰安妇问题进行调查。在 3 月 16 日政府制定的答辩书中，联盟称从政府发现的资料中找不到有关军方或官方曾强征慰安妇的直接记述。

2007 年 6 月 19 日，该联盟声称，基于当时官方文件和媒体调查来看，“无法确认南京大屠杀的事实”。据时任会长中山成彬宣称，经调查，南京大屠杀的遇难人数为“两万人”，“并没有高于或者低于通常战事中的死亡数字”，通过“调查”档案文件“恢复日本人民的荣誉”。该联盟计划将相关资料提交给首相安倍晋三。[②]

针对此前的“邻国条款”，2013 年 4 月，再任首相的安倍政权准备着手修改现行教科书审定制度。据报道，由于所谓“条款”的束缚，使得日本教科书对“慰安妇问题”“南京大屠杀问题”的记载增多，有“夸大”之嫌，将“造成历史教科书的自虐史观”。安倍认为，审定标准“没有体现出修正版《教育基本法》中尊重日本传统与文化、热爱国家、热爱家乡的精神”。[③]

（二）参拜靖国神社问题

对于靖国神社的参拜，在半个多世纪的时间里，日本首相经历了从小心

---

① 田兴春：《日自民党百名议员否认南京大屠杀，缺乏与错误历史决裂的勇气》，人民网，http：//world. people. com. cn/GB/8212/5894330. html。

② 田兴春：《日自民党百名议员否认南京大屠杀，缺乏与错误历史决裂的勇气》，人民网，http：//world. people. com. cn/GB/8212/5894330. html。

③ 中国新闻网，http：//www. chinanews. com/gj/2013/04 - 10/4719449. shtml。

翼翼的低调参拜到公式化的堂而皇之参拜的转变。作为右翼保守势力的成员，安倍以此作为自己的政治亮相，换取政治支持。据统计，自民党执政至2004 年已出的 19 位首相中，在任内参拜靖国神社的有 11 位，而其中参拜 4 次以上的是池田勇人（5 次）、佐藤荣作（11 次）、田中角荣（5 次）、福田赳夫（4 次）、铃木善幸（8 次）、中曾根康弘（10 次）、小泉纯一郎（4 次）7 人。[①]

作为自民党一脉相传下来的安倍晋三在处理靖国神社问题上也是公开积极的。他参加了与靖国神社有关的“神道政治联盟国会议员恳谈会”和“大家都来参拜靖国神社国会议员之会”。前者强调神道是日本精神的主体，后者的目的主要是推动更多的政治家一起来靖国神社参拜“为国捐躯的英灵”。

他曾多次为小泉的参拜进行辩解，于 2005 年 6 月组织支持小泉参拜的自民党少壮派议员组成了“年轻国会议员会”，并多次强调“不参拜靖国神社就没有资格当日本首相”。

2006 年 7 月曝光的“富田笔记”引起国民轰动，面对即将大选的形势，安倍采取暧昧的态度来应对是否参拜靖国神社的问题。但据调查，安倍曾在2006 年 4 月 15 日“秘密”参拜靖国神社，并于 2004 年、2005 年 8 月 15 日两次参拜靖国神社。

2012 年 9 月 14 日，在自民党总裁候选人的记者见面会上，安倍对上次组阁期间未能参拜靖国神社表示遗憾，后于 10 月 17 日以自民党总裁的身份参拜靖国神社。此后安倍多次表示因上次组阁未能参拜而遗憾。再次上台后，面对对外关系紧张的局面，安倍暂时未明确表示自己是否参拜靖国神社，但是曾多次发言变相支持其阁僚进行参拜活动。2013 年 4 月，日本内阁成员、超党派议员等参拜靖国神社问题引起国际社会的强烈不满。安倍在事后参加的参议院预算委员会上表示，“向为了国家而献身的英灵表示尊崇之意是理所应当的”，面对中韩两国的谴责表示“面对怎样的威胁都不会屈服”。[②] 此后内阁大臣稻田朋美决定于终战纪念日参拜靖国神社也得到安倍

① 翟新：《日本自民党执意参拜靖国神社的国内政治背景分析》，《社会科学》2004 年第 10 期。

② 《环球时报》，http：//world. huanqiu. com/exclusive/2013 - 04/3870585. html。

晋三的同意。安倍在春秋两祭虽未亲自参拜，但仍以内阁大臣的名义以“祭品”代替“祭祀”来表示对“英勇亡灵”的支持。他在2013年8月的众议院预算会议上明确表示不会以首相的名义要求内阁成员不要去参拜靖国神社，参拜与否由个人意志决定。

（三）慰安妇问题

慰安妇问题是日本在二战期间所犯下的重大反人道罪之一。由于女权意识的薄弱，这一问题长期以来并未得到应有的重视。1991年，幸存者金学顺发表证言，承认自己就是日军强征的慰安妇。随后，大量证者出现，这一问题逐渐引起重视。

日本政府在进行调查后，1993年8月4日，时任内阁官房长官的河野洋平就“慰安妇”问题发表谈话，承认日本在二战期间强征“慰安妇”的史实，并表示反省道歉。

对此，安倍晋三明确表示反对“河野谈话”。如上文所提，他在1998年的报告中就强烈反对当时的历史教材受“河野谈话”的影响，并且要求河野洋平撤销其谈话。2000年日本民间组织进行了关于二战中“慰安妇”问题的模拟审判，最终结果为天皇应对这一问题负责。次年，NHK就这一问题制作了专题片《应当追究责任的战争性暴力》。安倍就此问题向其施压，事后表示“日本广播协会应该以公正和中立的立场进行报道”。其后NHK在播出专题片时删除了大量有关批评日本战时行为的内容。

在2006年10月访华前夕曾一度表示将继承与慰安妇问题有关的“河野谈话”的基本立场的安倍，在不久后的2007年3月，在回答记者关于“河野谈话”的提问时又表示并没有证据表明日军在二战期间强征慰安妇，并大玩文字游戏，提出所谓的“狭义强迫”和“广义强迫”，引起国际社会的强烈不满。美国也就此问题提出了谴责日本强征慰安妇的决议案，安倍表示其未根据客观事实，不会为此道歉。面对国际态势，安倍于3月11日在接受NHK记者采访时表示道歉。据分析，这一举动可能与当月温家宝总理访日和月底安倍访美有关。

（四）天皇问题

对于由万世一系之天皇统治的日本来说，如何断定天皇的地位不仅意味着对国家性质的认识，更意味着对战争责任等历史问题的认识。

战后关于神道的重要组织有“神道政治联盟国会议员恳谈会”，它成立于1970年，主要由自民党成员组成，会长为绵贯民辅，森喜朗为顾问。其宗旨是，祈祷天皇的大位和荣誉永传，因为他是日本的“灵魂”，是日本国民的“优秀的”社会观和国家观。2000年，在该组织成立30周年纪念大会上，时任首相森喜朗指出“日本是以天皇为中心的神的国家”，[①] 这番言论引起了国际社会的激烈批判。当时任该组织事务局长的安倍晋三正是森喜朗内阁的重要成员。

在安倍对历史教材表示强烈不满的同时，自民党也力图改变日本现有的教育体系，提出了“教育基本法改定法案”。2002年1月设立了以麻生太郎为首的“教育基本法检讨特命委员会”，此后相继成立右派组织的“日本的教育改革学者恳谈会”、民主党和自民党组成的“教育基本法改正促进委员会”。“法案”主要是加入了“爱国心”的问题，主要指“对以天皇为中心的日本民族国家效忠”。

此外，安倍晋三参加的“日本会议国会议员恳谈会”成立于1997年，由森喜朗、小渊惠三等人发起，其目的主要是为了支持以修宪为目的的右翼组织“日本会议”。“日本会议”的目标是修订宪法，承认集体自卫权即交战权利；修订教育基本法，修正历史观。与它相联系的“恳谈会”下设三个分会，包括“历史、家庭、教育问题”“防卫、外交、领土问题”“宪法、皇室、靖国问题”。其组织主要负责人包括麻生太郎、平沼赳夫、中川昭一等都与安倍有关，其中安倍曾任“宪法、皇室、靖国问题”分会的负责人。2000年，总会通过了“关于改正教育基本法的决议”，2006年，该决议支持首相正式参拜靖国神社。

在体现其纲领的《致美丽国家》中，安倍提出为实现“美丽国家”口号要推动教育基本法修正案的通过。2006年12月，日本通过新的《日本教育基本法》，增加了“尊重公共精神”“重视爱国心”的内容。此外，书中也专门提到了天皇的问题。首先，天皇在日本历史上始终是“象征”。“天皇成为（宪法中规定的）‘象征天皇’之前，就已经是日本国的象征了。”[②]

---

① 俵義文：《安倍晋三の本性》，金曜日出版社，第72页。

② 陈秀武：《论安倍晋三的“美丽国家”构想》，《日本学论坛》2007年第1期。

他认为天皇制是日本国家固有性格的根基所在，肯定了天皇在战后的精神作用。同时他指出日本天皇是为国民进行祈祷的天皇。如天皇在为国家和人民的祈祷中担任重要的祭祀任务，宪法所规定的“日本国事行为”也被安倍视为天皇为国民而鞠躬尽瘁。

2013 年 4 月 28 日，在由政府主办的关于纪念冲绳主权恢复的仪式上，包括安倍晋三及副总理麻生太郎在内的参加者向天皇、皇后高呼“天皇陛下万岁”。此举引起冲绳居民的强烈愤怒和抗议，激起了他们对战争的噩梦般回忆。

（五）对战争责任与“村山谈话”的否定

对于日本的战争责任问题，1995 年的“村山谈话”表示承认日本过去实行了错误的国策，走了战争道路，并表示要深刻反省历史、吸取历史教训。这也一直被国际视为日本的官方回应。

安倍对于“村山谈话”一直处于反复状态。早在 1994 年关于日韩关系的辩论会上，安倍就明确表示此前细川护熙关于“太平洋战争是侵略战争”的发言是错误的。

他还否认有甲级战犯，质疑东京审判，宣称“在国内法上，甲级战犯不是战犯”，“是东京审判判处了 7 人死刑，我们国家并没有自主地审判他们。因此，在日本，不能说他们是罪犯”。东京审判只是“判决”而不是“审判”，“不是我国主体的裁决”。①

在首次组阁时，为缓和与中国的关系，安倍在访华前夕的 2006 年 10 月 3 日众议院答辩中，曾表示要继承“河野谈话”的基本立场和“村山谈话”的基本精神，并在 5 日表示，“开战的结果给亚洲人民留下了重大创伤，包括我外祖父（岸信介）在内的当时的领导人负有重大责任”，“政治在结果上要负责任的，因此当然可以说当时领导人的判断是错误的”。②

然而，这并非安倍的本心。在 2013 年 2 月 12 日的众议院预算会议上，他又再次对东京审判提出质疑，指责其“并非日本人自己做出，而是联合国一方战胜者们做出的断罪行为”。③

① 李大光等：《一门三相：安倍晋三家族与日本世袭政治》，台海出版社，2013，第 144 页。

② 杨栋梁、乔林生：《日本首相评传》，天津古籍出版社，2012，第 380 页。

③ 人民网，http：//world. people. com. cn/n/2013/0315/c1002 - 20799736. html。

从这一系列与历史有关的问题上可以看出，安倍晋三反对日本战后所谓的“自虐史观”，力图否认日本的侵略史，否认日本侵略给亚洲人民造成的灾难，否认东京审判的正义性。作为一个“民族主义分子”，安倍有着错位的历史观。

三　影响安倍晋三历史观的诸因素

安倍能够两度执政，除了得益于自己的家庭背景以及由此而来的政坛大佬的扶助之外，还源自安倍本身的经历和能力，外加时局政治的影响。这些因素也同样影响着他的历史观的形成。

（一）作为一名“纯种政治”人物，来自家族的影响

如上文所言，安倍确实是出身于政治世家，从外祖父岸信介到外叔公佐藤荣作再到自己成功登相，可谓是“一门三相”的政治大家族。因此，安倍不免受到来自家族内部的影响。

岸信介是曾经的甲级战犯，在战前曾担任“伪满洲国”的产业部次长，任东条英机内阁的重要成员，为日本的对外侵略做出过不少“贡献”。然而在朝鲜战争爆发后，他被美国以其曾因塞班岛战役与东条英机发生争执为由而解除死刑。后来在右翼保守主义势力上台的大势下，岸信介重新参与政治，力主日美同盟，提高美国的自主地位，签订《日美安保条约》。正是这样一位曾经参与过法西斯战争并亲美的重要成员对安倍的人生产生了重要影响。安倍晋三把岸信介作为榜样，在其影响下，安倍从小就有从政的愿望。他曾亲历过1960年反安保斗争，当时的人群包围了首相官邸，而后岸信介因为此事下台。在这一事件中，岸信介的“从容和坚持”使得安倍终生难忘。安倍回忆说：“我的政治DNA更多地继承了岸信介的遗传。”① 其母洋子在介绍安倍时也说：“政策上像外祖父，性格上像他父亲。”②

另一位重要家庭成员佐藤荣作也对安倍有重要影响。佐藤在任时期，推行以美日同盟为中心的外交政策。他推行“两个中国”的政策，“亲台反

① 王珂、王智新：《安倍晋三传》，第16页。

② 盐田潮：《安倍晋三的力量》，平凡社，2006，第56页。

华”，破坏中日交往。他曾阻挠彭真代表团入境，阻止日本青年来华参加中日青年大联欢。1971 年，他联合美国提出修正案，力图阻挠中国在联合国合法席位的恢复。同时他也是迄今为止参拜靖国神社次数最多的日本首相，达 11 次之多。

安倍晋太郎则是岸信介一手培养起来的保守派成员。二战末期曾报名参加神风特攻队，但未上战场日本已战败。后两次角逐日本首相皆失败，却为安倍留下了重要的人脉资源，如小泉纯一郎推荐安倍晋三为森喜朗内阁阁员，破格提拔其为自民党干事长，并多次表达对他的欣赏，这也被视为小泉的报恩之举。

正是因为在这样一个极右思想渊源的家庭成长起来，并且借助其力量登上政治舞台，安倍的思想不能不具有“右翼”的一面，对其历史观产生重大影响。

（二）来自成蹊学园的教育的影响

安倍晋三的学生生涯是在成蹊学园度过的。学园的创立者是中村春二，“成蹊”取于《史记·李将军列传》中太史公曰“桃李不言，下自成蹊”。成蹊学园最早是一座私塾，最初旨在建立一个师生亲密接触的住校制学校和不收贫穷家庭学生学费的学校。1912 年以“免学费”“小人数教育”“学以致用”“道德实践”为原则创办实务学校。但由于私塾式的教育方式不为政府所承认，被迫改为系列教育的学校，这也使得原有的原则无法实现。

对于当时正逐步走上对外侵略道路的日本来说，成蹊学园的教育理念，如它所提倡的“学以致用”“道德实践”，实际上被国家主义所利用。[①] 现存的启行门就是 1938 年在国家主义影响下于学校所建的神社——“报命神社”的“神门”，这也是当时最好的证明。

1949 年，随着成蹊大学的建成，成蹊学园建成了从小学到大学的整个教育体系。安倍晋三的整个学校时光都是在这种教育氛围下度过的。对于一个曾经被国家主义所利用，并且宣传过军国主义思想，时至今日仍没有清算彻底的学校，其教育不能不在潜移默化中影响安倍的历史认识。

① 王珂、王智新：《安倍晋三传》，第 70 页。

（三）时局政治的影响和需要

众所周知，二战后美国出于战略上的考虑，对日本的战争责任并没有进行应有的清算，因此导致日本的右翼势力一直存在于政坛之中。特别是冷战结束后，随着两极格局的瓦解，加上日本长期的经济不景气和中国的崛起等因素，日本的右翼势力日趋活跃，时至今日，有些右翼政客以此作为自己的政治资本，导致整个日本的政坛出现右倾化倾向。如小泉纯一郎时期的参拜靖国神社问题和野田佳彦内阁时期的钓鱼岛“国有化”问题。

同样，安倍也在积极地为自己的政治前途积累资本，在如此的政治环境下，其对策也就显而易见了。据媒体分析，安倍的高“人气”来源中包括参拜靖国神社，支持修改日本的历史教科书，“修宪”等行为。①

值得注意的是，在2006年首登首相之位时，不管是上台之前的强硬，还是上台之初的“暧昧”色彩，以至到最后的原形毕露，都不能说其在历史认识上有所改观，而更能从根本上说明其裹挟在具体政策之下的历史观没有变化，只不过是根据时局的需要而对其表面的政策所做出的暂时性调整。

这些也从侧面反映了整个日本社会在战后对于历史缺乏足够的认识和反省，对于历史问题没有清算彻底。这一点也可以说是时至今日影响安倍晋三历史观的最根本、最重要的一点。

（四）安倍晋三参加的团体组织活动

随着历史问题的发展，日本右翼分子日益活跃，右派组织也日益增多。安倍晋三自1982年以父亲外务大臣秘书的身份亮相政坛之后，在其后的政治生涯中参与了不少政治团体活动，其中包括自民党历史研讨委员会、探讨日本前途与历史教育新生议员联盟、历史教科书问题探讨超党派议员联盟、大家都来参拜靖国神社国会议员联盟、神道政治联盟国会议员恳谈会、自民党教育基本法检讨特命委员会、为早日救出被朝鲜绑架者而行动国会议员联盟、日本会议国会议员恳谈会、日本终战50周年国会议员联盟等。

---

① 王珂、王智新：《安倍晋三传》，第122页。

安倍晋三还是不少组织的重要负责人，如探讨日本前途与历史教育新生议员联盟的创立者，神道政治联盟国会议员恳谈会的事务局长。这些政治团体都是具有民族主义性质的右翼组织。至于具体的活动内容前文也已进行过表述。这些组织在影响安倍政治信念的同时也极大地影响了他的历史观，对安倍有关国际关系的历史问题的处理产生了重大影响。

（五）安倍晋三的政治伙伴

两任安倍政权的周围都是右翼保守势力的成员，这也对安倍的历史观产生了一定的影响。

首先，作为政坛的重要人物而显得尤为重要的智囊团都是右倾的保守派成员，民族主义意识比较强烈。安倍的智囊团主要包括伊藤哲夫、中西辉政、西冈力、岛田洋一、八木秀次、冈崎久彦 6 位。[①] 伊藤哲夫成立了日本政策研究所，从保守主义的立场来进行日本政治研究。中西辉政则更为激进，曾任“新编会”的理事，批判日本战后自我反省的历史观，认为天皇是无与伦比的君主，肯定日本战前的成就；对欧美文明持怀疑态度，主张发展核军备；曾在《作为帝国的中国》一书中将中国说成是帝国主义国家。八木秀次则攻击日本战后教育政策，参加“新编会”。西冈力虽然反对参拜靖国神社，但对日本战后反省历史的行为持否定态度。这些人的政治倾向都或多或少地影响了安倍的历史观。此外，安倍参加前文所提的那些具有民族主义性质的团体，也跟他们有很大的关系。

其次，安倍内阁的成员大都为右翼政客。除首相外，其内阁成员均参与了上述组织，如两任安倍内阁阁员的麻生太郎、菅义伟、下村博文、田村宪久、林芳正、甘利明、石原伸晃等。[②] 此外，行政改革大臣稻田朋美曾著书否认南京大屠杀，否认日本侵略历史，反对东京审判。总务大臣新藤义孝曾组团“视察”钓鱼岛，同船的 10 名日本人非法登岛。

综上所述，安倍晋三的历史观就是在这样的环境下形成、扭曲以至于反映到其具体的执政政策上的。

---

① 俵義文：《安倍晋三の本性》，第 30 页。

② 俵義文：《安倍晋三の本性》，第 86 页，根据对安倍首任内阁成员统计对比所得。

四　结语

作为影响日本与中国、韩国等亚洲邻国关系的最重要因素的历史认识问题，自战后日本政府曾经发表过三次重要的谈话，虽然招致了日本右翼势力的强烈不满，但被认为是迄今为止日本政府对于历史问题有良知的回答，被视为官方统一口径。

然而进入21世纪之后，日本政坛的右翼势力日益猖獗，教科书事件、参拜靖国神社等否认侵略历史的历史认识问题不时出现，严重影响着日本与中国、韩国等亚洲邻国的关系，挑战着人类正义与良知的底线。此次上台的安倍即是如此，其言论与行为已经不仅招致中韩两国和人民以及日本国内爱好和平人民的批判与反对，就连作为其盟国的美国也对其表达了不满。但是对于批判与反对之声，安倍置若罔闻，仍然一意孤行，在本文初稿已经完成后的2013年12月26日，安倍悍然再度“拜鬼”，充分显示出了一个不折不扣的日本右翼“民族主义者”的形象。“得道多助，失道寡助”，安倍的所作所为只能使日本继续陷入“亚洲孤立”的困局，他日可能累积比小泉时代更多的负面遗产。

The Discourse of the Abe Shinzo's History View

Guo Dongmei　Zhao Qiuping

Abstract　The evolution of Abe Shinzo's history view is more obvious after he came power. With the Japanese right-wing forces is more rampant, the Abe regime has taken the hard attitude in the reality issue about the Diaoyu Islands dispute and the history issue about the sex slaves, visiting the Yasukuni Shrine, the responsibility of the aggressive war, etc, which makes the Japanese Asian diplomacy into the dilemma. For the review and critique of the Abe's history view, it is the base beginning to carry out the necessary research and attention for analyzing the reality dilemma and trend which Japan is facing.

Keywords　Abe Shinzo; The History View; Japan

背离与颠覆：安倍历史文化观刍议

仲　秋*

【内容提要】安倍再度执政后的历史观明显有别于其第一次执政时期，从暧昧到反动的历史观演变历程说明，安倍政权对待历史的态度已经逐渐畸形。安倍历史文化观的“国家恐怖主义”性质已经有所显现，其本质是带有历史虚无主义的反动，是背离人类道德与历史现实标准的。这使安倍的历史观陷入了宣扬和平与违背现实的困境。安倍历史文化观的持续困境已然在不断加深日本在周边外交中所面临的困境。

【关键词】安倍　历史文化观　历史认识

安倍再度执政后，其历史观的转型倾向渐趋明显；在对待战争罪行、侵略历史等方面从暧昧转向反动。以首相身份参拜靖国神社更显现了安倍历史文化观的历史虚无主义性质及其反动本质。背离与颠覆是安倍历史文化观的主要倾向，背离的是人类道德的标准，颠覆的是国际正义的准则。

一　安倍历史文化观的释义

所谓安倍历史文化观，就是安倍作为首相在历史问题上的基本看法与观

* 仲秋，吉林大学文学院讲师，吉林大学日本研究所研究员，主要研究方向为日本文化。

点，以及由此形成的“安倍式”的历史认识和主张。在当今日本的政治文化生态中，安倍历史文化观既具有普遍性，也具有特殊性。安倍在2006年与2012年的两次执政中对历史问题的态度、立场与认知既有一贯性，也有变异性。

结合日本的历史与现实的理解，二战中日本军国主义针对亚洲各国人民的战争暴行是带有国家恐怖主义趋向的，即二战中日本军国主义针对亚洲各国人民的战争暴行可以视为国际恐怖主义行为。对国家恐怖主义的定义可以在结合对恐怖主义的定义，如“恐怖主义是暴力实施者基于政治目的对非武装人员（包括军队中处于非战斗状态的人员）有组织地使用暴力或以暴力相威胁的行为，其目的是以特殊手段把一定的对象置于恐怖之中，迫使其做原本不会做的事情”[①] 等的基础上，将国家恐怖主义释义为以国家为行为主体，以大量平民为目标，散布恐惧、制造恐慌的具有政治性的暴力行为。恐怖主义的实施主体是恐怖组织，如基地组织等。而国家恐怖主义在表现形式上与恐怖主义活动并无根本上的区别，但其实施主体变成了主权国家，即威斯特伐利亚体系下的主权国家。在日本侵略亚洲期间，大规模地制造针对无辜平民的屠杀与迫害，1931～1945年，侵华日军实施了大量针对中国平民的战争暴行。如1937年12月至1938年1月，侵华日军在南京对中国平民和战俘实施大规模屠杀，受害者人数在30万以上；侵华日军强征中国妇女充当慰安妇；用中国平民进行细菌武器实验等累累罪行，都具有明显的国家恐怖主义的性质。

然而，自二战结束后，鉴于对日本军国主义残余的清算并不彻底，日本国内对二战中战争罪行的历史认识也不够充分与明确，造成了对历史理解的扭曲、混乱与背离现实等认知的出现与延续。

这种否定战争罪行、美化侵略战争的行为在二战后的日本屡见不鲜，在冷战后的日本甚嚣尘上，使日本与曾经饱受日本侵略的国家在历史问题上的对立不断深化。而从安倍的执政历程看，具有讽刺意味的是，在21世纪初小泉纯一郎执政时期，因其不断参拜靖国神社而使日本与周边国家的关系陷入困境后，安倍第一次就任首相，其在不参拜靖国神社问题上的表态为日本缓解与周边国家的关系提供了契机；提出中日战略互惠关系，推动中日关系

---

① 李少军：《国际政治概论》（第二版），上海人民出版社，2005，第436页。

逐步回暖。但当2012年安倍再度出任首相后，他却公然以首相身份参拜靖国神社，既恶化了日本与饱受其侵略的亚洲国家之间的关系，又损毁了一度恢复的中日战略互惠关系。

从2012年底以来安倍的第二次执政历程审视安倍的历史观，安倍或否认战争罪行，美化侵略历史的行为，或纵容日本国内这种行为的出现、持续与升级，促使安倍历史文化观陷入表面上主张和平现实中却难获邻国信任的困境。而日本在二战中的侵略历史本身是具有国家恐怖主义性质的，因此安倍对待侵略历史的态度即是附和这种曾经出现的国家恐怖主义行为的。

二　安倍畸形历史文化观的具体表现

2012年再度执政后，安倍对待历史的态度所折射出的是其畸形的历史观，即由对“国家恐怖主义”的暧昧逐渐转向赞颂，而安倍对待历史的认知历程的演化明确表现出安倍的历史观是“国家恐怖主义”式的历史观。

2013年4月，安倍在接受美国《华盛顿邮报》采访时表示，“侵略尚未有明确的定义”,[①] 2013年5月，在接受美国《外交》杂志专访时，安倍被问及是否接受日本在二战中对中韩的侵略、对美国的袭击，安倍指出，“我从来没有说过日本不承认侵略”。而对于侵略的定义，安倍声称这是历史学家的问题，我们的任务是面对未来。[②] 当被问及是否会参拜靖国神社时，安倍表现出相当暧昧的态度，“这是属于历史的，不应将其政治化或者作为外交事务”；对于是否参拜靖国神社，安倍声称，他将不会说自己“是否去参拜”。[③] 此时，安倍对待历史的态度是相对暧昧的，尽管安倍内阁中不断有阁僚参拜靖国神社，安倍也未曾采取过阻止这些官员的行动。

而到2013年12月，安倍以首相身份公然参拜靖国神社，对供奉有二战甲级战犯的靖国神社的参拜，是否认战争罪行、美化侵略战争的行为；安倍

① “Shinzo Abe's Inability to Face History”, *The Washington Post*, April 27, 2013.

② “Japan is Back”, May 16, 2013, http://www.foreignaffairs.com/discussions/interviews/japan-is-back.

③ “Japan is Back”, May 16, 2013, http://www.foreignaffairs.com/discussions/interviews/japan-is-back.

历史文化观彻底转向“国家恐怖主义”式的历史观，即安倍对日本军国主义所犯下的具有国家恐怖主义性质的战争罪行、日本军国主义所发动的包括国家恐怖主义行为的侵略战争的否认，通过其参拜供奉有甲级战犯的靖国神社得到了体现。

2013 年 12 月安倍的参拜所展示的历史文化观带有历史虚无主义的反动性质，是背离人类道德与历史现实标准的。其具体表现在以下三个方面。第一，安倍将靖国神社与美国阿灵顿国家公墓进行对比，而日本靖国神社与阿灵顿国家公墓相比，其最为明显的特征即在于靖国神社中供奉着包括 14 名甲级战犯在内的日本二战中战犯的牌位，而美国的阿灵顿国家公墓中并没有战犯的墓地。这两者之间并不具有可比性，而对战犯的祭拜则显现出安倍对二战后东京审判正义性与公正性的无视。

参拜靖国神社的行为所折射出的是一种畸形的历史观，是对日本过去战争罪行的否认、美化侵略战争的一种表态。对于安倍这一违背人类道德与历史现实的行为，中国政府提出严正交涉和强烈抗议。[①] 韩国政府文化体育观光部发言人刘震龙部长于 2013 年 12 月 26 日发表声明：“安倍首相不顾近期周边国家和国际社会的担忧和做出的警告，美化日本过去殖民历史和发动侵略战争的行径，对于参拜安放战犯的靖国神社之举，我方政府表示无限的叹息和愤怒。”[②] 中国政府发表明称，“中国政府对日本领导人粗暴践踏中国和其他亚洲战争受害国人民感情、公然挑战历史正义和人类良知的行径表示强烈愤慨，向日方提出强烈抗议和严厉谴责”。[③] 然而，安倍却明确表示“我并无伤害中韩人民之意”。[④] 这种局面的出现充分说明，安倍的历史观是畸形的，是明显有别于全人类所共同认可的道德准则与历史现实的。

第二，在参拜靖国神社之后，安倍公然发表演说称，“日本绝不能再次发动战争。我是在深刻反省过去的基础上这么认为的。面对战争牺牲者们的灵魂，我重新下定决心，发誓坚持永不再战”，“我发誓要让日本成为亚洲

---

① 《王毅召见日本驻华大使　就日本首相安倍晋三参拜靖国神社提出强烈抗议》，中华人民共和国外交部网站，http：//www. fmprc. gov. cn/mfa_ chn/zyxw_ 602251/t1112220. shtml。

② 《韩国政府：“安倍参拜靖国神社，叹息与愤怒不止”》，韩国《中央日报》2013 年 12 月 26 日。

③ 《外交部发言人秦刚就日本首相安倍晋三参拜靖国神社发表谈话》，中华人民共和国外交部网站，http：//www. fmprc. gov. cn/mfa_ chn/zyxw_ 602251/t1112078. shtml。

④ 《外交部发言人秦刚就日本首相安倍晋三参拜靖国神社发表谈话》，中华人民共和国外交部网站，http：//www. fmprc. gov. cn/mfa_ chn/zyxw_ 602251/t1112078. shtml。

的朋友、全世界的朋友”，“日本在战后（二战后）的68年里，建设自由民主的国家，始终如一地向和平道路迈进。今后仍将完全贯彻这一姿态。为了世界的和平稳定与繁荣，日本今后将在国际协调下尽到自己的责任”。[①] 在这一题为《实现永久的和平誓言》的讲话中，对珍惜和平多有提及，但在饱受日本侵略蹂躏的亚洲各国人民看来，这一宣扬和平却参拜甲级战犯的行径，是典型的文不对题的讲话，安倍的行为与言论在靖国神社问题上形成了南辕北辙、口是心非的效应。

对此，安倍的这些言论表明，其历史文化观存在着内生性的矛盾，一方面，安倍口口声声宣扬和平；另一方面，这种言论却在参拜靖国神社之后出现，令人生疑。名义上倡导和平，而现实中参拜战犯——破坏和平与犯有战争罪、反人类罪的人，这种矛盾性的局面，是安倍畸形历史观的明确体现。

第三，“国家恐怖主义”式的历史观是对现有历史观念的颠覆，这使得安倍的历史观从民族主义、保守主义、国家主义的互动中逐渐走向历史反动，具有历史虚无主义性质的反动性质。尽管国际社会对国家恐怖主义从概念到行为尚无统一的定论，但是，安倍执政时在历史问题上的所作所为，客观上加剧了亚洲各国对国家恐怖主义的担忧。安倍对日本过往国家恐怖主义行为的赞颂，所展示的畸形历史观，已然在影响着安倍政权的整体执政观念。例如，在安倍执政后的日本国家安全战略运行的现实中，安倍主张积极扩军，在2013年的《日本国家安全战略》中就“实现国家安全的日本战略措施”部分，在加强与拓展日本的角色与能力方面提出：（1）加强创造稳定国际环境的外交；（2）建立全面的坚决防卫日本的国防结构；（3）加强保卫日本领土完整的努力；（4）确保海洋安全；（5）加强网络安全；（6）加强国际反恐措施；（7）加强情报能力；（8）国防装备与技术合作；（9）确保稳定的使用外太空和提升其使用的安全进程；（10）加强技术能力。[②] 共计10项建议，其目的是加强日本的国防，提升自卫队的作战能力。显然，这种历史观的内生性矛盾逐步表现在包括历史观在内的整个安倍政权的执政理念当

① 「安倍内閣総理大臣の談話～恒久平和への誓い～」、2013年12月26日、http://www.kantei.go.jp/jp/96_abe/discource/20131226danwa.html。

② 「国家安全保障戦略について」、国家安全保障会議決定、閣議決定、2013年12月17日。

中。在历史问题上的胡作非为、安倍历史文化观的极度扭曲，已然造成了安倍执政观念的混乱。

总之，安倍历史文化观的畸形演变，说明安倍历史文化观已经陷入明显的困境。首先是道德标准的背离，将供奉甲级战犯的靖国神社与阿灵顿国家公墓相比，这是对国际正义认知的明显偏差，法西斯战犯与为战胜法西斯而做出牺牲的英雄是不能相提并论的。其次，安倍历史文化观的困境是一种明显的宣传与现实相脱节的困境，名义上宣传和平，实际上安倍政权却难以使其所谓的和平举措获得邻国的认可。

三　安倍历史文化观的影响

基于上述分析可知，安倍历史文化观已经扰乱了安倍在政治、外交与安全战略实施上的理念，造成了安倍政权在执政理念中的整体性混乱。

第一，安倍历史文化观构成对日本国家历史观念的损害，是对国际正义观念、是非观念的颠覆。这种困境不断延续与发展，造成了日本国家历史观的损毁。安倍的这种带有“国家恐怖主义”性质的历史观将荼毒日本的政界乃至整个日本社会。而在日本社会整体保守化趋势的影响下，这种来自安倍“国家恐怖主义”式的历史观的危害将迅速扩散。

第二，安倍历史文化观对日本外交战略观念和日本与周边国家的外交关系构成冲击。安倍历史文化观具有历史虚无主义的反动本质，使日本在历史问题上坚持以自我为中心的错位性历史认知，并颠覆国际社会所公认的历史事实，这将促使日本在处理周边外交的进程中陷入难以应对的困境。

第三，安倍历史文化观构成对日本国防战略的影响，这种历史观将冲击日本国内的政治观念，虽符合安倍政权修改宪法第九条、争取集体自卫权，但却使日本逐渐走向更加危险的境地。日本国防观念的整体转型在这一阶段的持续中，造成了日本国防战略在转向更为积极的过程中，抛弃对历史的必要责任，而使日本在国防战略的转型中更加无所顾忌。

第四，安倍历史文化观的持续构成了对日本国内社会文化的损害。带有历史虚无主义反动本质的安倍历史观使得日本社会文化在21世纪陷入困境，并招致一定的冲击，而这一历史观困境的持续，势必造成日本国内社会文化的损毁甚至危机。

Departure and Subversion: the Discussion for the History Culture Perspective of Abe

Zhong Qiu

Abstract The historical and cultural view of Abe is quite obvious different in his second in power than the fist time when he was in power, the historical and cultural view evolution from the ambiguous to the reactionary has show, the attitude of the Abe regime towards history, is gradually deformity. The nature of "state terrorism" of the Abe historical and cultural view has significantly shown, the essence is reactionary with the history nihilism, which betrays the standards of human morality and historical reality. It makes the historical and cultural view of Abe into the dilemma between the promoting peace and the contrary to reality. The continued dilemma about the historical and cultural view of Abe has deepened the dilemma which is in the in the peripheral diplomacy Japan is facing.

Keywords Abe; Historical and Cultural View; Perception of History

日本右翼势力的演变及其潜在威胁*

孙立祥**

【内容提要】日本右翼势力不仅在战前“60 年”画出了一道“孳生—膨胀—肆虐”的祸世劣迹，致使中日两个东亚大国长期交恶和战争，而且在战后“60 年”又留下了一条“削弱—复活—抬头—蠢动”的复活轨迹，再度把已经向好的中日关系推入了低谷，其两个“60 年”可谓一脉相承。如何排除日本右翼势力对中日关系的干扰，进而确保亚太和平尤其是东北亚区域安全，无疑是摆在亚洲人民特别是中日美三国人民面前的一项艰巨任务。

【关键词】日本右翼势力　军国主义　中日关系　亚太和平

日本右翼势力这个“政治癌瘤”的存在迄今已逾百年。它不仅在战前将日本民族拖进灾难的深渊，使亚洲邻国蒙受了亘古未有的民族灾难，而且在战后半个多世纪中仍在不断恶化着日本社会的“肌体”和与亚洲邻国的关系，时至今日再度对日本政局走向、中日关系走势和东亚和平构成了潜在的威胁。这一现状不仅使日本有识之士深感忧虑，而且早已引起亚洲邻国特别是中国

* 本文系国家社科基金项目“新中国成立以来党和政府处理中日关系的历史经验研究”（11BDJ002）的阶段性成果。

** 孙立祥，法学博士，华中师范大学历史文化学院教授，博士生导师，吉林大学日本研究所特约研究员，主要研究方向为日本史、中日关系史、日本政治与外交。

的高度警惕。因为就实质而言，日本在战前疯狂为祸亚洲邻国的过程，就是战前日本右翼势力“孳生—膨胀—肆虐”的过程；战后中日邦交正常化之所以延宕20多年才得以实现，复交后两国关系所以又很快跌入低谷，成为目前中外双边关系中既棘手又麻烦的一对双边关系，也主要就是由又画出了一道“削弱—复活—抬头—蠢动”清晰轨迹的战后日本右翼势力长期阻挠和破坏所致。早在中日复交前，周恩来不仅敏锐地洞察到了日本政要对台湾“大多有野心”，而且极具预见性地提醒国人要做好同日本右翼势力长期斗争的准备；[①] 中日复交后，邓小平不仅肯定“战后日本一部分人中一直存在着一种想要复活军国主义的倾向”，而且再三告诫国人“这些人为数不多，能量不小”，特别“值得警惕”；[②] 江泽民不仅进一步认定“日本国内确实有那么一股势力企图重温军国主义的旧梦”，[③] 而且郑重向日方表明了中国政府和人民“绝不能允许任何形式的军国主义思潮和势力重新抬头”[④] 的坚定决心和严正立场。应当说，我国领导人对战后日本右翼势力政治图谋的洞察和现有能量的评估是有的放矢的。本文仅就日本右翼势力的百年演变轨迹及如何推动中日关系早日走出低谷略作阐述。

一　战前日本右翼势力的演变及其危害

从第一个右翼团体玄洋社成立迄今，日本右翼势力已有百余年的存在历史。中间以1945年日本战败投降为界，前后大体经历了两个“60年”。在战前“60年”，日本右翼势力大致经历了以下三个时期。

（一）孳生时期（1881～1911年）

明治初年一度为新政权的诞生立下过汗马功劳，却又很快随着明治改革的深入而丧失既得利益的部分保守派士族——尊攘派，是日本右翼势力的源

① 辛向阳等：《百年恩仇——两个东亚大国现代化比较的丙子报告》，中国社会出版社，1996，第644页。

② 中共中央文献研究室：《邓小平思想年谱》，中央文献出版社，1998，第389～390页。

③ 紫水、效时：《警惕日本军国主义》，金城出版社，1997，第1页。

④ 江泽民：《以史为鉴，开创未来——在日本早稻田大学的演讲》，《人民日报》1998年11月29日第1版。

流。日本的第一个右翼团体是1881年2月成立于九州福冈的玄洋社。玄洋社后来又卵翼出黑龙会、浪人会等大大小小的右翼组织，可谓这一时期日本右翼团体的“孵化器”。此间虽然尚未产生有影响的右翼思想家，其思想主张也仅仅反映在右翼团体的纲领中而未成系统，但指导其对内建立天皇独裁统治和对外进行侵略扩张的思想主张——天皇中心主义、大亚细亚主义，却成为后来系统的法西斯理论的源流和核心。日本右翼势力政治活动伊始，就具有将矛头同时指向对内、对外两个方面的特点：凡被认为有碍天皇独裁专制统治建立的日本政要均在暗杀之列；对外则自觉充当了日本政府侵略亚洲邻国的急先锋和马前卒，这也是此间日本右翼势力政治活动的重心。之所以如此，一方面是因为当时日本尚处于议会政治初创阶段和自由民权运动勃兴之时，因此民间右翼分子要求立即建立天皇独裁专制统治的主张和活动还会受到一定的限制；另一方面则缘于日本政府在甲午中日战争等对外侵略战争中充分领略到了民间右翼势力时而充当先锋、时而作为后盾的特殊作用。正因如此，此间右翼势力的对外侵略活动不但不像对内暗杀活动那样受到政府的抑制或镇压，反而备受统治阶级的鼓励和支持。可以说，这一时期的日本右翼势力无论在组织上、思想上还是在活动方式和手法上，都为其后继者提供了范例和蓝本。

（二）膨胀时期（1912～1930年）

从大正政变到九一八事变前夕，是战前日本右翼势力迅速膨胀阶段。此间右翼团体急剧增加，尤其与玄洋社、黑龙会等“传统右翼”组织不同的“革新右翼”团体大量孳生。[①] 时至1927年，右翼团体已多达百余，到1932年已逾千个。[②] 其中，大川周明等人在1919年8月建立的犹存社是战前日本第一个“革新右翼”团体，也是第一个民间法西斯右翼组织。而且如同明治时期的玄洋社“孵化”出黑龙会等众多“传统右翼”组织，犹存社则卵翼出很多类似“大化会”的“革新右翼”团体。桥本欣五郎在1930年建

① “传统右翼”与“革新右翼”的区别在于：其一，前者的思想主张主要散见于右翼团体的纲领中，未成体系；后者的思想主张主要集中在右翼思想家们的著作中，完整而系统；其二，前者在人员构成上主要局限在少数破落武士和大陆浪人范围内，后者则注意了人员构成的群众性。

② 〔日〕藤原彰：《日本民众的历史》第8册，东京：三省堂，1983，第285页。

立的“樱会”，是这一时期军人法西斯团体的典型代表。此间右翼思想主张的核心内容除“传统右翼”的天皇中心主义、大亚细亚主义外，还有新生的更具影响力的法西斯主义，尤其增加了极具欺骗性和煽动性的“国家改造”内容。这些思想主张除反映在右翼团体各自的纲领中外，主要集中在法西斯思想家们的著作中。如北一辉的《国家改造案原理大纲》、大川周明的《复兴亚细亚诸问题》等。这一时期的右翼思想主张，实际是在“道义”“自由”“平等”“友爱”“革命”“民族解放”等幌子下行专制性“天皇中心主义”和侵略性“大亚细亚主义”之实，而且明显增加了反共反社会主义的内容。此间右翼政治活动虽然仍同时指向对内、对外两个方面，但其重心已明显由前一时期的主要对外转向了主要对内。这一方面是由日本国内几乎同时出现了资产阶级民主运动、社会主义运动、工农运动蓬勃发展局面所使然，同时也与北一辉等人富于煽动性和迷惑力的以“国家改造”为核心内容的法西斯思想在广大青年特别是青年将校中产生共鸣息息相关。无论是“传统右翼”还是“革新右翼”，对内对资产阶级民主运动、社会主义运动和工农运动竭尽破坏之能事，自觉充当了统治阶级的御用工具；对外则在推动政府实施强硬外交、进行战争动员、为关东军刺探情报等方面发挥了重要作用。随着日本法西斯思想的迅速蔓延和向军队的急遽渗透，整个日本社会迅速法西斯化。

（三）肆虐时期（1931～1945年）

从九一八事变到日本战败，是日本右翼势力逞凶肆虐、疯狂为祸亚洲邻国的时期。截至1939年，日本全国共有右翼团体1733个，成员达182192人，[①] 战前右翼走向巅峰。随着右翼法西斯势力掌控国家政权和军国主义战争体制形成，各路右翼势力会合并演变为国家军国主义势力，各种法西斯思想也与日本政府的“大陆政策”完全重叠，逐渐系统化为“石原构想”、“东亚协同体”论、“大东亚共荣圈”论，既指导了这一时期不断升级的侵略战争，也出人意料地在客观上为战后日本右翼势力的战争翻案提供了“理论依据”。换句话说，此间除了北一辉、大川周明等人的法西斯理论在继续发挥指导作用外，日本右翼势力的思想主张已基本上化为国家的对内、

① 〔日〕荒原朴水：《增补大右翼史》，东京：大日本一诚会出版局，1974，第519页。

对外政策。“石原构想”主要集中在石原莞尔的《战争史大观》等著作中，“东亚协同体”论主要集中在蜡山政道的《东亚协同体与帝国主义》等著作中，“大东亚共荣圈”理论主要集中在由法西斯政府炮制的《帝国基本国策纲要》等政府文件和松冈洋右等法西斯领导人的讲话中。正是在上述法西斯理论的指导下，日本右翼势力对内通过制造泷川事件、“天皇机关说”事件、血盟团事件、五一五事件、二二六事件等一系列迫害和政变事件，最终建立起军部法西斯独裁政权；对外通过发动九一八事变、华北事变、卢沟桥事变、珍珠港事件等一个又一个侵略“事变”或“事件”，将国家推向了侵略战争不断升级的不归之途。对内制造恐怖、暗杀、政变事件与对外发动侵略战争同步进行，是这一时期日本右翼势力的主要特点，也是与德、意两国法西斯化（先在国内建立法西斯政权，后对外进行侵略扩张）有所不同的日本法西斯化的一大特征。

总之，这股孽生于明治时期、膨胀和肆虐于大正时代和昭和前期的社会恶势力，犹如癌瘤一样不断恶化着日本社会的肌体，不仅给亚洲邻国带来了亘古未有的巨大灾难，最终也使日本民族濒临毁灭的境地，甚至一度使日本国被国际社会视为“蒙文明皮肤，具野兽筋骨之怪兽”。[①] 战前日本右翼势力的极端危害性，值得今天每一个日本人深思和铭记。

二　战后日本右翼势力的演变及各阶段的特点

附在日本社会肌体上的曾经给包括日本在内的亚洲各国带来深重灾难的日本右翼势力这个“政治癌瘤”，理应随着其依附体“大日本帝国”的败亡而被彻底割除。但遗憾的是，由于历史和现实的、国内和国际的诸多因素，[②] 日本右翼势力在战后初期度过了一个短暂的“冬眠”期后，很快随着国内外政治气候的变化而复苏过来，并在战后“60 年”又画出了一道“削弱—复活—抬头—蠢动”的行进轨迹，可谓与战前右翼一脉相承。在战后“60 年”，日本右翼势力大体经历了以下四个时期。

---

① 李玉、骆静山：《太平洋战争新论》，中国社会科学出版社，2000，第 38 页。

② 最关键的因素是，美国占领当局人为保留了日本天皇制和右翼残余势力。参见〔日〕安川寿之辅《福泽谕吉的亚洲认识》，东京：高文研株式会社，2000，第 238～239 页。

（一）削弱时期（1945～1951年）

战后初期，为了保证日本不再成为世界和平与安全之威胁，尤其是为了确保日本今后不再成为美国的威胁，美国占领当局曾制定并颁布了《战后初期的对日政策》《关于开除不宜从事公务者的公职之件》等多个文件，意在彻底铲除日本右翼势力。有鉴于此，日本政府被迫根据盟军总部发来的备忘录，相应制定和颁布了《关于禁止政党、协会、其他团体结社的敕令》《关于禁止与公职有关的就业、退职之敕令》等一系列“整肃”文件，着手解散右翼团体和解除右翼骨干分子的公职。截至1948年5月，被列为解除公职审查对象者达717415人，其中被实际解除公职者多达210288人，同时还从各级学校驱逐了113000多名职业军人和法西斯分子。截至1951年12月，被解散的右翼团体多达233个。其中“大日本一新会”等27个主要团体，是由盟军总部直接下令解散的。至此，日本右翼势力遭遇到空前打击而大为削弱，跌入其百年右翼运动的低谷。然而由于冷战的过早到来，美国占领当局对日本右翼势力的铲除是极不彻底的。即使在战后初期的数年“整肃”期间，不仅被勒令解散的右翼团体成员未曾停止活动，而且孳生出一批以新面孔出现的新右翼组织。前者或发动武装叛乱阻挠日本战败投降（如国民神风队事件），或用自杀方式承担战败责任以向天皇“谢罪”（如“明朗会”成员集体自杀事件），或制造袭杀日共干部的恐怖事件以维护天皇制国体（如谋杀德田球一未遂事件），或改头换面潜匿各地搞经济活动以积蓄实力（如原“东亚联盟同志会”成员的经济活动），而后者仅在1945年底的数月间，就有“日本天狗党”等16个新右翼团体孳生。进入1946年以后，“新锐大众党”等反共右翼组织以及“民族新生运动”等所谓“新种国家主义团体”开始引人注目，呈现出新老右翼团体并存的局面。这一时期日本右翼势力总的特点是：规模小，寿命短；具有过渡性；思想主张既与战前右翼一脉相承，又有自己鲜明的“时代特征”。

（二）复活时期（1952～1960年）

美国占领日本初期，确曾实施了一系列铲除日本右翼势力的政策和措施。但随着冷战时期的到来，美国在扶蒋失败后很快把扶植的重点转向日本，将占领初期推行的“日本非军事化”方针改为重新武装日本的新政策。

美国通过操纵签署《旧金山和约》为日本“松绑”，通过缔结《日美安全条约》为日本提供安全保障，特别是通过使战后初期颁布的一系列“整肃”文件全部失效，为日本右翼势力的复活大开绿灯。结果，美国占领当局除授意吉田茂政府组建一支7.5万人的警察预备队外，还提前释放了日本的全部在押战犯并解除了对几乎所有右翼分子的“整肃”。截至1958年4月，除东乡茂德等个别人死于狱中外，荒木贞夫等A级战犯、岸信介等A级战犯嫌疑人以及其他B级、C级战犯全部被提前释放。截至1951年末，在被褫夺公职的210288人中，有201507人被解除“整肃”而恢复公职。[①]

这些重返政坛、军界操握权柄甚至当上战后日本首相的战犯和被褫夺公职者，很快成为战后日本右翼势力的核心。这样，在战后初期日本开始“走回头路”的过程中，“整肃”期间被解散的“大东塾”等旧右翼团体纷纷复活，“祖国防卫同志会”等新右翼团体大量孳生，“救国国民总联合”等“统一战线”性质的右翼联合组织也不断涌现。截至1951年夏，在日本公安当局登记的右翼团体已有540个。[②] 新老右翼整合成一股强大的政治势力，开始对战后日本政局和对外关系施加影响。时至20世纪50年代后期，随着甲级战犯岸信介登上首相宝座，战后日本右翼势力进入了一个转折期。正因为有岸信介这个强大政治靠山的包庇、纵容和提供宽松环境，日本右翼势力加快复活并随之壮大，而日本右翼势力也知恩图报，毫不迟疑地扮演了岸信介政府镇压日本人民斗争的帮凶和打手角色。[③] 此间日本右翼势力的特点是：组织发展迅速；多数右翼团体披上了“和平”“民主”“自由”的外衣；积极参加议员选举；逐渐暴力团化；政治活动频繁，且开始从事恐怖活动。

（三）抬头时期（1961～1980年）

20世纪六七十年代是日本经济高速发展、国力迅猛增强的一个时期。在此背景下，由此前岸信介政府扶植而壮大起来的日本右翼势力重新燃起了称雄世界的野心。一方面，“大和民族优秀论”沉渣泛起；另一方

---

① 〔日〕堀幸雄：《战后的右翼势力》，东京：劲草书房，1983，第14页。

② 〔日〕木下半治：《日本右翼的研究》，东京：现代评论社，1977，第159页。

③ 例如，协助岸信介内阁镇压日本人民反对“勤务评定”制度、反对修改“警职法”、反对日美“安全条约”的正义斗争等。

面，通过整顿组织和培养骨干，不仅迅速实现了右翼的新老交替，而且出现了进一步发展壮大的势头。截至1980年，已有右翼团体700余个，约12万人。此间日本右翼势力的特点主要有以下五个方面。（1）以青年右翼为主力。表现为民间青年右翼的崛起（如“青年思想研究会”等）和军人右翼的再兴（如“日本乡友联盟”等）。（2）主张上与战前右翼接近。尽管这一时期的右翼团体没有一个不高举反共大旗，但已明显向战前右翼“既反共又反美”和“革新国家体制”的方向回归。用右翼理论家自己的话说就是：“亲美政策不是本质，是战术策略”；[①]“支持腐败的自民党政府、要国民赞成从属于美国的‘安保’等，与右翼传统毫无关系；肯定安保条约这一不平等条约，背离了明治维新以后的右翼传统……不要忘记，唯有资本主义经常是右翼最大的敌人”。[②]（3）行动上与“新左翼”相似。随着1960年反对“安保条约”的斗争走向沉寂，左翼阵营开始分化，并形成了一个经常搞暴力活动的“新左翼”派别。“新左翼”的做法与右翼的行径至少在形式上没有多大区别。右翼团体“盾之会”的头目三岛由纪夫就曾对“新左翼”说：“只要你们说一句‘拥戴天皇’，我们就可以携起手来。”[③]（4）活动呈分散、小型、多样化特点。以往，右翼团体经常成百上千横行街头，或用高音喇叭播放旧军歌，或充当统治阶级的帮凶群殴进步人士，在百姓中不得人心。为了改变欠佳的社会形象，他们开始减少大规模的集体行动和暴力活动，尽量使自己的活动分散、小型、多样化。这一时期的右翼政治活动，以1970年用剖腹自杀的极端方式煽动自卫队政变的“三岛事件”最为典型。（5）百般阻挠中日邦交正常化。中日复交前，右翼势力百般阻挠中日邦交正常化的实现，如“抗议”和阻挠田中首相访华等；两国复交后，他们又经常到中国驻日使馆前闹事，破坏有关协定、条约的谈判和签署。中日邦交正常化之所以蹉跎了20多个春秋才得以实现，《中日和平友好条约》之所以在《中日联合声明》签订后又延宕了6年之久才得以缔结，均为日本右翼势力长期阻挠和破坏所致。

---

① 〔日〕荒原朴水：《大右翼史》，东京：大日本国民党出版局，1966，第471页。

② 〔日〕池田谕：《日本的右翼》，东京：大和书房，1973，第18页。

③ 文国彦、兰娟：《战后日本右翼运动》，时事出版社，1991，第75页。

（四）蠢动时期（1981～2005年）

时至20世纪八九十年代，日本已经从一个战败国一跃成为世界第二经济大国，并在许多高科技领域向头号强国美国显示出咄咄逼人的气势。在日本已经成长为“经济巨人”，日本政府又相应确定了“政治大国”目标这一大背景下，日本右翼势力在八九十年代进一步壮大并开始蠢蠢欲动。据统计，1988年有右翼团体840个，成员12.5万人；[①] 至2000年，右翼团体增至900个，人数降至10万人。[②] 但须指出的是，这一时期日本右翼政客不仅身兼民间右翼组织头目，而且开始自我组建右翼政治团体，形成一股人数不多、能量不小的政界右翼势力。然而，欧美、日本学者在研究“战后日本右翼势力”时，只把民间极右分子和极右团体视为“右翼势力”，而将野心和能量更大、更具危险性的政界、军界、财界、学界右翼分子及其团体排除在外，这等于放跑了右翼势力的“中坚”力量，必须纠正这一片面和危险的研究倾向。实际上，如果把类似“日本遗族会”的半官半民性质的右翼团体和“终战五十周年国会议员联盟”等政界右翼团体（即“潜在右翼”，也被称作“穿西服的右翼”）计算在内，目前日本右翼团体逾千个，人数不下500万人，至少也有右翼理论家荒原朴水所说的“353万人”。此间，日本右翼势力的思想主张和政治活动主要集中在以下五个方面。（1）竭力美化头号战犯裕仁天皇，重树军国主义精神支柱，阴谋恢复战前天皇制。（2）不断挑战和平宪法，急于向政治大国演变和军事大国迈进，妄图重走军国主义老路。（3）再三篡改历史教科书，否认和美化侵略历史，全面进行战争翻案。（4）顽固参拜靖国神社，为战犯“鸣冤”，为军国主义招魂。（5）对内暴力恫吓进步人士，对外不断制造反对近邻国家的外交事件。这一时期，日本右翼势力的特点是：（1）野心和能量更大、更具危险性的政界右翼势力“异军突起”；（2）民间右翼势力与黑社会势力趋于同流合污；（3）更具有顽固性、煽动性和影响力。

总之，日本右翼势力继战前“60年”画出一道“孳生—膨胀—肆虐”的祸世劣迹之后，又在战后“60年”留下了“削弱—复活—抬头—蠢动”这样一条令人忧虑的军国主义复活的清晰轨迹。时至今日，这股国际恶势力

---

① 《现代“右翼”之研究》，《选择》1989年1月号。

② 《警方掌握的“日本右翼势力”现状》，《选择》2000年5月号。

已再度对亚太和平特别是东北亚区域安全构成潜在的威胁，世人特别是东亚各国人民不能不时刻保持高度的警惕。

三　日本右翼势力是亚太和平的潜在威胁

综上所述，我们至少可以得出以下几个值得深思、铭记和警惕的结论。

第一，世人特别是亚洲人民需深思、铭记和警惕的是：日本右翼势力除具备反共、反和平、反民主自由、反社会进步等“一般右翼”的一些特征外，还明显具有日本一国之特质。（1）深信天皇是“神”、日本是“神国”、大和民族是“优秀民族”，对天皇和国家绝对忠诚。（2）忽视理论，注重行动，崇尚暴力，热衷暗杀和政变，对现行体制实施颠覆。（3）信奉封建集权主义、天皇中心主义，对民主主义和共产主义极端仇视。（4）奉行超国家主义、侵略扩张主义，迷信“武运长久”，主张对弱邻攻战杀伐，以实现“八紘一宇”之妄想。日本右翼势力的这些特质以及它在战前“60 年”的祸世历史和在战后“60 年”越来越令人忧虑的新动向表明，这是一股国际性恶势力，是亚太地区爱好和平人民的共同敌人。可以说，今天的日本酷似两次世界大战中的德国，那种认为战后日本右翼势力已大不如前或再也掀不起祸世巨浪的看法是肤浅和危险的。因此，世界上一切爱好和平的人们在对这股国际恶势力时刻保持高度警惕的同时，必须开始认真思考如何避免其再度为祸人类的问题。这是世人特别是可能再度首当其冲蒙受其害的亚太各国人民面临的严峻课题。

第二，美国人民需深思、铭记和警惕的是：大洋彼岸的日本右翼势力既是战前给美国造成建国以来最大灾难的一股国际恶势力，也是一股已经对美国的未来构成潜在威胁的具有隐晦性的危险力量。尽管其“恃强凌弱”的本性暂时不会松动日美同盟关系，甚至在可以预见的将来日美同盟关系还有可能进一步强化，但日本右翼势力的“反美传统”、反资本主义本性，以及日美之间存在的很深的历史恩怨等，决定了它迟早要“回归”到战前右翼“既反共又反美”①和“革新国家体制”② 的目标上去。事实上，日本右翼势

① 例如，右翼团体“日本学生同盟”就公开主张：“我们一方面拒绝支持自民党政策的美国主义，一方面要粉碎社会党、共产党的幼稚幻想，以民族的激愤最大限度地组织起来，树立新国家之形象。”参见〔日〕堀幸雄《战后的右翼势力》，东京：劲草书房，1983，第 70 页。

② 《激论！日本的右翼》，东京：电视朝日，1990，第 212～214 页。

力的这一“回归”趋势已经初露端倪。不仅前述右翼理论家的自白——“亲美政策不是本质，是战术策略”，“服从美国的‘安保’等背离了明治维新以后的右翼传统”，“不要忘记，唯有资本主义经常是右翼最大的敌人”——已经清楚地表明了这一点，而且右翼核心人物石原慎太郎和盛田昭夫几年前连续抛出的《日本可以说“不”》《日本坚决说“不”》《日本还是说“不”》等轰动世界的书籍更将攻击矛头直指美国，充分暴露出日本右翼势力“既反共又反美”的传统、反资本主义的本质和“称霸世界”的野心。因此，美国朝野有必要在吸取战前“绥靖终必害己”的沉痛历史教训的基础上，与国际社会特别是包括日本人民在内的亚洲各国人民一道，警惕和遏制日本右翼势力的继续膨胀。

第三，日本人民需深思、铭记和警惕的是：本国右翼势力既是摧毁战前日本近代化文明成果和给包括日本在内的亚洲各国造成亘古未有之民族惨祸的罪魁祸首，也是使战后日本现代化文明成果和东亚和平再度面临潜在威胁的一股危险势力。这就需要日本人民深刻认识到以下三个方面。（1）必须认清战时的军国主义分子东条英机之流绝不是日本的“民族英雄”，而是给包括日本民族在内的亚洲各民族带来深重灾难的历史罪人，从而自觉地抵制本国政要对靖国神社的频频参拜和右翼势力对历史教科书的恶意篡改；必须认清战时的鹿地亘、绿川英子等反战人士才是当年阻止日本民族走向毁灭的真正民族英雄，从而支持今天日本国内东史郎、家永三郎等进步人士对侵略战争的深刻反省和对右翼势力的不屈斗争。（2）必须懂得日本虽然在近代史上通过发动一系列侵略战争获得了巨额战争赔款和巨大的殖民地收益，大大加快了日本走向近代化的步伐，但大和民族的这一“民族利益”是建立在亚洲其他民族的巨大损害和痛苦基础上的；必须懂得侵略战争只能使一个民族获小利于一时，终将伏巨祸于来日，并从日德两国都曾在战争中毁灭、在和平中新生的历史中受到启迪。走出这样一个“战争利益”误区尤为必要和重要。（3）必须在吸取当年部分民众盲从、协助、支持了侵略战争的沉痛教训的基础上，自主地把握国家和民族的未来。因为“人民群众是历史的创造者”，“内因是事物变化的根据，外因是条件”，日本的未来终究要由日本人民自己来把握。只有绝大多数日本国民真正走向了觉醒，使国内的和平友好力量再壮大一些，才能确保日本不再成为一个侵略国家。

第四，中国人民需深思、铭记和警惕的是：邻邦日本右翼势力既是战前给中华民族造成亘古未有之惨祸和使中国一再痛失崛起机遇的元凶，也是战后长期破坏中日关系并图谋遏制中国新一轮崛起的一股外部恶势力。人们不会忘记，19 世纪末，当清王朝的洋务运动初见成效，国家经济、军事实力有所增强之际，日本政府便毫不犹豫地发动了使中国元气大伤的中日甲午战争，致使中国走向近代化的第一次历史机遇丧失；人们不会忘记，20 世纪初，当辛亥革命一举推翻封建帝制，民主共和国奇迹般诞生，苦难的中华民族有望从此走上资本主义道路之际，日本政府又毫不犹豫地通过支持袁世凯篡权，“维持（了中国的）君主政体”,[①] 并通过逼签“二十一条”和策划“满蒙独立运动”试图肢解中国，致使中国跌进军阀混战的血海深渊，中国走向近代化的第二次历史机遇丧失；人们不会忘记，20 世纪 20 年代末 30 年代初，当中国结束军阀混战实现统一、近代化建设略有起色之际，日本政府发动了将中国推进漫漫长夜的九一八事变、华北事变、卢沟桥事变等，致使中国走向近代化的第三次历史机遇丧失；人们更不会忘记，时至 20 世纪末，当中国改革开放略见成效、国家综合实力刚刚有所增强之际，日本右翼势力不仅“适时”抛出和大肆渲染“中国威胁论”，而且试图通过在历史、台湾、钓鱼岛、东海大陆架等问题上不断给中国制造麻烦来迟滞中国走向现代化的步伐，甚至又有右翼分子直言不讳地叫嚣：“中国分裂有利于日本”，“中国最好分裂成几个小国，日本应努力促进这一过程”。[②] 可见，战前一再使中国痛失崛起机遇并使国人蒙受亘古未有之惨祸的罪魁祸首是日本右翼势力；今天故技重演，千方百计遏制中国新一轮崛起甚至图谋肢解中国者仍然是日本右翼势力。用当年日本军国主义开山鼻祖山县有朋的话说就是：“日本不希望中国有一个成功的共和国。日本所希望的是一个软弱无能的中国。……（这）才是理想的国家。”[③] 上述事实一再警醒国人：第一，我们必须义无反顾、步调一致地搞现代化建设，全力以赴增强综合国力，以最终实现中华民族的伟大复兴。这既是国人避免再次挨打的唯一出路，也是防止日本军国主义复活的有力的外部制约因素。何况，面对一个只

① 〔日〕升味准之辅：《日本政治史》第 2 册，东京：东京大学出版会，1988，第 214 页。

② 岳麓士：《不能容忍的狂言》，《人民日报》2000 年 4 月 17 日第 4 版。

③ 李兆忠：《暧昧的日本人》，金城出版社，2005，第 17 页。

相信实力的邻国，我们也只能以实力与之毗邻相处；第二，中华民族能否最终实现伟大复兴，关键在于在国内能否保持长期稳定和在国际上能否营造出一个良好的周边环境。可以说日本右翼势力近年来的所作所为对这两个方面均构成了直接威胁。这就需要我们必须将日本右翼势力与日本人民区分开来，在与破坏中日关系的日本右翼势力进行毫不妥协斗争的同时，更要坚定不移地团结广大日本人民并促其更多地走向觉醒。尤其在日本右翼势力不断挑起事端的新形势下，绝不能自乱方寸，自毁国家稳定的大局。否则，我们就会做出亲痛仇快之事，也会正中激起我们愤慨的日本右翼势力的下怀。历史上的此类教训已然不少，国人当铭记。

Historical Evolution of Japan's Right Wing Forces and the Potential Threats

Sun Lixiang

Abstract Japan's right wing forces passed through the evil locus of "breed evil creature—swell—wreak havoc" in the "60 years" before the World War II, which led the two major powers in east Asia, China and Japan, became enemies for a long time. Moreover , it left the revive locus of "weak—revive—raise head—wriggle" in the "60 years" after the World War II , which resulted in the China-Japan relations into low ebb again. This two "60 years" are traced to the same strain. Accordingly, there is an arduous task for Asia people, especially Chinese, Japanese and American. That is how to eliminate the disturbance of Japan's right wing forces which disrupted the China-Japan relations and how to ensure the peace of Asia-Pacific , specially Northeast Asia regional security.

Keywords Japan's Right Wing Forces; Militarism; Sino-Japanese Relations; The Peace of Asia-Pacific

美国国会关于“慰安妇”问题的立法活动研究

王玉强*

【内容提要】在“慰安妇”问题上，美国议员里品斯基和埃文斯数次向美国国会提交议案，要求日本政府正式道歉并给予赔偿。2007 年 1 月 31 日，美国众议员迈克·本田（Mike Honda）向美国众议院提交了 H. Res. 121 议案，要求日本对“慰安妇”问题正式做出明白和明确的道歉，几经波折后，H. Res. 121 议案终于在 7 月 30 日被美国众议院一致通过。H. Res. 121 议案不仅使“慰安妇”问题迅速地引起世人注意，而且得以在美国国会这个平台上以及从美日同盟角度来探讨“慰安妇”问题，这些对于“慰安妇”问题发展的影响意义深远。

【关键词】“慰安妇”问题　里品斯基议案　H. Res. 121 议案

自 20 世纪 90 年代以来，以中国、韩国为代表的“慰安妇”受害国不断与日本政府、日本右翼势力等进行抗争，要求日本政府向亚洲“慰安妇”受害者进行正式道歉并给予赔偿，中国学界也开始对“慰安妇”问题进行关注和研究。不过在中国学界的“慰安妇”问题研究中，对于美国社会在“慰安妇”问题的解决上所做的努力知之甚少，也很少关注美国在东亚历史问题上的动向。事实上，1997 年美国国会议员威廉姆·里品斯基（William

* 王玉强，吉林大学东北亚研究院历史研究所副教授，历史学博士，吉林大学日本研究所研究员，研究方向为日本史与中日关系史。

Lipinski）向众议院提交了 H. Con. Res. 126 议案，[①] 该议案要求美国国会对二战期间日本所犯战争罪行表示关切，并要求日本政府向“慰安妇”正式道歉并给予赔偿，即有名的里品斯基议案（Lipinski Resolution）。该议案开启了美国国会关于“慰安妇”问题的立法活动。

随后，议员莱恩·埃文斯（Lane Evans）分别于 2001 年向众议院提交 H. Con. Res. 195 议案，2003 年提交 H. Con. Res. 226 议案，2005 年提交 H. Con. Res. 68 议案，2006 年提交 H. Res. 759 议案，这些议案同样要求美国国会对“慰安妇”问题表示关切，并要求日本政府对幸存的“慰安妇”进行正式道歉并给予赔偿，遗憾的是，包括里品斯基议案在内，这些议案并没有被众议院通过。

接着，议员迈克·本田（Mike Honda）于 2007 年向众议院提交 H. Res. 121 议案，要求众议院对“慰安妇”问题表示关切，并要求日本政府对“慰安妇”问题正式做出明白和明确的道歉。随之在美国国会历史上第一次举行了由 3 名“慰安妇”幸存者组成的听证会，几经波折后，H. Res. 121 议案终于在 7 月 30 日被美国众议院一致通过。此议案的通过标志着美国国会在“慰安妇”问题上的立法活动取得了阶段性的胜利。以下将对上述美国国会关于“慰安妇”问题的立法活动具体加以阐释。

一　里品斯基议案

“慰安妇”问题最开始被民间非政府组织所关注，如 1990 年成立的韩国挺身队问题对策协议会（The Korean Comfort Women Problem Resolution Council）一直致力于收集幸存“慰安妇”的证言、寻找日本强征“慰安妇”的证据等活动，使得“慰安妇”问题开始为世人所知，并成为亚洲各国政府与日本政府的正式交涉议题。对“慰安妇”问题的关注不只限于亚洲，在国际社会也是热点话题，如 1996 年联合国人权分委员会组织调查并发表报告书，认定日本政府实施的“慰安妇”制度违反国际法。

在此背景下，美国国会议员里品斯基于 1997 年 7 月 25 日向众议院提交

---

① Con 是要求众议院和参议院共同关切的一种议案，Res 代表这是一个初级议案，无须美国总统签署，因而不具有法律效力。

H. Con. Res. 126 议案，要求美国国会表达对日本军队二战罪行的关切。该议案认为二战中日本政府有意无视并粗暴违反了日内瓦和海牙公约，残暴地犯下了反人类战争罪行，如虐待美国战俘和平民、强迫美国战俘进行奴役劳动、石井部队对战俘进行细菌实验、南京大屠杀、强征朝鲜妇女做日本军队的性奴隶即“慰安妇”等。[①] 该议案要求日本政府就强征“慰安妇”这一战争罪行进行赔偿，其依据是 1993 年日内瓦国际法理学家就日本强征“慰安妇”做出的裁决（裁决日本政府赔偿每位“慰安妇”40000 美元），以及德国就纳粹实施的大屠杀罪行进行道歉并给予幸存者赔偿的先例。[②] 遗憾的是，由于日本在国会的游说等阻力，里品斯基议案尽管有 78 名议员作为支持者，但竟连在众议院的国际关系委员会下的东亚与太平洋分委员会审议都没通过。不过里品斯基议案的重要意义在于由此开启了美国国会在“慰安妇”问题上的立法活动。

二　埃文斯议员推动“慰安妇”问题立法

里品斯基议案之后，试图在美国国会以立法的形式要求日本政府正式向“慰安妇”道歉并给予赔偿主要由议员埃文斯进行。埃文斯议员最初在 2000 年 6 月 19 日向众议院提交的 H. Con. Res. 357 议案与里品斯基提交的 H. Con. Res. 126 议案内容一致，要求美国国会对整个二战中日本的罪行表示关切，强征“慰安妇”仅仅是其关注的日本战争罪行之一。随后埃文斯议员开始在美国国会这个平台上专门致力于“慰安妇”问题的立法活动。

埃文斯议员 1999 年 11 月 8 日在众议院的演讲，可以解释埃文斯议员为何随后将注意力集中于“慰安妇”问题。在演讲中，埃文斯认为日本对其过去犯下的战争罪行有法律和道德责任，而日本政府一再拒绝幸存“慰安妇”的赔偿请求实际上是在剥夺她们的自尊、毁掉她们的荣誉。德国政府能够正式向大屠杀遇难者道歉并给予赔偿，日本却从未这么做过，日本的这种举动甚至与美国宪法对人权的保护精神相悖。[③] 从这次演讲中可以看出，

---

① http：//beta. congress. gov/bill/105th-congress/house-concurrent-resolution/126/text.

② http：//beta. congress. gov/bill/105th-congress/house-concurrent-resolution/126/text.

③ “A Speech by Rep. Lane Evans”，http：//connection. ebscohost. com/c/articles/2886043/speech-by-rep-lane-evans-d-il.

埃文斯议员意识到了自己在美国国会平台上解决“慰安妇”问题的责任感，于是他接连于2001年7月24日提交H. Con. Res. 195议案，2003年6月23日提交H. Con. Res. 226议案，2005年2月16日提交H. Con. Res. 68议案，2006年4月4日提交H. Res. 759议案。值得一提的是，2006年之后埃文斯因不再参选而退出国会，因此可以说提交“慰安妇”议案是其23年议员生涯中最为努力和坚持的议案之一。H. Con. Res. 195议案、H. Con. Res. 226议案和H. Con. Res. 68议案的内容一致，都要求日本政府对“慰安妇”问题正式做出明白和明确的道歉，立即着手对受害者进行赔偿，就强征“慰安妇”这一可怕的反人类罪行教育子孙后代并公开驳斥那些否定强征“慰安妇”事实的言论。遗憾的是，上述议案由于遭到日本游说反对等阻力，都止步于国际关系委员会。

但埃文斯议员随后于2006年4月4日提交的H. Res. 759议案与上述议案有所不同，上面几个议案要求众议院和参议院表达对日本强征“慰安妇”战争罪行的关切，而H. Res. 759议案为了降低难度，仅仅要求众议院表达对日本强征“慰安妇”战争罪行的关切，除此以外，内容基本与上面几个议案一致。因此，H. Res. 759议案在美国国会审议中也取得了一定进展，该议案得到众议院国际关系委员会主席亨利·海德（Henry Hyde）的支持并于2006年9月13日在国际关系委员会获得一致通过。尽管H. Res. 759议案没有最终通过众议院的审议，但关于“慰安妇”问题的议案首次在国际关系委员会获得通过仍可视为重要进展。

美国国会众议院最终通过“慰安妇”问题的议案，是在本田议员的推动下完成的。本田议员进一步对埃文斯提交的H. Res. 759“慰安妇”议案做出调整，去掉要求日本政府立即对受害者赔偿的内容，并通过种种努力最终使美国众议院通过了关于“慰安妇”问题的H. Res. 121议案。

三　本田议员与“慰安妇”问题

对本田议员而言，其自身的经历使他对历史悲剧以及如何在现实中面对和解决历史所造成的悲剧有切身体会，这也是其努力为“慰安妇”伸张正义的动力源之一。

本田议员是日裔美国人，在二战中与其他日裔美国人曾被美国政府集中到科罗拉多州的禁闭营中，被无理地剥夺了自由，直到1953年才恢复自由。本田议员对自己和其他日裔美国人没有犯罪却被剥夺自由感到难以理解。直到1988年，美国国会通过了H. R. 442议案，并由当时的里根总统签署成为1988年公民自由法令，向二战中被无故关入禁闭营的日裔美国人给予真诚道歉和赔偿。本田议员由此感到，“对遭禁闭而被剥夺公民权和宪法权的许多日裔美国人而言，在遭到禁闭的40年后，由于1988年公民自由法令的出现，历史上黑暗的那一部分就算是结束了。……这种道歉，一旦它到来，就是明白和明确的”。“对有历史意义的事件表达歉意是重要的，因为这些歉意是试图弥补分歧或过失的第一步，也是必要的一步。”[①] 本田自身的历史体会和美国政府对历史错误表达歉意承担责任的做法，让本田坚信这是一种弥补由于历史错误造成现实分歧的正确之举。“我在圣何塞任教的时候，就对为慰安妇伸张正义产生了兴趣。很多年前，当我知道日本的文部大臣在审定的教科书中试图删除或者淡化慰安妇悲剧的时候，出于对历史和解的关注，我知道传授和告知悲剧的重要性以及隐瞒事实的非正义性。没有诚实和坦率，就没有和解的基础。”[②]

随之，本田议员开始了要求日本明白和明确地对“慰安妇”问题进行正式道歉和承担历史责任以求得和解的努力。1999年，本田作为加州州议员向加州众议会提交了AJR27议案，该议案最终被加州众议会压倒性通过。AJR27议案“敦促日本政府通过对二战中日本军队所犯暴行正式地做出明白和不含糊的道歉并立即对这些罪行的受害者给予赔偿来最终结束这些关于二战的争议问题”。[③] 值得一提的是，本田议员这时引入的AJR27议案与后来其引入美国众议院的H. Res. 121议案有很大的不同。在AJR27议案中，除了日本所犯的“慰安妇”暴行以外，还更全面地指出了二战中日本所犯下的其他罪行，如33587名美国军人和13966名美国平民遭受日军虐待，南京大屠杀及日军在南京的强奸暴行，日军在占领关岛、马绍尔群岛和安达曼群

---

① “Honda Testifies in Support of Comfort Women”, Feb 15, 2007, http://honda.house.gov/latestnews.shtml.

② “Honda Testifies in Support of Comfort Women”, Feb 15, 2007, http://honda.house.gov/latestnews.shtml.

③ http://www.icasinc.org/lectures/ajr27.html.

岛的布莱尔港时的暴行，1945 年在马尼拉战役中的暴行，强制劳工的暴行等。而且除了要求日本政府做出正式的明白和不含糊的道歉以外，日本政府还必须立即对上述日军暴行给予赔偿。同时 AJR27 议案更引人注意的地方在于要求“加利福尼亚州的立法机构呼吁美国国会也采用类似 AJR27 议案精神和条款的议案，要求日本政府正式道歉并对二战中遭受其暴行的受害者支付赔偿”，还要求“加利福尼亚州的立法机构要求美国总统采取适当的措施促使日本正式道歉并对二战中遭受其暴行的受害者支付赔偿”。[①] 要求美国总统采取措施似乎是受了里根总统使 H. R. 442 议案成为法令的影响。除此以外，本田议员还将 AJR27 议案的副本递交给日本驻美国大使、美国总统、参众两院议长以及每一位来自加利福尼亚州的参众两院议员。从中可以看出，AJR27 议案在要求日本政府正式道歉和承担历史责任上是全面和彻底的，而且试图将对日本二战历史责任追究层面由州议会提高到美国国会和美日关系层面。

如果说 1999 年加州州议会通过的 AJR27 议案是本田议员试图对日本在二战中的历史责任开始追究的话，那么当本田议员当选为美国众议员之后他更是对此努力不已。这体现在其对莱恩·埃文斯（Lane Evans）2006 年发起的关于“慰安妇”问题的 H. Res. 759 议案的支持上。H. Res. 759 议案“表达众议院的关切，要求日本政府从 20 世纪 30 年代以来至二战中在其殖民占领的亚洲和太平洋岛屿上，对被称为‘慰安妇’的年轻妇女的性奴役正式地承认和接受责任”。[②]但是这个关于“慰安妇”问题的 H. Res. 759 议案最终却悬而未决，胎死腹中。本田众议员作为共同的提案人，在国会辩论中“对这个毫无争议的议案在本周被搁置感到失望”，同时“在莱恩·埃文斯今年退休以后，希望能继续他的努力和他的议案”。[③]这直接促发了本田众议员在 2007 年将关于“慰安妇”问题的 H. Res. 121 议案引入美国众议院。

① http：//www. icasinc. org/lectures/ajr27. html.

② H. Res. 759，109th Congress 2nd Session，http：//thomas. loc. gov/cgi-bin/query/z？ c109：h. res. 759.

③ Congressional Record，Extensions of Remarks，Sep 29，2006，E1952，http：//frwebgate. access. gpo. gov/cgi-bin/getpage. cgi？ dbname = 2006_ record&page = E1952&position = all.

四　H. Res. 121 议案对“慰安妇”问题的界定

H. Res. 121 议案声明，“对日本军队从 20 世纪 30 年代开始至二战期间在其殖民和占领的亚洲和太平洋岛屿上强迫被称为‘慰安妇’的年轻妇女充当性奴隶的行径，日本政府应该以一种明白和明确的方式正式承认、道歉和接受历史责任，众议院对此表示关切”。[①]

之所以要求日本政府“以一种明白和明确的方式正式承认、道歉和接受历史责任”，是“鉴于日本政府，从 20 世纪 30 年代开始至二战期间，官方地从事了获取被称为‘慰安妇’的年轻女性，为其军队提供性服务”，还“鉴于日本政府强行推动的‘慰安妇’军妓制度，在残酷程度和规模方面是史无前例的，包括对‘慰安妇’进行的集体强奸、强制流产、侮辱和性暴力导致了‘慰安妇’身体残废、死亡或最终自杀，是 20 世纪最严重的人类暴行之一”。[②] 这是 H. Res. 121 议案认定的关于“慰安妇”问题的事实基础。

H. Res. 121 议案依据的逻辑和准则是，“日本政府曾于 1921 年签署了禁止买卖妇女和儿童的国际公约，并且支持 2000 年联合国安理会通过的关于妇女、和平和安全的第 1325 号决议案，该决议案认定战争武力对妇女的危害”，而且“美国众议院赞赏日本致力于提高人类安全、人权、民主价值观和法治，以及支持联合国安理会第 1325 号决议案的努力”。[③] 因此，依据日本对上述公约和价值观的支持，希望日本对“慰安妇”问题正式道歉并且承担历史责任。

但是在现实中日本在关于“慰安妇”问题上的行为却是失当的。“日本学校使用的新教科书试图淡化‘慰安妇’悲剧和二战中日本所犯下的其他战争罪行。”[④] 甚至“日本一些政府官员及民间有关人士最近已经表达了对

---

① H. Res. 121, 110th Congress 1st Session, http://frwebgate.access.gpo.gov/cgi-bin/getdoc.cgi?dbname=110_cong_bills&docid=f:hr121ih.txt.pdf.

② H. Res. 121, 110th Congress 1st Session, http://frwebgate.access.gpo.gov/cgi-bin/getdoc.cgi?dbname=110_cong_bills&docid=f:hr121ih.txt.pdf.

③ H. Res. 121, 110th Congress 1st Session, http://frwebgate.access.gpo.gov/cgi-bin/getdoc.cgi?dbname=110_cong_bills&docid=f:hr121ih.txt.pdf.

④ H. Res. 121, 110th Congress 1st Session, http://frwebgate.access.gpo.gov/cgi-bin/getdoc.cgi?dbname=110_cong_bills&docid=f:hr121ih.txt.pdf.

1993 年时任内阁官房长官河野发表的日本政府在‘慰安妇’问题上的声明进行‘稀释’或者宣告其无效的愿望，在河野的声明中对‘慰安妇’真诚道歉并同情其遭遇”。这些都是有意识地、系统地对历史的遗忘和对历史的扭曲。而且在日本官员和平民的努力下于 1995 年成立的亚洲妇女基金，“是日本政府发起的并且很大程度上是政府资助的非官方基金会，这个基金会的目的就是制订项目和计划，对遭受虐待和折磨的‘慰安妇’进行赔偿，这个基金会即将于 2007 年 3 月 31 日到期解散”。①

鉴于此，H. Res. 121 议案要求“日本首相应该以官方身份代表日本政府发表公开声明正式道歉”。“应该明确和公开地驳斥任何否认日本军队对‘慰安妇’进行性奴役的言论。”“应该告知日本人民和下一代这个可怕的罪行并听从国际社会关于‘慰安妇’问题的劝告。”②

值得一提的是，上述由本田众议员引入美国国会的 H. Res. 121 议案与后来在美国众议院辩论中进行改善并最终获得一致通过的 H. Res. 121 决议案有所不同。在最终通过的决议案中，除了认定“慰安妇”历史史实和日本现实失当做法以外，还从美日同盟角度进行了说明。“鉴于美日同盟是美国在亚太地区安全利益的基石，是亚太地区稳定和繁荣的根本。”“鉴于，尽管冷战后战略环境已经发生变化，但是美日同盟仍旧是建立在亚洲太平洋地区共同的重要利益和价值观基础上的，包括保护和提升政治和经济自由，支持人权和民主制度，确保两国人民和国际社会的繁荣。”③ 也就是说，进一步从美日同盟这个角度来探讨“慰安妇”问题，其意义将在下文中谈及。

可以看出，H. Res. 121 议案与本田议员在 1999 年加州众议会提交通过的 AJR27 议案有很大的不同。第一，H. Res. 121 议案只针对“慰安妇”问题，而在 AJR27 议案中几乎囊括了日本在二战中所犯下的全部罪行。第二，H. Res. 121 议案只是要求以“明白和明确的方式正式承认、道歉和接受历史

① H. Res. 121, 110th Congress 1st Session, http://frwebgate. access. gpo. gov/cgi-bin/getdoc. cgi? dbname = 110_ cong_ bills&docid = f: hr121ih. txt. pdf.

② H. Res. 121, 110th Congress 1st Session, http://frwebgate. access. gpo. gov/cgi-bin/getdoc. cgi? dbname = 110_ cong_ bills&docid = f: hr121ih. txt. pdf.

③ H. Res. 121, House, Jul 30, 2007, http://frwebgate. access. gpo. gov/cgi-bin/getdoc. cgi? dbname = 110_ cong_ bills&docid = f: hr121eh. txt. pdf.

责任”，没有明确提出是否在亚洲妇女基金会即将解散之际对“慰安妇”受害者进行赔偿，而在 AJR27 议案中除了要求日本政府做出正式的明白和不含糊的道歉以外，日本政府还必须立即对所有日军暴行给予赔偿。第三，H. Res. 121 议案并没有提出是否要将议案变为法律的问题，而在 AJR27 议案中要求美国总统采取措施就已经表达了希望把议案变为法律的期望，并且要将 AJR27 议案的副本递交给日本驻美国大使、美国总统、参众两院议长以及每一位来自加利福尼亚州的参众两院议员。但是二者最大的不同在于 H. Res. 121 议案代表着对日本在“慰安妇”问题的责任追究层面已经转移到了美国国会这个平台和美日关系角度。

五　美国众议院关于 H. Res. 121 议案的辩论

之所以要谈到 H. Res. 121 议案在众议院的辩论情况，是因为如此不仅可以检验本田议员引入的 H. Res. 121 议案关于“慰安妇”问题的事实和逻辑是否为美国众议院所接受以及接受的程度，而且可以检视出在美国众议院这个平台上从美日盟友关系角度如何探讨“慰安妇”问题。关于 H. Res. 121 议案在美国国会的辩论情况，可以从如下角度进行解读。

首先是历史角度。就像本田众议员在辩论中所提到的：“有人也许会问：为什么在二战已经结束了 60 多年的时候，我们还要谈论这些慰安妇的痛苦经历？难道不应该把这些仅仅视为历史的注脚吗？难道在 21 世纪的时候没有比这更重要和更迫切的问题吗？”① 这种看法是一种对“慰安妇”问题的简单看法，实际上，对于“慰安妇”问题的事实真相是什么，“慰安妇”问题对日本来说意味着什么，“慰安妇”问题对现实世界来说意味着什么，都有检视的必要。美国众议院关于 H. Res. 121 议案的辩论很大程度上就是围绕历史角度而展开的。

在关于对“慰安妇”问题的历史事实认定上，几乎所有议员的发言都认可 H. Res. 121 议案所界定的事实，即日本政府从 20 世纪 30 年代开始至二战期间在其占领的亚洲和太平洋岛屿上强征被称为“慰安妇”的

① Congressional Record, Extensions of Remarks, Mar. 6, 2007, E465, http://frwebgate.access.gpo.gov/cgi-bin/getpage.cgi? dbname = 2007_ record&page = E465&position = all.

年轻妇女充当性奴隶。尤其是美国国会历史上第一次举行由3名“慰安妇”幸存者组成的听证会之后，日本政府强征被称为“慰安妇”的年轻妇女充当性奴隶的事实更是在世界范围内开始广为人知。亚洲、太平洋和全球环境分委员会主席埃尼·法列欧马瓦埃加（Eni Faleomavaega）认为，“（这3名慰安妇）有勇气并且相信她们的遭遇会被世人所知，她们的遭遇将得到公正对待。我建议世人应该知晓她们感人的证言，正是她们的证言才让我们美国人在这一刻与这些尊贵的妇女们并肩要求日本政府进行正式的道歉”。[①]

在美国国会的辩论中，除了对H. Res. 121议案所界定的“慰安妇”史实的认同以外，还对日本在“慰安妇”问题上的失当做法予以了驳斥。美国众议院外交事务委员会主席兰托斯（Lantos）认为，“（慰安妇）真相是清楚不过的。……而一些日本人不断地进行歪曲和否认历史的活动以及进行侮辱受害者的行径是令人厌恶的。他们宣称所有的‘慰安妇’都是乐于接受并且是按照自己意愿行事的，这些人甚至不知‘强奸’为何物”。[②]

其次是现实意义角度。除了对“慰安妇”问题史实的确认和对日本在“慰安妇”问题上的失当做法进行批驳以外，在美国国会的辩论中还探讨了“慰安妇”这种历史悲剧对日本的意义问题。美国众议院外交事务委员会主席兰托斯（Lantos）的发言得到了大家的认可，他认为“检验一个民族的真正力量要看其被迫面对自己历史中最黑暗的部分的时候，是有勇气去面对自己真实的过去，还是愚蠢地希望事实会随着时间而消失”。兰托斯以德国为例，认为“战后德国，在面对发生在其历史上的可怕罪行时，做出了正确的选择”。[③] 议员汤姆·戴维斯（Tom Davis）举出了美国如何面对历史上的不光彩之处，认为“当美国在二战中把日裔美国人集中到禁闭营的时候，我们错了，但我们已经就此向受害者的家庭做了道歉。这是一种负责任的领

① Congressional Record, House, Jul. 30, 2007, H8873, http://frwebgate.access.gpo.gov/cgi-bin/getpage.cgi?dbname=2007_record&page=H8873&position=all.

② Congressional Record, House, Jul. 30, 2007, H8871, http://frwebgate.access.gpo.gov/cgi-bin/getpage.cgi?dbname=2007_record&page=H8871&position=all.

③ Congressional Record, House, Jul. 30, 2007, H8871, http://frwebgate.access.gpo.gov/cgi-bin/getpage.cgi?dbname=2007_record&page=H8871&position=all.

袖风范”。[①] 以德国和美国为表率，希望日本政府能正确处理“慰安妇”问题，以保持其民族形象和在世界上的领袖地位。

在美国国会的辩论中还集中探讨了“慰安妇”问题的其他现实意义。第一，议员罗斯－莱廷恩（Ros-Lehtinen）认为，“对‘慰安妇’的幸存者来说这些问题不是历史的，这些问题是与‘慰安妇’幸存者密切相关的，当这个议案正在审议的时候，有一些人还出席了外交事务委员会作证”。[②] 也就是说，“慰安妇”问题对于“慰安妇”的幸存者而言是一个严肃的现实问题。第二，“我们的议案要求日本政府对日本军队对‘慰安妇’所犯下的令人发指的罪行给予正式承认和道歉。如果不这么做的话将给世界上诸如此类的罪行发出信息，认为这类悲剧可以重演并且可以像日本那样傲慢对待”，[③] 十分看重“慰安妇”问题对现在和将来对妇女暴行的影响。第三，本田众议员认为，对“慰安妇”问题的重视和对人道原则的弘扬是在创造历史，“2 月 15 日，在众议院的外交事务委员会亚洲和太平洋分委会举行了关于‘慰安妇’问题的听证会。这是一个历史时刻，因为 3 名慰安妇的幸存者被带到了华盛顿讲述她们真实的亲身遭遇。这个听证会不仅给了我们一个机会来揭示人类历史最黑暗的一面，也为我们提供了一个创造历史的机会来把黑暗的和被遗忘的悲剧置于光明和公正之下”。[④]

美国国会关于“慰安妇”问题的辩论中另一个重要的角度是从美日同盟关系的角度来探讨“慰安妇”问题。

首先，美国议员认为日本在“慰安妇”问题上的表现与作为美日同盟基础的共同价值观相冲突。美国众议院外交事务委员会主席兰托斯认为，“美日关系是亚洲太平洋地区和平与稳定的根基。我们的依赖和友谊是建立在相互尊重和赞许基础上的。我们共同在亚洲来提升我们共同的关于民主、经济权利和人权的价值观。然而日本再次拒绝对‘慰安妇’做出正式道歉

---

① Congressional Record, House, Jul. 30, 2007, H8872, http://frwebgate. access. gpo. gov/cgi-bin/getpage. cgi? dbname = 2007_ record&page = H8872&position = all.

② Congressional Record, House, Jul. 30, 2007, H8872, http://frwebgate. access. gpo. gov/cgi-bin/getpage. cgi? dbname = 2007_ record&page = H8872&position = all.

③ Congressional Record, House, Jul. 30, 2007, H8872, http://frwebgate. access. gpo. gov/cgi-bin/getpage. cgi? dbname = 2007_ record&page = H8872&position = all.

④ Congressional Record, Extensions of Remarks, Mar. 6, 2007, E465, http://frwebgate. access. gpo. gov/cgi-bin/getpage. cgi? dbname = 2007_ record&page = E465&position = all.

使得每一个赞许美日关系的人都困惑不已”。[①] 基于对美日共同的价值观的坚持，在 H. Res. 121 决议案中强调“美日同盟仍旧是建立在亚洲太平洋地区共同的重要利益和价值观基础上的，包括保护和提升政治经济自由，支持人权和民主制度，确保两国人民和国际社会的繁荣”。[②]

其次，从美日结盟角度讨论“慰安妇”问题也就决定了美国议员对于日本在“慰安妇”问题上失当行为表达的方式和特点。尽管 H. Res. 121 议案要求日本政府应该以“明白和明确的方式正式承认、道歉和接受历史责任”，但是仔细分析美国议员关于 H. Res. 121 议案的辩论就可以看出，美国众议院对日本的这一要求是以朋友劝告的口吻表达的，是与珍视美日同盟联系在一起的。比如议员罗斯 - 莱廷恩就认为，“我们为美日同盟而自豪并感谢日本人民的友谊。同时，我们应该承认太平洋战争导致的历史遗留问题也是不能被忽略的。只有历史遗留问题解决了，我们的亚洲盟友才能够建设性地走到一起来，正如我们的欧洲盟友一样，地区的和谐是美国重要的国家利益所在”。[③] 议员汤姆·戴维斯认为，“一直以来日本都是美国强有力的盟友，我相信美日双方都能从这种盟友关系中受益。然而，作为一个真正的朋友，当对方有了错误的时候应该告知，我相信美国作为日本的盟友有义务以一种恰当的方式抵制这种暴行并向全世界揭露”。[④] 议员吴（Hon. David Wu）认为，“无疑，今日的日本是世界的领袖和美国的重要盟友。美国国会的本意不是惩罚日本，而是帮助日本认识到慰安妇作为日本二战史实的一部分”。[⑤] 就像他所指出的，H. Res. 121 议案是非限制性的，不是为了惩罚日本。但这也就意味着美国众议院虽然要求日本以“明白和明确的方式正式承认、道歉和接受历史责任”，但是实际上对如何落实日本的战争责任并没有具体谈及。

---

① Congressional Record, House, Jul. 30, 2007, H8871, http://frwebgate.access.gpo.gov/cgi-bin/getpage.cgi? dbname = 2007_ record&page = H8871&position = all.

② H. Res. 121, House, Jul. 30, 2007, http://frwebgate.access.gpo.gov/cgi-bin/getdoc.cgi? dbname = 110_ cong_ bills&docid = f: hr121eh.txt.pdf.

③ Congressional Record, House, Jul. 30, 2007, H8872, http://frwebgate.access.gpo.gov/cgi-bin/getpage.cgi? dbname = 2007_ record&page = H8872&position = all.

④ Congressional Record, House, Jul. 30, 2007, H8872, http://frwebgate.access.gpo.gov/cgi-bin/getpage.cgi? dbname = 2007_ record&page = H8872&position = all.

⑤ Congressional Record, Extensions of Remarks, Aug. 2, 2007, E1698, http://frwebgate.access.gpo.gov/cgi-bin/getpage.cgi? dbname = 2007_ record&page = E1698&position = all.

六　美国国会的“慰安妇”议案对“慰安妇”问题的影响

上述提交给美国国会的“慰安妇”议案对“慰安妇”问题发展趋向的影响体现在两方面。一方面体现在美国国会作为探讨“慰安妇”问题的平台，这与以往在“慰安妇”问题上只限于一些“慰安妇”幸存者、其受害国和一些民间组织、人士与试图歪曲淡化“慰安妇”史实的日本政府和一些保守组织之间的交涉有所不同。在美国国会这个平台上认定“慰安妇”史实与批驳日本政府在“慰安妇”问题上的不当表现，很大程度上支持了“慰安妇”幸存者和“慰安妇”受害国。从里品斯基议员开始启动关于“慰安妇”问题的立法活动，到最终通过本田议员延续埃文斯议员在“慰安妇”问题上的努力将其引入美国众议院，并且在美国国会历史上第一次举行了3名“慰安妇”幸存者参加的听证会，随后在众议院获得了一致通过。依据这些“慰安妇”议案，可以认为美国社会在坚持“慰安妇”的史实真相与歪曲“慰安妇”史实的较量上取得了胜利。

就在H. Res. 121议案通过后的几个月时间里，荷兰、加拿大议会也先后通过了同类议案。12月13日，代表欧盟27个成员国、4.9亿名欧洲民众的欧洲议会以54票赞成、0票反对和3票弃权的结果通过决议案，“要求日本政府正式就第二次世界大战期间日本军队在亚洲邻国强征‘慰安妇’问题道歉，并对受害者及其家属进行经济赔偿”。[①]这即是说，“慰安妇”问题已经远远超出了以往只是亚洲受害国人民才了解的范围，这样，再有歪曲“慰安妇”史实的行径必将遭到普遍质疑和驳斥。这亦是H. Res. 121议案的影响所及。

H. Res. 121议案对“慰安妇”问题发展趋向的另一方面影响体现在，美国国会界定“慰安妇”问题的一个重要前提就是从美日同盟的角度去探讨“慰安妇”问题，在表达方式上是一种朋友式的劝告，在具体的操作上，H. Res. 121议案只是作为一种非限制性的议案，而不像H. R. 442议案那样

---

① 《“慰安妇”问题决议案代表欧盟民心》，http：//www. gmw. cn/01gmrb/2007 - 12/16/content_711013. htm，2007 - 12 - 16。

具有法律效力。在如何让日本政府承担起其在“慰安妇”问题上的历史责任上，H. Res. 121 议案也没有诉诸具体的计划和步骤，因此显然不能与由里根总统签署而成为法令的向日裔美国人道歉和赔偿的 H. R. 442 议案相提并论。总之，从美日同盟的角度界定“慰安妇”问题，显然与对伤害有切身体会的“慰安妇”幸存者和“慰安妇”受害国以及坚持妇女权利的民间组织和民间人士又有所不同，因此不能对 H. Res. 121 议案在解决“慰安妇”问题的具体操作层面寄予过高的期望。

United States Congress' Legislation on the "Comfort Women" Issue

Wang Yuqiang

Abstract Rep Lipinski and Rep Evans introduced several concurrent resolutions to United States Congress which sought to express the sense of Congress that the Government of Japan should formally apologize and pay reparation on the "comfort women" issue. Rep Mike Honda introduced H. Res. 121 to the United States House of Representatives on January 31 2007, which sought to express the sense of Congress that Japan should formally apologize in a clear and unequivocal way, and was unanimously passed by the House of Representatives on July 30. Due to H. Res. 121, not only the "comfort women" issue was drawn attention worldwide, but also the discussion of the "comfort women" issue by Congress and from the U. S. -Japan alliance's perspective will profoundly influence the trend of the "comfort women" issue.

Keywords "Comfort women" Issue; Lipinski Resolution; H. Res. 121

后　记

《安倍政权与日本未来》一书由吉林大学日本研究所组织编撰，主要收录由该研究所主办的“安倍政权的政策选择与中日关系”学术研讨会的部分优秀参会论文，同时也作为该所系列著作“日本研究论丛”的开篇之作。

吉林大学日本研究所是吉林大学直属的重点研究日本问题及中日关系的综合性学术研究机构。从1964年国务院批准吉林大学成立日本研究室至今，已整整走过50年的发展历程。春华秋实，经过几代人的不懈努力，如今日本研究所已发展成为具有国内外重要影响的日本问题研究机构。本书的出版，既是近期日本研究所研究成果的阶段总结和展示，也是对日本研究所50周年华诞的一份微薄献礼！

本书共收录23位学者的16篇文章，内容涉及日本政治、外交、经济、历史等诸多方面。由于本书是以论文集形式编辑出版的，因此书中观点只代表作者本人意见，并不代表日本研究所的观点。

在本书出版过程中，吉林大学党委常务副书记兼副校长、哲学社会科学资深教授王胜今先生给予了大量的指导、支持和帮助，并在百忙之中为本书作序，对此我们表示诚挚的谢意！

同时，感谢社会科学文献出版社领导的大力支持，以及各位编辑为本书出版付出的大量心血。

由于我们学识有限，书中疏漏甚至谬误之处，祈请广大读者批评指正。

编　者

2014年9月

图书在版编目(CIP)数据

安倍政权与日本未来/庞德良主编. —北京：社会科学文献出版社，2014.11

（吉林大学日本研究所日本研究论丛）

ISBN 978-7-5097-6525-8

Ⅰ.①安… Ⅱ.①庞… Ⅲ.①政治-研究-日本-现代 Ⅳ.①D731.3

中国版本图书馆 CIP 数据核字（2014）第 224494 号

吉林大学日本研究所日本研究论丛·第一辑

安倍政权与日本未来

主　　编／庞德良

副 主 编／沈海涛　陈志恒

出 版 人／谢寿光

项目统筹／高明秀　王晓卿

责任编辑／高明秀　沈晓雷

出　　版／社会科学文献出版社·全球与地区问题出版中心（010）59367004

地址：北京市北三环中路甲 29 号院华龙大厦　邮编：100029

网址：www.ssap.com.cn

发　　行／市场营销中心（010）59367081　59367090

读者服务中心（010）59367028

印　　装／北京鹏润伟业印刷有限公司

规　　格／开　本：787mm×1092mm　1/16

印　张：15.25　字　数：252 千字

版　　次／2014 年 11 月第 1 版　2014 年 11 月第 1 次印刷

书　　号／ISBN 978-7-5097-6525-8

定　　价／69.00 元